今注本二十四史

宋書

梁　沈約　撰

朱紹侯　主持校注

中國社會科學出版社

四　　志〔三〕

宋書　卷一八

志第八

禮五

　　秦滅禮學，事多違古。漢初崇簡，不存改作，車服之儀，[1]多因秦舊。至明帝始乃修復先典，[2]司馬彪《輿服志》詳之矣，[3]魏代唯作指南車，其餘雖小有改易，[4]不足相變。晉立服制令，辨定衆儀，徐廣《車服注》，[5]略明事目，並行於今者也。故復叙列，以通數代典事。

[1]車服：車駕與服飾。

[2]明帝：即劉莊。《後漢書》卷二有紀。

[3]司馬彪：人名。晉朝史學家，皇室子弟。《晉書》卷八二有傳。著有《續漢書》，其中有《輿服志》，今《後漢書》中的《輿服志》即取其文。

[4]小：中華本校勘記指出，百衲本作“馬”。弘治本、北監本、毛本、殿本、局本作“累”。百衲本前一行有“司小彪輿服志詳之矣”語。張元濟《校勘記》云：“按‘小’字當與次行‘馬’字互易；‘馬’字當與前行‘小’字互易。”今從張説改正。

[5]徐廣《車服注》：徐廣所撰《車服注》。徐廣，人名。字野民。《晋書》卷八二有傳。言“義熙初奉詔撰《車服儀注》”，即此。

上古聖人見轉蓬，[1]始爲輪，輪行可載，因爲輿。[2]任重致遠，流運無極。後代聖人觀北斗魁方杓曲攜龍角，[3]爲帝車，[4]曲其輈以便駕。[5]《系本》云：“奚仲始作車。”[6]案庖羲畫《八卦》而爲大輿，[7]服牛乘馬，[8]以利天下。奚仲乃夏之車正，[9]安得始造乎。《系本》之言非也。“車服以庸”，[10]著在唐《典》。[11]夏建旌旗，以表貴賤。周有六職，[12]百工居其一焉。[13]一器而群工致其巧，車最居多。《明堂位》曰：“鸞車，有虞氏之路也。[14]大路，殷路也。乘路，周路也。”殷有山車之瑞，[15]謂桑根車，殷人制爲大路。《禮緯》曰：“山車垂句。”[16]句，曲也。言不揉治而自曲也。周之五路，則有玉、金、象、革、木。五者之飾，備於《考工記》。[17]輿方法地，[18]蓋圓象天，[19]輻以象日月，[20]二十八弓以象列宿。[21]玉、金、象者，飾車諸末，因爲名也。革者漆革，木者漆木也。玉路，建大常以祀；[22]金路，建大旂以賓；[23]象路，建大赤以朝；[24]革路，建大白以戎；[25]木路，建大麾以田。[26]黑色，夏所尚也。

[1]轉蓬：隨風飄轉的蓬草。

[2]輿：車。

[3]杓曲攜龍角：北斗七星的柄連接東方蒼龍星座。《史記·天官書》：“杓攜龍角，衡殷南斗。”《集解》引孟康曰：“杓，北斗

杓也。龍角，東方宿也。”

　[4]帝車：帝王所乘之車。

　[5]輈：車居中的彎曲車杠。

　[6]《系本》：即《世本》。避李世民諱而作《系本》，戰國時趙國史書，清錢大昭等皆有輯本。

　[7]庖義：即伏羲，中國神話中的人文始祖。

　[8]服牛：駕馭牛。

　[9]車正：官名。古代職掌車服諸事的官。

　[10]庸：酬其功勞。

　[11]唐《典》：唐，朝代名。傳說堯所建，即陶唐。此處“唐《典》”實指《尚書·益稷》。

　[12]六職：謂王公、士大夫、百工、商旅、農夫、婦功六種職別。《周禮·考工記》：“國有六職，百工與居一焉……坐而論道，謂之王公；作而行之，謂之士大夫；審曲面執，以飭五材，以辨民器，謂之百工；通四方之珍異以資之，謂之商旅；飭力以長地財，謂之農夫；治絲麻以成之，謂之婦功。”

　[13]百工：司營建製造等事務的官。

　[14]《明堂位》：中華本校勘記指出，“位”各本並作“記”，據《禮記》“明堂位”篇名改，按下引文，皆《禮記·明堂位》篇文。　鸞車：人君所乘的車，四馬四鑣八鑾，行則鈴聲如鸞鳴。《禮記·明堂位》：“鸞車，有虞氏之路也。”鄭玄注：“鸞，有鸞和也。”　有虞氏：古部落名。傳說其首領舜受堯禪，都蒲阪。故址在今山西永濟縣東南。　路：通“輅”。指君王所乘之車。

　[15]山車：自然之車。《禮記·禮運》：“山出器車。”孔穎達疏引《禮緯斗威儀》：“‘其政大平，山車垂鉤。’注云：‘山車，自然之車；垂鉤，不揉治而自圓曲。’”

　[16]《禮緯》：關於《禮》的讖緯之書，明孫瑴編《古微書》卷一七、卷一八、卷一九有輯文。

　[17]《考工記》：《周禮》之一篇。

[18]法：取法、效法。

[19]象：效法、仿效。

[20]輻：車輪中湊集於中心轂上的直木。

[21]列宿：二十八星宿。

[22]大常：一種大旗。《周禮·春官·巾車》：“建大常，十有二斿。”鄭玄注：“大常，九旗之畫日月者，正幅爲縿，斿則屬焉。”

[23]大旂：即大旗。《儀禮·覲禮》：“載大旂。”鄭玄注：“大旂，大常也；王建大常，縿首畫日月，其下及斿，交畫升龍降龍。”

[24]大赤：赤色旗。《周禮·春官·巾車》：“象路，朱，樊纓七就，建大赤以朝，異姓以封。”鄭玄注：“大赤，九旗之通帛。”《禮記·明堂位》：“殷之大白，周之大赤。”孔穎達疏：“殷之大白，謂白色旗；周之大赤者，赤色旗。”

[25]大白：謂白色旗。《周禮·春官·巾車》：“建大白，以即戎，以封四衛。”鄭玄注：“大白，殷之旗。”《禮記·明堂位》：“殷之大白，周之大赤。”孔穎達疏：“殷之大白，謂白色旗。”

[26]大麾：黑色旗。《周禮·春官·巾車》：“木路前樊鵠纓，建大麾以田，以封蕃國。”鄭玄注：“大麾不在九旗中，以正色言之則黑。夏后氏所建。”

秦閲三代之車，獨取殷制。古曰桑根車，秦曰金根車也。漢氏因秦之舊，亦爲乘輿，所謂乘殷之路者也。《禮論·輿駕議》曰：“周則玉輅最尊，漢之金根，亦周之玉路也。”漢制，乘輿金根車，輪皆朱斑，[1]重轂兩轄，[2]飛軨。[3]轂外復有轂，施轄，其外復設轄，施銅貫其中。《東京賦》曰：[4]“重輪貳轄，疏轂飛軨。”飛軨以赤油爲之，廣八寸，長三尺注地，[5]繫兩軸頭，[6]謂之飛軨也。以金薄繆龍，[7]爲輿倚較。[8]較在箱上。槧文畫蕃。蕃，箱也。文虎伏軾，[9]龍首銜軛，[10]鸞雀立衡，[11]樠文畫轅，[12]翠羽蓋黃裏，所謂黃屋也。金華施橑末，[13]建大常十二旒，[14]畫日月升龍，[15]駕六黑馬，施十二鸞，[16]金爲叉䯳，插以翟尾。[17]又加氂牛尾，大如斗，置左騑馬軛上，[18]所謂左纛輿也。[19]路如周玉路之制。應劭《漢官鹵簿圖》，[20]乘輿大駕，則御鳳皇車，以金根爲副。又五色安車、五色立車各五乘。[21]建龍旂，駕四馬，施八鸞，餘如金根之制，猶周金路也。其車各如方色，[22]所謂五時副車，俗謂爲"五帝車"也。江左則闕矣。[23]白馬者，朱其鬣，[24]安車者，坐乘。又有建華蓋九重。[25]甘泉鹵簿者，[26]道車五乘，[27]游車九乘，[28]在乘輿車前。又有象車，[29]最在前，試橋道。晉江左駕猶有之。凡婦人車皆坐乘，故《周禮》王后有安車而王無也。漢制乘輿乃有之。

[1]朱斑：紅色的花紋。

[2]轂：車輪的中心部位，周圍與車輻的一端相接，中有圓孔，用以插軸。 轄：車軸兩頭的金屬鍵，用以擋住車輪，不使脱落。

[3]飛軨：車軸頭上繫的飾物。

[4]《東京賦》：即張衡《東京賦》。見《文選》卷三。

[5]長三尺注地：中華本校勘記指出，各本並脱"三尺"二字，據《晉書·輿服志》補。

[6]繫兩軸頭：中華本校勘記指出，各本並脱"兩"字，據《晉書·輿服志》補。

[7]金薄繆龍：中華本校勘記指出，"以"各本並作"金"，據《初學記》卷二五引改。繆龍，指交錯的龍形。《續漢書·輿服志上》："乘輿、金根、安車、立車，輪皆朱斑重牙，貳轂兩轄，金薄

繆龍，爲輿倚較。”劉昭注引徐廣曰：“繆，交錯之形也，較在箱上。”

[8]較：軒箱兩旁板上的橫木。《詩·衛風·淇奧》：“寬兮綽兮，猗重較兮。”朱熹《集傳》：“較，兩輢上出軾者，謂車兩傍也。”《續漢書·輿服志上》：“鳥旟七斿，五仞齊較，以象鶉火。”劉昭注引鄭玄曰：“較者，車高檻木也。”

[9]文虎：有文飾的虎形器具。　軾：設在車箱前供立乘者憑扶的橫木。

[10]軛：牛馬拉物件時駕在脖子上的器具。《楚辭·卜居》：“寧與騏驥亢軛乎？”朱熹《集注》：“軛，車轅前衡也。”

[11]鸞雀：鸞車橫木上所飾的金鳥。《續漢書·輿服志上》：“鸞雀立衡。”劉昭注引徐廣曰：“置金鳥於衡上。”　衡：綁在牛角上以防觸人的橫木。《詩·魯頌·閟宮》：“秋而載嘗，夏而楅衡。”毛傳：“楅衡，設牛角以楅之也。”

[12]轅：車前駕牲口用的直木。壓在車軸上，伸出車輿的前端。古代大車、柏車、羊車皆用轅，左右各一。

[13]金華：金質的花飾。　橑：車蓋弓。

[14]斿：旌旗懸垂的飾物。《詩·商頌·長發》：“受小球大球，爲下國綴旒。”鄭玄《箋》：“斿，旌旗之垂者也。”

[15]升龍：乘龍升天。典出皇帝鼎湖乘龍升天事。《文選》張衡《西京賦》：“想升龍於鼎湖，豈時俗之足慕。”

[16]鸞：傳説中的神鳥。

[17]翟：長尾的野雞。

[18]騑馬：駕在車轅兩旁的馬。《後漢書》卷三《章帝紀》：“騑馬可輟解，輟解之。”李賢注：“夾轅者爲服馬，服馬外爲騑馬。”

[19]左纛：皇帝乘輿上的飾物，以犛牛尾或雉尾製成，設在車衡左邊或左騑上。《史記》卷七《項羽本紀》：“紀信乘黃屋車，傅左纛。”《集解》：“李斐曰：‘纛，毛羽幢也，在乘輿車衡左方上注

之。'蔡邕曰：'以犛牛尾爲之，如斗，或在騑頭，或在衡上也。'"

[20]應劭：人名。字仲遠。《後漢書》卷四八有傳。

[21]安車：坐乘的小車。《周禮·春官·巾車》："安車，雕面
鷖總，皆有容蓋。"鄭玄注："安車，坐乘車。凡婦人車皆坐乘。"

立車：須站立乘行的車輛。 乘：量詞，用以計算車子。

[22]方色：五行家將東南西北中與青赤白黑黃相配，一方一
色，簡稱"方色"。《禮記·曾子問》："如諸侯皆在而日食，則從天
子救日，各以其方色與其兵。"鄭玄注："方色者，東方衣青，南方
衣赤，西方衣白，北方衣黑。"

[23]江左：江東。此處指東晉。

[24]鬣：馬頸上的長毛。

[25]華蓋：帝王或貴官車上的傘蓋。

[26]甘泉：即甘泉宮。故址在今陝西淳化縣西北甘泉山。本秦
宮，漢武帝增築擴建，在此朝諸侯王，饗外國客；夏日亦作避暑之
處。 鹵簿：帝王駕出時扈從的儀仗隊。

[27]道車：即象路。天子御車之一。《周禮·夏官·道右》：
"道右掌前道車，王出入，則持馬陪乘，如齊車之儀。"鄭玄注：
"道車，象路也，王行道德之車。"

[28]游車：帝王游戲之車。

[29]象車：用象拉的車。此爲帝王出行儀仗隊（鹵簿）中的
一個組成部分，乘輿乃有之。

天子所御駕六，其餘副車皆駕四。案《書》稱杅索
御六馬。[1]逸禮《王度記》曰：[2]"天子駕六，諸侯駕
五，卿駕四，大夫三，士二，庶人一。"楚平王駕白
馬。[3]梁惠王以安車駕三送淳于髡，[4]大夫之儀。《周
禮》，四馬爲乘。毛詩，"天子至大夫同駕四，士駕
二"。袁盎諫漢文馳六飛。[5]魏時天子亦駕六。晉《先蠶

儀》，[6]皇后安車駕六，以兩轅安車駕五爲副。江左以來，相承無六，駕四而已。

[1]《書》：即《尚書》。

[2]《王度記》：漢以前著作。《禮記注疏·雜記下》孔穎達疏曰："引《王度記》者，更證里尹之事，按《別録》，《王度記》，云似齊宣王時淳于髡等所説也。"

[3]楚平王：即楚國國君熊居。事見《史記》卷四〇《楚世家》。

[4]梁惠王：即魏國君姬罃。事見《史記》卷四四《魏世家》。淳于髡：人名。戰國齊人。《史記》卷一二六有傳。

[5]袁盎：人名。《史記》卷一〇一有傳。　漢文：即劉恒。《史記》卷一〇有紀。　六飛：皇帝的車駕六馬，疾行如飛，故名。

[6]晋《先蠶儀》：書名。記載祭祀教民育蠶之神的禮儀。

宋孝武大明三年，[1]使尚書左丞荀萬秋造五路，[2]《禮圖》，[3]玉路，建赤斾，[4]無蓋，改造依擬金根，而赤漆檋畫，玉飾諸末，建青斾，十有二旒，駕玄馬四，[5]施羽葆蓋，[6]以祀。即以金根爲金路，建大青斾，十有二旒，駕玄馬四，羽葆蓋，以賓。象、革、木路，《周官》《輿服志》《禮圖》並不載其形段，並依擬玉路，漆檋畫，羽葆蓋，象飾諸末，建立赤斾，十有二旒，以視朝。[7]革路，建赤斾，十有二旒，以即戎。木路，建赤麾，以田。象、革駕玄，木駕赤，四馬。舊有大事，法駕出，[8]五路各有所主，不俱出也。大明中，始制五路俱出。親耕籍田，[9]乘三蓋車，一名芝車，又名耕根車，置耒耜於軾上。

[1]宋孝武：即劉駿。本書卷六有紀。大明：宋孝武帝劉駿年號（457—464）。

[2]尚書左丞：官名。與右丞掌尚書省庶務，率諸都令史監察稽核諸尚書曹、郎曹政務，督録近道文書章奏，監察糾彈尚書令、僕射、尚書等文武百官，號稱“監司”，分管宗廟祠祀、朝儀禮制、選授官吏等文書奏事。六品。　荀萬秋：人名。字元寶。曾任太學博士、前殿曹郎、尚書左丞等職。著有《禮雜鈔略》二卷。本書卷六〇有附傳。

[3]《禮圖》：待考。

[4]玉路，建赤旂：中華本校勘記指出，“玉”字，百衲本空白。弘治本、北監本、毛本、殿本、局本及《通典·禮典》並作“金”。按下有“玉飾諸末”語，則此不當是“金路”，當是“玉路”。《晋書·輿服志》云，玉路以祀天，金路以會萬國之賓，與《宋志》之玉路以祀，金路以賓正合。今改補“玉”字。又“建”字，各本並作“通”。張元濟《校勘記》云：“通爲建字之誤。”按張校是，今據改。

[5]玄馬：赤黑色馬。

[6]羽葆：帝王儀仗中以鳥羽聯綴爲飾的華蓋。《漢書》卷七六《韓延壽傳》：“建幢棨，植羽葆。”顔師古注：“羽葆，聚翟尾爲之，亦今纛之類也。”

[7]視朝：臨朝聽政。

[8]法駕：天子車駕的一種。天子的鹵簿分大駕、法駕、小駕三種，其儀衛之繁簡各有不同。《史記》卷九《吕太后本紀》：“迺奉天子法駕，迎代王於邸。”《集解》引蔡邕曰：“天子有大駕、小駕、法駕。法駕上所乘，曰金根車，駕六馬，有五時副車，皆駕四馬，侍中參乘，屬車三十六乘。”

[9]親耕籍田：皇帝爲鼓勵農耕而親自耕田的禮儀。

戎車立乘,[1]夏曰鈎車,殷曰寅車,周曰元戎。建牙麾,[2]邪注之,載金鼓羽幢,[3]置甲弩於軾上。

[1]戎車:兵車。
[2]牙麾:牙旗。
[3]幢:一種旌旗,垂筒形,飾有羽毛、錦綉。

獵車,輞幰,[1]輪畫繆龍繞之。一名蹋猪車。魏文帝改曰蹋虎車。[2]

[1]輞幰:挂在車輪外的帷幔。
[2]魏文帝:即曹丕。《三國志》卷二有紀。

指南車,其始周公所作,[1]以送荒外遠使。[2]地域平漫,迷於東西,造立此車,使常知南北。鬼谷子云:“鄭人取玉,必載司南,爲其不惑也。”[3]至于秦、漢,其制無聞。後漢張衡始復創造。[4]漢末喪亂,其器不存。魏高堂隆、秦朗,[5]皆博聞之士,爭論於朝,云無指南車,記者虛説。明帝青龍中,[6]令博士馬鈞更造之而車成。[7]晋亂復亡。石虎使解飛,[8]姚興使令狐生又造焉。[9]安帝義熙十三年,[10]宋武帝平長安,[11]始得此車。其制如鼓車,設木人於車上,舉手指南。車雖回轉,所指不移。大駕鹵簿,[12]最先啓行。此車戎狄所制,[13]機數不精,[14]雖曰指南,多不審正。回曲步驟,猶須人功正之。范陽人祖沖之,[15]有巧思,常謂宜更構造。宋順帝昇明末,[16]齊王爲相,[17]命造之焉。車成,使撫軍丹陽尹王僧虔、御史中丞劉休試之。[18]其制甚精，百屈千回，未常移變。晋代又有指南舟。索虜拓跋燾使工人郭善明造指南車，[19]彌年不就。扶風人馬岳又造，[20]垂成，善明酖殺之。[21]

[1]周公：周武王之弟姬旦。

[2]荒外：八荒之外，指未開化的邊遠地區。

[3]鬼谷子：人名。戰國隱士兼學者。

[4]張衡：人名。字平子，天文學家，《後漢書》卷五九有傳。

[5]高堂隆：人名。字升平。《三國志》卷二五有傳。　秦朗：人名。三國魏人。事見《三國志》卷三《明帝紀》裴松之注引《魏氏春秋》《魏略》。

[6]明帝：即曹叡。《三國志》卷三有紀。　青龍：三國魏明帝曹叡年號（233—237）。

[7]馬鈞：人名。扶風人。事見《三國志》卷二九《魏書·杜夔傳》。

[8]石虎：人名。後趙皇帝。《晋書》卷一〇六、卷一〇七有載記。　解飛：人名。事見《十六國春秋》卷二二。

[9]姚興：人名。後秦皇帝。《晋書》卷一一七、卷一一八有載記。　令狐生：人名。其事不詳。

[10]安帝：即司馬德宗。《晋書》卷一〇有紀。　義熙：晋安帝司馬德宗年號（405—418）。

[11]宋武帝：即劉裕。本書卷一、二、三有紀。

[12]大駕：皇帝出行，儀仗隊之規模最大者爲大駕。

[13]戎狄：泛指西北少數民族。

[14]機數：謀劃。

[15]祖沖之：人名。字文遠。《南齊書》卷五二、《南史》卷七二有傳。

[16]宋順帝：即劉準。本書卷一〇有紀。　昇明：宋順帝劉準年號（477—479）。

[17]齊王：即蕭道成。《南齊書》卷一、卷二有紀。

[18]車成：關於指南車成車時間，丁福林《校議》據《南齊書·武帝紀上》等考證，指南車製造在宋昇明末，而車成實已在齊初。　撫軍：官名。撫軍將軍省稱。將軍名號。三品。　丹陽尹：官名。京城所在郡府長官。中二千石。　王僧虔：人名。《南齊書》卷三三有傳。　御史中丞：官名。專掌監察、執法，領治書侍御史、侍御史，常受命領兵，出督軍旅，世族名士多不樂爲之。四品。　劉休：人名。字弘明。《南齊書》卷三四有傳。

[19]索虜：南北朝時南朝對北魏的蔑稱。因鮮卑人頭上有髮辮，故稱之爲“索虜”或“索頭虜”。　拓跋燾：人名。北魏皇帝。《魏書》卷四有紀。　郭善明：人名。北魏人。《魏書》卷四八《高允傳》稱其“性多機巧”。事見《魏書》卷九一《崔景哲傳》。

[20]扶風：地名。在今陝西興平市。　馬岳：人名。待考。

[21]酖殺：以毒酒殺人。

記里車，未詳所由來，亦高祖定三秦所獲。[1]制如指南，其上有鼓，車行一里，木人輒擊一槌。[2]大駕鹵簿，以次指南。

[1]三秦：地區名。秦亡後項羽入關三分關中，封秦降將章邯爲雍王，領有今陝西中部咸陽市以西和甘肅東部地區；封司馬欣爲塞王，領有今陝西咸陽市以東地區；封董翳爲翟王，領有今陝西以北地區，合稱爲三秦王，後世稱三秦王領有的地區爲“三秦”。

[2]槌：捶擊的器具。

輦車，《周禮》王后五路之卑者也。后宮中從容所乘，[1]非王車也。漢制乘輿御之，或使人輓，[2]或駕果下馬。[3]漢成帝欲與班婕妤同輦是也。[4]後漢陰就外戚驕貴，[5]亦輦。井丹譏之曰：“昔桀乘人車，豈此邪！”[6]然則輦夏后氏末代所造也。井丹譏陰就乘人，而不云僭上，[7]豈貴臣亦得乘之乎？未知何代去其輪。《傅玄子》曰：[8]“夏曰余車，殷曰胡奴，周曰輜車。”輜車，即輦也。魏、晉御小出，常乘馬，亦多乘輿車。輿車，今之小輿。

[1]從容：後宮中女官，姬妾之代稱。

[2]輓：牽引。

[3]果下馬：一種矮小的馬，乘之可行於果樹之下。《後漢書》卷八五《東夷傳·濊》：“（濊）又多文豹，有果下馬，海出班魚，使來皆獻之。”李賢注：“高三尺，乘之可於果樹下行。”

[4]漢成帝：即劉驁。《漢書》卷一〇有紀。 班婕妤：《漢書》卷九七下有傳。成帝欲與班婕妤同輦事見本傳。

[5]陰就：人名。光烈皇后陰麗華之弟，信陽侯。事見《後漢書》卷三二《陰識傳》。

[6]井丹：人名。字大春。《後漢書》卷八三有傳。 桀：人名。夏最後一位君主，有名的暴君。

[7]僭：超越本分，冒用在上者的職權、名義行事。

[8]《傅玄子》：書名。疑即《傅子》，晉人傅玄撰，今佚，見《晉書》卷四七《傅玄傳》。

犢車，軿車之流也。[1]漢諸侯貧者乃乘之，其後轉見貴。孫權云“車中八牛”，[2]即犢車也。江左御出，又載儲偫之物。[3]漢代賤輜車而貴輜軿，[4]魏、晉賤輜軿而貴輜車。又有追鋒車，[5]去小平蓋，加通幔，[6]如輜車，而駕馬。又以雲母飾犢車，[7]謂之雲母車，臣下不得乘，時以賜王公。晉氏又有四望車，[8]今制亦存。又漢制，唯賈人不得乘馬車，[9]其餘皆乘之矣。除吏赤蓋杠，[10]餘則青蓋杠云。

[1]軿車：有帷幕的車子。

[2]孫權：人名。三國吳君主。《三國志》卷四七有傳。

[3]儲偫：儲備，特指存儲物資以備需用。

[4]輜車：一馬駕之輕便車。《史記》卷一〇〇《季布欒布列傳》：“朱家迺乘輜車之洛陽，見汝陰侯滕公。”《索隱》：“謂輕車，一馬車也。”

[5]追鋒車：古代一種輕便的驛車，因車行疾速，故名。

[6]通幔：全部遮擋起來的帷幔。

[7]雲母：礦石名。俗稱千層紙。

[8]四望車：四面有窗可供觀望的車。

[9]賈人：商人。《周禮·地官·太宰》：“商賈阜通貨賄。”鄭玄注：“行曰商，處曰賈。”賈也可作商人的通稱。

[10]杠：車蓋柄的下部。《周禮·考工記·輪人》：“輪人爲蓋，達常圍三寸。”鄭玄注引漢鄭司農曰：“達常蓋斗柄下入杠中也。”賈公彥疏：“蓋柄有兩節，此達常是上節，下入杠中也。”

《周禮》王后亦有五路，重翟、厭翟、安車、翟車、輦車，凡五也。[1]漢制，太皇太后、皇太后、皇后法駕乘重翟羽蓋金根車，駕青交絡，[2]青帷裳，[3]雲檔畫轓，黃金塗五末，蓋爪施金華，駕三馬，左右騑。其非法駕則紫罽軿車。[4]按《字林》，軿車有衣蔽，無後轅。其有後轅者謂之輜。應劭《漢官》，明帝永平七年，[5]光烈陰皇后葬，[6]魂車，[7]鸞路青羽蓋，駕駟馬，龍旂九旒，前有方相。[8]鳳皇車，大將軍妻參乘，太僕妻、御女騎夾轂，此前漢舊制也。

[1]重翟：王后祭祀時乘坐的車子。《周禮·春官·巾車》：“王后之五路，重翟，錫面朱總。”鄭玄注：“重翟，重翟雉之羽也……后從王祭祀所乘。”賈公彥疏：“凡言翟者，皆謂翟鳥之羽，以爲兩旁之蔽。言重翟者，皆二重爲之。” 厭翟：后、妃、公主所乘的車，因以翟羽爲蔽，故稱。《周禮·春官·巾車》：“厭翟，勒面繢總。”鄭玄注：“厭翟，次其羽使相迫也……厭翟，后從王賓饗諸侯所乘。” 翟車：后妃乘坐的以雉羽爲飾的車子。《周禮·春官·巾車》：“翟車，貝面組總，有握。”鄭玄注：“以翟飾車之側爾……后所乘以出桑。”

[2]青交絡：青色車網。中華本校勘記指出，“絡”各本並作“路”，據《通典·禮典》改。

[3]帷裳：車旁的帷幔。《詩·衛風·氓》：“淇水湯湯，漸車帷裳。”孔穎達疏：“以幛障車之旁如裳，以爲容飾，故或謂之幛裳，或謂之童容。”

[4]罽：毛織物。《後漢書》卷五一《李恂傳》：“諸國侍子，及督使賈胡數遺恂奴婢、宛馬、金銀、香罽之屬，一無所受。”李賢注：“罽，織毛爲布者。”

[5]明帝：即劉莊。《後漢書》卷二有紀。 永平：漢明帝劉莊年號（58—75）。

[6]光烈陰皇后：即陰麗華。《後漢書》卷一〇上有紀。

[7]魂車：謂死者衣冠之車，像死者生時乘坐之形，供出喪時用。《儀禮·既夕禮》：“薦車直東榮北輈。”鄭玄注：“薦，進也。

進車者，象生時將行陳駕也。今時謂之魂車。"

[8]方相：傳說中驅除疫鬼和山川精怪的神靈。

晋《先蠶儀注》，皇后乘油畫雲母安車，駕六駹馬。駹，淺黑色也。油畫兩轅安車，駕五駹馬爲副。公主油畫安車，駕三。三夫人青交絡安車，[1]駕三。皆以紫絳廚軿車，駕三爲副。九嬪世婦軿車，[2]駕二。宮人輜車，[3]駕一。王妃、公侯特進夫人、封君皂交絡安車，[4]駕三。

[1]三夫人：内官合稱。晋武帝設内官，以貴嬪、夫人、貴人爲三夫人，位視三公。宋孝武帝孝建三年改以貴妃、貴嬪、貴人爲三夫人，明帝泰始三年又以貴姬代貴人。 絡：中華本校勘記指出，各本並作"路"，據《通典·禮典》改。

[2]九嬪世婦：九嬪和世婦。九嬪，女官合稱。西晋武帝内官，爲淑妃、淑媛、淑儀、修華、修容、修儀、婕妤、容華、充華，位視九卿，見《晋書·輿服志》。宋孝武帝孝建三年改置昭儀、昭容、昭華以代修華、修儀、修容，明帝泰始三年又改爲淑媛、淑儀、淑容、昭華、昭儀、昭容、修華、修儀、修容，見本書卷四一《后妃傳》。世婦，宮中女官名。《禮記·昏義》："古者天子后立六宮、三夫人、九嬪、二十七世婦、八十一御妻，以聽天子之内治，以明章婦順，故天下内和而家理。"世婦亦可爲公侯夫人之號，《禮記·檀弓上》："公侯有夫人、有世婦、有妻、有妾。"

[3]宮人：負責君王的日常生活事務。《周禮·天官·序官》："宮人中士四人，下士八人。"孫詒讓《正義》："此官掌王寢，亦主服御之事。"

[4]公侯特進夫人：公、侯、特進之夫人。公、侯，爵位爲公、侯。特進，官名。始設於西漢末，授予列侯中有特殊地位的人，位

在三公下，東漢至南北朝僅爲加官，無實職。　封君：有封邑的貴族或因子孫顯貴而受封典的人。《漢書·食貨志下》：“封君皆氐首仰給焉。”顏師古注：“封君，受封邑者，謂公主及列侯之屬也。”

皁：黑色。　絡：中華本校勘記指出，各本並作“路”，據《通典·禮典》改。

漢制，貴人、公主、王妃、封君油駢皆駕二，[1]右騑而已。

[1]油駢：車名。古代貴族婦女乘坐的經過油飾而四周有障蔽的車。

漢制，太子、皇子皆安車，朱斑輪，倚虎較，伏鹿軾，黑樔文畫蕃，青蓋，金華施橑末，黑樔文畫轅，黃金塗五末。[1]皇子爲王，錫以此乘，故曰王青蓋車。皆左右騑駕，五旗，旗九旒，畫降龍。皇孫乘綠蓋車，[2]亦駕三。魏、晉之制，太子及諸王皆駕四。

[1]黃金塗五末：中華本校勘記指出，各本並脱“黃”字，據《續漢書·輿服志上》《晉書·輿服志》改。

[2]綠蓋車：中華本校勘記指出，各本並脱“蓋”字，據《晉書·輿服志》補。

晉元帝太興三年，[1]太子釋奠。[2]詔曰：“未有高車，可乘安車。”高車，即立乘車也。公及列侯安車，[3]朱斑輪、倚鹿較、伏熊軾、黑蕃者謂之軒，皁繒蓋，駕二，右騑。王公旂八旒，侯七旒，卿五旒，[4]皆降龍。公卿中二千石、二千石郊陵法駕出，[5]皆大車立乘，駕四。後導從大車，駕二，右騑。他出乘安車。其去位致仕，[6]皆賜安車四馬。中二千石皆皁蓋、朱蕃，銅五末，駕二，右騑。《晋令》，王公之世子攝命治國者，[7]安車，駕三，旂七旒，其侯世子，五旒。

[1]晋元帝：即司馬睿。《晋書》卷六有紀。　太興：晋元帝司馬睿年號（318—321）。

[2]太子：即司馬紹。《晋書》卷六有紀。　釋奠：在學校設置酒食以奠祭先聖先師的一種典禮。《禮記·文王世子》："凡學，春官釋奠於其先師，秋冬亦如之。凡始立學者，必釋奠於先聖先師。"鄭玄注："釋奠者，設薦饌酌奠而已。"

[3]公：爵名。西晋武帝咸寧三年置大、次、小王國，凡大國始封王支子封爲公。一品。　列侯：爵名。秦及漢初多以軍功封授。後世亦爲諸侯泛稱。

[4]卿：官名。秦、漢爲中央高級官員的尊稱，位次三公。奉常（太常）、郎中令（光祿勳）、太僕、廷尉（大理）、典客（大鴻臚）、宗正、治粟内史（大司農）、少府、衛尉、中尉（執金吾）合稱九卿。

[5]中二千石、二千石：皆官秩等級，因所得俸祿以米穀爲準，故以"石"名之。漢朝二千石爲中央機構的太子太傅、太子少傅、將作大匠、詹事、水衡都尉、内史等列卿，州牧郡守、諸侯王國相一級官員。太常、光祿勳、衛尉、太僕、廷尉、大鴻臚宗正、大司農、少府、執金吾等中央機構的主管長官，皆爲中二千石。三國兩晋南北朝因之。　郊陵：郊祀祭天與上陵。

[6]致仕：辭去官職，退休。

[7]世子：中華本校勘記指出，各本並作"太子"，據《通典·禮典》改。下"其侯世子"，各本亦作"太子"，亦據《通

典》改。

　　傅暢《故事》，[1]三公安車，駕三。特進駕二。卿
一。漢制，公、列侯、中二千石、二千石夫人會廟及
蠶，[2]各乘其夫之安車，右騑，加皂交絡，帷裳皆皂。[3]
非公會，則乘漆布輜軿，[4]銅五末。晋武帝太康四年，[5]
詔依漢故事，給九卿朝車駕及安車各一乘。傅暢《故
事》，尚書令輜車，[6]黑耳後户。僕射但後户無耳。中書
監令如僕射。[7]

　　[1]傅暢：人名。字世道。《晋書》卷四七有附傳。　《故
事》：《晋書·傅暢傳》載其撰《公卿故事》九卷，《隋書·經籍志
二》載傅暢有《晋公卿禮秩故事》九卷，當即此書。
　　[2]會廟及蠶：參加皇室宗廟祭祀及祭祀先蠶。
　　[3]加皂交絡，帷裳皆皂：中華本校勘記指出，“絡”各本並
作“路”，據《通典·禮典》改。又各本並脱“皆皂”二字，據
《通典·禮典》補。
　　[4]輜軿：輜車和軿車的並稱，後泛指有遮罩的車子。《漢書》
卷七六《張敞傳》：“禮，君母出門則乘輜軿。”顏師古注：“輜軿，
衣車也。”
　　[5]晋武帝：即司馬炎。《晋書》卷三有紀。　太康：晋武帝
司馬炎年號（280—289）。
　　[6]尚書令：官名。秦、漢爲尚書署長官，掌收發文書，隸少
府。武帝以後，職權稍重，爲宮廷機要官員，掌傳達記録詔命章
奏，並有權審閲宣讀裁决奏章，升秩千石。東漢爲尚書臺長官，兼
具宮官、朝官職能、掌决策出令、綜理政務，秩位雖低，實際上總
領朝政，無所不統。三國沿置。録尚書事或缺，則代行宰相之職。
兩晋、宋爲尚書省長官，綜理全國政務，出居外朝，成爲高級政務

長官，參議大政。雖位三品，實權有如宰相，如録尚書事缺，則有宰相之名義。

[7]中書監令：官名。即中書監、中書令。皆爲中書省長官，魏、西晉掌收納章奏，草擬、發布皇帝詔令之機要政務。三品。東晉南朝爲閑職。 僕射：官名。即尚書僕射。魏晉爲尚書省次官，或單置，或並置左右，輔助尚書令執行政務，參議大政，諫諍得失，監察糾彈百官，可封還詔旨，常受命主管官吏選舉。南朝尚書令爲宰相，位尊權重，不親庶務，尚書省日常政務常由僕射主持，諸曹奏事由左、右僕射審議聯署。左僕射又領殿中、主客二郎曹，右僕射與祠部尚書通職，不並置，置則領祠部、儀曹二郎曹。三品。

　　漢制，乘輿御大駕，[1]公卿奉引，太僕御，[2]大將軍參乘，[3]備千乘萬騎。屬車八十一乘。[4]古者諸侯貳車九乘，秦滅九國，兼其車服，故八十一乘也。漢遵弗改。漢都長安時，[5]祠天於甘泉用之。都洛陽，[6]上原陵，[7]又用之，大喪又用之。[8]法駕則河南尹、洛陽令奉引，奉車郎御，侍中參乘。屬車三十六乘。凡屬車皆皁蓋赤裏。後漢祠天郊用法駕，祠宗廟用小駕。小駕，減損副車也。[9]前驅有九斿雲罕，[10]皮軒鸞旗，車皆大夫載之。鸞旗者，編羽旄列繫幢傍也。金鉦黃鉞，[11]黃門鼓車，[12]乘輿之後有屬車，尚書、御史載之。[13]最後一車懸豹尾。豹尾以前，比於省中。每出警蹕清道，[14]建五旗。太僕奉駕條上鹵簿，尚書郎侍御史令史皆執注以督整車騎，[15]所謂護駕也。春秋上陵，尤省於小駕。直事尚書一人從，其餘令史以下皆從行，所謂先置也。薛綜《東京賦》注以雲罕九斿爲旌旗别名，[16]亦不辨其形。

案魏命晋王建天子旌旗，置旄頭雲罕。是知雲罕非旌旗也。徐廣《車服注》以爲九斿，斿車九乘。雲罕疑是罼罕。[17]《詩叙》曰：“齊侯田獵罼弋，[18]百姓苦之。”罼罕本施遊獵，遂爲行飾乎？潘岳《籍田賦》先叙五路九旗，[19]次言瓊鈒雲罕。[20]若罕爲旗，則岳不應頻句於九旗之下。又以其物匹鈒戟，宜是今罼網明矣。此説爲得之。皮軒，以虎皮爲軒也。徐又引《淮南子》“軍正執豹皮以制正其衆。”《禮記》“前有士師，[21]則載虎皮”。乘輿豹尾，亦其義類乎？五旗者，五色各一旗，以木牛承其下。徐又云：“木牛，蓋取其負重而安穩也。”五旗纏竿，即《禮記》德車結旌不盡飾也，[22]戎事乃散之。又武車綏旌，[23]垂舒之也。史臣案：今結旌綏旌同，而德車武車之所不建。又木牛之義，亦未灼然可曉。又案《周禮》辨載法物，莫不詳究，然無相風、罼網、旄頭之屬，[24]此非古制明矣。何承天謂戰國並爭，[25]師旅數出，懸烏之設，[26]務察風祲，[27]宜是秦矣。晋武嘗問侍臣：“旄頭何義？”彭推對曰：[28]“秦國有奇怪，觸山截水，無不崩潰，唯畏旄頭，故虎士服之，則秦制也。”張華曰：[29]“有是言而事不經。臣謂壯士之怒，髮踊衝冠，義取於此。”摯虞《決疑》無所是非也。徐爰曰：“彭、張之説，各言意義，無所承據。案天文畢昴之中謂之天街，故車駕以罼罕前引，畢方昴圓，因其象。《星經》，昴一名旄頭，故使執之者冠皮毛之冠也。”[30]

[1]乘輿：本指天子所坐的車，此處代指皇帝。
[2]太僕：官名。秦漢秩中二千石，列位九卿，掌皇帝專用車

馬，監管官府畜牧業。三品。西晋沿置，東晋或置或省，宋唯郊祀時權置。御：中華本校勘記指出，各本並脱“御”字，據《續漢書·輿服志上》補。

[3]大將軍：官名。西漢武帝以後，大將軍常冠大司馬之號，秩萬石，領尚書事，執掌朝政，成爲中朝官最高領袖。東漢不冠大司馬，成爲獨立官員，多授予貴戚，常兼録尚書事，開府置僚屬，與太傅、太尉等共同主持政務。

[4]屬車：帝王出行時的侍從車。《文選》張衡《東京賦》：“屬車九九，乘軒並轂。”薛綜注：“副車曰屬。”

[5]長安：地名。在今陝西西安市。

[6]都洛陽：定都洛陽（今河南洛陽市），此處指東漢。

[7]原陵：漢光武帝劉秀之陵。《後漢書》卷二《明帝紀》：“（中元二年）三月丁卯，葬光武皇帝於原陵。”李賢注引《帝王紀》：“原陵方三百二十步，高六丈，在臨平亭東南，去洛陽十五里。”

[8]大喪：本可指帝王、皇后、世子之喪，此處指皇帝之喪。《周禮·天官·宰夫》：“大喪小喪，掌小官之戒令，帥執事而治之。”鄭玄注：“大喪，王、后、世子之喪也。”

[9]副車：皇帝的從車。

[10]斿：指旌旗下垂的飄帶等飾物。《周禮·春官·巾車》：“建太常十有二斿。”鄭玄注：“大常，九旗之畫日月者，正幅爲縿，斿則屬焉。”中華本校勘記指出，“斿”各本作“游”。《續漢書·輿服志上》作“斿”，是。《東京賦》：“雲罕九斿。”顏師古《匡謬正俗》云：“斿者，旌旗之斿，字從，訓與旒同。桓二年，臧哀伯云鞶厲斿纓是也。”按下文又有“薛綜《東京賦注》以雲罕九游爲旌旗別名”“徐廣《車服注》以爲九游，游車九乘”。凡“游”字並應作“斿”，今並改正。

[11]金鉦：古樂器。《文選》張衡《東京賦》：“戎士介而揚揮，戴金鉦而建黃鉞。”薛綜注：“金鉦，鐲鐃之屬也。” 黃鉞：

飾以黃金的長柄斧子，天子儀仗，亦用以征伐，《尚書·牧誓》："王左杖黃鉞，右秉白旄以麾。"孔穎達疏引《廣雅》："鉞，斧也。斧稱黃鉞，故知以黃金飾斧也。"

[12]鼓車：即記里鼓車。皇帝出外時的儀仗之一。

[13]御史：官名。監察考科百官政務，亦或受遣出使，執行專項監察任務。西漢前期猶以御史監郡，武帝時改置諸州刺史。東漢罷御史府，置御史臺，以御史中丞爲長官，設侍御史十五員。兩漢侍御史皆可簡稱御史。

[14]警蹕：帝王出入時，於所經路途侍衛警戒，清道止行。

[15]尚書郎：官名。西漢武帝時常以郎官供尚書署差遣，掌收發文書章奏庶務，後漸成定制。魏、晉出居外朝，爲尚書省諸郎曹長官，隸列曹尚書，分曹執行政務，奏對擬詔之職則移歸中書。其職清美。魏、晉、宋六品。　侍御史：官名。西漢爲御史大夫屬官，由御史中丞統領，入侍禁中蘭臺，給事殿中，故名。員十五人，秩六百石，掌受公卿奏事，舉劾按章，監察文武官員。　令史：官名。漢朝蘭臺、尚書臺、三公府及大將軍等府皆置，位在諸曹掾下，此處當指尚書臺、蘭臺令史。

[16]薛綜：人名。字敬文，《三國志》卷五三有傳。

[17]罼罕：本指捕鳥的網，此指帝王出行時前導的儀仗。

[18]罼弋：射獵。《國語·齊語六》："田狩罼弋，不聽國政。"韋昭注："罼，掩雉兔之網也。弋，繳射也。"

[19]潘岳《籍田賦》：見《文選》卷七。潘岳，人名。字安仁。《晉書》卷五五有傳。

[20]瓊鈒：飾玉的矛戟。古時用作儀仗，鈒指短矛。《急就篇》卷三："鈒戟鈹鎔劍鐔鍭。"顏師古注："鈒，短矛也。"

[21]士師：兵衆，軍隊。《禮記·曲禮上》："前有車騎，則載飛鴻；前有士師，則載虎皮。"鄭玄注："士師，謂兵衆。"

[22]德車結旌：德車收斂旗幡，德車指帝王所乘五路中的玉、金、象、木四路（輅）。《禮記·曲禮上》："兵車不式，武車綏旌，

德車結旌。"鄭玄注:"不盡飾也,結謂收斂之也。"孔穎達疏:"德車,謂玉路、金路、象路、木路。四路不用兵,故曰德車。德美在内,不尚赫奕,故結纏其旒著於竿也。何胤云,以德爲美,故略於飾此坐乘之車也。"

[23]武車綏旌:武車指兵車,綏旌指垂旒舒展的旗幡。《禮記·曲禮上》:"武車綏旌,德車結旌。"鄭玄注:"盡飾也,綏謂垂舒之也,武車亦兵車。"

[24]相風:用作儀仗的觀測風向的儀器。

[25]何承天:人名。本書卷六四有傳。

[26]烏:此處指傳説中太陽中的三足烏。

[27]祲:日旁雲氣,常指妖氣,不祥之氣。《左傳》昭公十五年:"吾見赤黑之祲,非祭祥也,喪氛也。"杜預注:"祲,妖氛也。"

[28]彭推:人名。其事不詳。

[29]張華:人名。字茂先。《晋書》卷三六有傳。

[30]徐爰:人名。字長玉。本書卷九四有傳。 畢:月陽之名。《爾雅·釋天》:"月在甲曰畢。" 昴:星宿名。二十八宿之一。《尚書·堯典》:"日短星昴,以正仲冬。"孔傳:"昴,白虎之中星。" 天街:星名。《史記·天官書》:"昴畢間爲天街。"《正義》:"天街二星,在畢昴間,主國界也。街南爲華夏之國,街北爲夷狄之國。"

輕車,古之戰車也。輪輿洞朱,不巾不蓋,建矛戟幢麾,置弩於軾上,駕二。射聲校尉司馬吏士載,[1]以次屬車。

[1]射聲校尉:官名。西漢武帝始置,爲北軍八校尉之一,位次列卿,屬官有丞、司馬等。領待詔射聲士,所掌爲常備精兵,屯

成京師，兼任征伐。東漢光武帝建武七年省，十五年復置，爲五校尉之一，隸北軍中候。掌宿衛兵，屬官有司馬一員。舊有虎賁校尉掌輕車，亦省併於射聲，故皇帝大駕、法駕出，則乘輕車隨行。

司馬吏士：司馬的下屬。宋時四品。

《漢儀》曰："出稱警，入稱蹕。"說者云，車駕出則應稱警，入則應稱蹕也，而今俱唱之。史臣以爲警者，警戒也。蹕者，止行也。今從乘輿而出者，並警戒以備非常也。從外而入乘輿相干者，蹕而止之也。董巴、[1]司馬彪云："諸侯王遮迣出入，稱警設蹕。"[2]

[1]董巴：人名。三國魏學者，曾官博士、給事中。《隋書·經籍志二》載"《大漢輿服志》一卷，魏博士董巴撰"，《續漢書·五行志一》載董巴官給事中。

[2]遮迣：列隊遮攔。《漢書》卷七二《鮑宣傳》："凡民有七亡……部落鼓鳴，男女遮迣，六亡也。"顏師古注："晋灼曰：'迣，古列字也。'師古曰'言聞桴鼓之聲以爲有盜賊，皆當遮列而追捕。'"

武剛車，[1]有巾有蓋，在前爲先驅。又在輕車之後爲殿也。駕一。《史記》，衛青征匈奴，[2]以武剛車爲營是也。

[1]武剛車：戰車名。
[2]衛青：人名。西漢名將。《史記》卷一一一有傳。

漢制，大行載轀輬車，[1]四輪。其飾如金根，加施組連璧，[2]交絡，四角金龍首銜璧，垂五采，析羽流蘇，[3]前後雲氣畫帷裳，欚文畫曲藩，長與車等。太僕御，駕六白駱馬，[4]以黑藥灼其身爲虎文，謂之布施馬。既下，馬斥賣，車藏城北秘宮。今則馬不虎文，不斥賣；車則毀也。自漢霍光、晋安平、齊王、賈充、王導、謝安、宋江夏王葬以殊禮者，[5]皆大輅黃屋，[6]載輼輬車。

[1]大行：指剛死而尚未定謚號的皇帝、皇后。　輼輬車：車名。《漢書》卷六八《霍光傳》：“載光屍柩以輼輬車。”顏師古注：“輼輬本安車也，可以臥息。後因載喪，飾以柳翣，故遂爲喪車耳。輼者密閉。輬者旁開窗牖，各別一乘，隨事爲名。後人既專以載喪，又去其一，總爲藩飾。而合二名呼之耳。”

[2]組：絲帶。《尚書·禹貢》：“厥篚玄纁璣組。”孔傳：“組，綬類。”　璧：玉器名。扁平，圓形，中心有孔，邊闊大於孔徑。古代貴族用作朝聘、祭祀、喪葬時的禮器，也作佩帶的裝飾。

[3]析羽：用來裝飾旌旗、旄節等的繐狀羽毛。《周禮·春官·司常》：“全羽爲旞，析羽爲旌。”鄭玄注：“全羽、析羽，皆五采，繫之於旞旌之上。”

[4]駱馬：白身黑鬣的馬。

[5]霍光：人名。字子孟。《漢書》卷六八有傳。　安平：即晋安平獻王司馬孚。《晋書》卷三七有傳。　齊王：即司馬攸。《晋書》三八有傳。　賈充：人名。西晋大臣。《晋書》卷四〇有傳。　王導：人名。東晋大臣。《晋書》卷六五有傳。　謝安：人名。東晋大臣。《晋書》卷七九有傳。　宋江夏王：即劉義恭。本書卷六一有傳。

[6]黃屋：帝王專用的黃繒車蓋。《史記》卷六《秦始皇本紀》：“子嬰度次得嗣，冠玉冠，佩華緩，車黃屋。”《集解》引蔡邕

曰:"黄屋者,蓋以黄爲裏。"

《晋令》曰:"乘傳出使,遭喪以上,即自表聞,聽得白服乘騾車,到副使攝事。"徐廣《車服注》:"傳聞騾車者,犢車裝而馬車轅也。"又車無蓋者曰科車。

晋武帝時,護軍將軍羊琇乘羊車,[1]司隸校尉劉毅奏彈之。[2]詔曰:"羊車雖無制,猶非素者所服。"江左來無禁也。

[1]羊琇:人名。字稚舒。《晋書》卷九三有傳。

[2]司隸校尉:官名。東漢時職掌糾察宫廷内外、皇親貴戚、京都百官,兼領兵,有檢敕、捕殺罪犯之權,並爲司隸州行政長官。三國魏、西晋沿置。三品。 劉毅:人名。字仲雄。《晋書》卷四五有傳。

舊有充庭之制,臨軒大會,陳乘輿車輦旌鼓於殿庭。張衡《東京賦》云:"龍路充庭,鸞旗拂霓。"晋江左廢絶。宋孝武大明中修復。

上古寝處皮毛,未有制度。後代聖人見鳥獸毛羽及其文章與草木華采之色,因染絲綵以作衣裳,爲玄黄之服,以法乾坤上下之儀;觀鳥獸冠胡之形,制冠冕纓蕤之飾。[1]虞氏作績,[2]采章彌文,夏后崇約,猶美黻冕。[3]咎繇陳《謨》,[4]則稱五服五章。皆後王所不得異也。周監二代,典制詳密,故弁師掌六冕,[5]司服掌六服,[6]設擬等差,各有其序。《禮記·冠義》曰:"冠者禮之始,嘉事之重者也。"[7]太古布冠,齊則緇之。[8]夏曰毋追，[9]殷曰章甫，周曰委貌，[10]此皆三代常所□□周之祭冕，[11]繅采備飾，故夫子曰"服周之冕"，以盡美稱之。至秦以戰國即天子位，滅去古制，郊祭之服，皆以祠玄。[12]至漢明帝始採《周官》《禮記》《尚書》諸儒説，還備袞冕之服。[13]魏明帝以公卿袞衣黼黻之文，[14]擬於至尊，復損略之。晋以來無改更也。天子禮郊廟，則黑介幘，[15]平冕，今所謂平天冠也。[16]皁表朱綠裏，廣七寸，長尺二寸，垂珠十二旒。以朱組爲纓，[17]衣皁上絳下，[18]前三幅，後四幅，衣畫而裳繡，爲日、月、星辰、山、龍、華、蟲、藻、火、粉米、黼、黻之象，凡十二章也。[19]素帶廣四寸，朱裏，以朱緣裨飾其側。[20]中衣以絳緣其領袖。[21]赤皮蔽膝。蔽膝，古之韍也。[22]絳袴，[23]絳襪，赤舄。[24]未加元服者，[25]空頂介幘。其釋奠先聖，[26]則皁紗裙，絳緣中衣，[27]絳袴袜，黑舄。其臨軒亦袞冕也。其朝服，[28]通天冠，[29]高九寸，金博山顔，[30]黑介幘，絳紗裙，皁緣中衣。其拜陵，黑介幘，箋單衣。其雜服，有青赤黃白緗黑色介幘，五色紗裙，五梁進賢冠，遠遊冠，平上幘，武冠。其素服，白帢單衣。《漢儀》，立秋日獵服緗幘。[31]晋哀帝初，[32]博士曹弘之等儀：[33]"立秋御讀令，不應緗幘。求改用素。"詔從之。宋文帝元嘉六年，[34]奉朝請徐道娛表：[35]"不應素幘。"詔門下詳議，帝執宜如舊。遂不改。

[1]纓蕤：冠上飾物。

[2]繢：繪畫。

[3]黼：禮服上綉的黑與青相間的亞形花紋。《尚書·益稷》："藻火、粉米，黼黻絺綉。"孔穎達疏："黻謂兩己相背，謂刺綉爲己字，兩己字相背也。"

[4]咎繇：人名。即皋陶。舜之賢臣。

[5]六冕：六種冕服。《周禮·春官·司服》："掌王之吉凶衣服，辨其名物，與其用事。王之吉服，祀昊天上帝，則服大裘而冕，祀五帝亦如之；享先王則袞冕；享先公、饗射則鷩冕；祀四望山川則毳冕；祭社稷五祀則希冕；祭群小祀則玄冕。"

[6]六服：指周代天子、王后各有的六種冕服。天子之六服爲大裘、袞衣、禪衣、鷩衣、絺衣、玄衣。《周禮·天官·內司服》："掌王后之六服。褘衣、揄狄、闕狄、鞠衣、展衣、緣衣、素沙。"

[7]嘉：中華本校勘記指出，各本並脫，據《禮記·冠義》原文補。

[8]緇：黑色。

[9]毋追：夏代冠名。《禮記·郊特牲》："毋追，夏後氏之道也。"鄭玄注："常所服以行道之冠也。"

[10]委貌：冠名。以皁絹爲之。《儀禮·士冠禮》："委貌，周道也。"鄭玄注："委，猶安也，言所以安正容貌。"

[11]□□周之祭冕：□□不知爲何字，待考。

[12]袀玄：黑色。

[13]袞冕：帝王與上公的禮服和禮冠。《周禮·春官·司服》："王之吉服，祀昊天上帝則大裘而冕；祀五帝亦如之；享先王則袞冕……公之服，自袞冕而下，如王之服。"《國語·周語中》："棄袞冕而南冠以出，不亦簡彝乎？"韋昭注："袞，袞龍之衣也；冕，大冠也。公之盛服也。"

[14]黼黻：禮服上所綉的華美花紋。

[15]介幘：一種長耳裏髮巾。始行於漢魏，即後來的進賢冠。

[16]平天冠：中華本校勘記指出，"天"字，三朝本空白。北監本、毛本、殿本、局本作"頂"。《通典·禮典》作"天"。按作

"天"是，今據改。丁福林《校議》云："'平天冠'，《南齊書·輿
服志》同《晋書·輿服志》作'通天冠'。"按：東漢以平天冠爲
冕的俗稱，《續漢書·輿服志下》："冕皆廣七寸，長尺二寸，前圓
後方，朱緑裏，玄上，前垂四寸，後垂三寸，係白玉珠爲十二旒，
以其綬采色爲組纓。三公諸侯七旒，青玉爲珠；卿大夫五旒，黑玉
爲珠。皆有前無後，各以其綬采色爲組纓，旁垂黈纊。郊天地，宗
祀，明堂，則冠之。"

[17]以朱組爲纓：中華本校勘記指出，各本並脱"朱"字，
據《晋書·輿服志》《通典·禮典》補。纓，繫冠的帶子，以二組
繫於冠，結在頷下。

[18]絳：深紅色。

[19]爲日、月、星辰、山、龍、華、蟲、藻、火、粉米、黼、
黻之象，凡十二章也：中華本如此標點，按：當作日、月、星辰、
山、龍、華蟲、藻、火、粉米、黼、黻。首先，丁福林《校議》據
《尚書·益稷》及孔穎達疏、《周禮·考工記》鄭玄注指出"華蟲"
乃一詞，不可點斷。《文苑英華》卷七六六唐楊炯《公卿以下冕服
議》："華蟲者，雉也，雉身被五彩，象聖王體兼文明也。"則"華
蟲"指身被五彩之雉。粉米指白米，《尚書·益稷》："宗彝、藻、
火、粉米、黼、黻，絺繡，以五采彰施于五色，作服。"孔穎達疏
引鄭玄曰："宗彝也，藻也，火也，粉米也，黼也，黻也，此六者
紩以爲繡，施於裳也。"又曰："粉米，白米也。"朱紹侯按：如按
鄭玄注把華蟲合二爲一，則"十二章"必改爲"十一章"乃可。

[20]朱緣：中華本校勘記指出，"緣"各本並作"緑"，據
《通典·禮典》改。

[21]中衣：穿在祭服、朝服内的裏衣。《禮記·郊特牲》："綉
黼丹朱中衣。"孔穎達疏："中衣，謂以素爲冕服之裏衣。"

[22]韍：大夫以上祭祀或朝覲時遮蔽在衣裳前的服飾，用熟皮
製成。形制、圖案、顔色按等級有所區别。《禮記·明堂位》："有
虞氏服韍。"鄭玄注："韍，冕服之韠也。舜始作之，以尊祭服。"

[23]袴：左右各一，分裏兩脛的套褲，以別於滿襠的“褌”。《禮記·內則》：“衣不帛襦袴。”孫希旦《集解》：“袴，下衣。”

[24]舄：一種以木爲複底的鞋。崔豹《古今注·輿服》：“舄，以木置履下，乾臘不畏泥濕也。”

[25]加元服：行冠禮爲加元服。《漢書》卷七《昭帝紀》：“（元鳳）四年春正月丁亥，帝加元服。”顏師古注：“元，首也。冠者，首之所著，故曰元服。”中華本校勘記指出，各本並脫“加”字，據《晉書·輿服志》《通典·禮典》補。

[26]先聖：先世聖人，指孔子。

[27]緣：中華本校勘記指出，各本並脫，據《晉書·輿服志》《通典·禮典》補。按：下有“皁緣中衣”，可證此脫“緣”字。

[28]朝服：君臣朝會時穿的禮服，舉行隆重典禮時亦穿。

[29]通天冠：皇帝戴的一種帽子。

[30]金博山顏：金博山的形貌。博山，指博山爐。

[31]緗幘：淺黃色頭巾。

[32]晉哀帝：即司馬丕。《晉書》卷八有紀。

[33]曹弘之：人名。據《晉書·輿服志》及本書《禮志五》，晉哀帝初太學博士。　儀：中華本作“儀”，四庫本作“議”，當從四庫本。

[34]宋文帝：即劉義隆。本書卷五有紀。　元嘉：宋文帝劉義隆年號（424—453）。

[35]徐道娛：人名。高平（今山西高平市）人，晉給事中徐乾之子。官駙馬都尉奉朝請，領太常博士。

　　進賢冠，前高七寸，後高三寸，長八寸，梁數隨貴賤，[1]古之緇布冠也。文儒者之所服。上公、卿助祭於郊廟，[2]皆平冕，王公八旒，卿七旒，以組爲纓，色如其綬。[3]王公衣山龍以下，[4]九章也，卿衣華蟲以下，七章也。行鄉射禮，[5]則公卿委貌冠，以皁絹爲之，形如覆杯，與皮弁同制。[6]長七寸，高四寸。衣黑而裳素。其中衣以皁緣領袖。其執事之人皮弁，以鹿皮爲之。

　　[1]梁：即冠上的橫脊。

　　[2]上公：周制，三公（太師、太傅、太保）八命，出封時，加一命，稱爲上公。《周禮·春官·典命》：“上公九命爲伯，其國家、宮室、車旗、衣服、禮儀皆以九爲節。”鄭玄注：“上公，謂王之三公有德者，加命爲二伯。二王之後亦爲上公。”晋制，太宰、太傅、太保皆爲上公。　助：中華本校勘記指出，各本並作“初”，據《通典·禮典》改。

　　[3]綬：絲帶。用以繫佩玉、官印、帷幕等，綬帶的顏色常用以標志不同的身份與等級。《禮記·玉藻》：“天子佩白玉而玄組綬，公侯佩山玄玉而朱組綬。”鄭玄注：“綬者，所以貫佩玉相承受者也。”

　　[4]山龍：中華本作“山龍”，據上文，當爲“山、龍”。

　　[5]鄉射禮：射箭飲酒的禮儀。鄉射有二：一是州長春秋於州序（州的學校）以禮會民習射，一是鄉大夫於三年大比貢士之後，鄉大夫、鄉老與鄉人習射。

　　[6]皮弁：白鹿皮製成的冠。

　　武冠，昔惠文冠，本趙服也，一名大冠。凡侍臣則加貂蟬。應劭《漢官》曰：“説者以金取堅剛，百鍊不耗；蟬居高食潔，口在腋下；[1]貂内勁悍而外温潤。”此因物生義，非其實也。其實趙武靈王變胡，[2]而秦滅趙，以其君冠賜侍臣，故秦、漢以來，侍臣有貂蟬也。徐廣《車服注》稱其意曰：“北土寒涼，本以貂皮暖額，附施於冠，因遂變成首飾乎？"侍中左貂，常侍右貂。

[1]蟬居高食潔，口在腋下：中華本校勘記指出，"口"各本
並作"目"，據《續漢書·輿服志下》劉昭注引應劭《漢官》改。
"食"《漢官》作"飲"。

[2]趙武靈王：即趙雍。戰國時趙肅侯之子，趙國的第六代國
君。事見《史記》卷四三《趙世家》。

法冠，本楚服也。一名柱後，一名獬豸。説者云：
"獬豸獸知曲直，以角觸不正者也。"秦滅楚，以其君冠
賜法官。

謁者高山冠，本齊服也。一名側注冠。秦滅齊，以
其君冠賜謁者。魏明帝以其形似通天、遠遊，[1]乃毀
變之。

[1]遠遊：遠遊冠。

樊噲冠，[1]廣九寸，制似平冕，殿門衛士服之。漢
將樊噲常持鐵盾。鴻門之會，[2]項羽欲害漢王，[3]乃裂裳
以苞盾，戴入見羽。漢承秦制，冠有十三種，魏、晉以
來，不盡施用。今志其施用者也。

[1]樊噲冠：漢將樊噲曾戴之冠。樊噲，人名。《史記》卷九
五、《漢書》卷四一有傳。

[2]鴻門：地名。在今陝西臨潼東北。此指鴻門宴。

[3]項羽：人名。楚霸王。《史記》卷七有紀。　漢王：即漢
高祖劉邦。時爲漢王。《史記》卷八、《漢書》卷一有紀。

幘者，古賤人不冠者之服也。漢元帝額有壯髮,[1]始引幘服之。王莽頂禿,[2]又加其屋也。《漢注》曰："冠進賢者宜長耳，今介幘也。冠惠文者宜短耳，今平上幘也。[3]知時各隨所宜，後遂因冠爲別。"介幘服文吏，平上服武官也。童子幘無屋者，示未成人也。又有納言幘，後收，又一重，方三寸。又有赤幘，騎吏、武吏、乘輿鼓吹所服。[4]救日蝕，文武官皆免冠，著赤幘，對朝服，示威武也。宋乘輿鼓吹，黑幘武冠。

[1]漢元帝：即劉奭。《漢書》卷九有紀。

[2]王莽：人名。《漢書》卷九九有傳。

[3]平上幘：魏晉以來武官所戴的一種平頂頭巾。中華本校勘記指出，"上"各本並作"中"，據《晉書·輿服志》改。下文有"平上服武官"。

[4]鼓吹：演奏樂曲的樂隊。

漢制，祀事五郊，天子與執事所服各如方色；百官不執事者，自服常服以從。常服，絳衣也。

魏秘書監秦静曰：[1]"漢氏承秦，改六冕之制，俱玄冠絳衣而已。"晋名曰五時朝服；[2]有四時朝服，[3]又有朝服。

[1]秘書監：官名。秘書省長官，掌國家藝文圖籍。三品。秦静：人名。三國儒學家。《三國志》卷二五《高堂隆傳》曰："景初中，帝以蘇林秦静等並老，恐無能傳業者。"《通典》卷四四、卷五一、卷五五載其議禮事。

[2]五時：春、夏、季夏、秋、冬五個時令。《呂氏春秋·士容論·任地》："五時見生而樹生，見死而穫死。"陳奇猷校釋："五時者，春、夏、秋、冬、季夏也。本書《十二紀》，春屬木，夏屬火，秋屬金，冬屬水，而於《季夏》之末別出中央土一節，是以木、火、金、水、土五行配屬春、夏、秋、冬四季，即所謂五時也。"

[3]四時：春、夏、秋、冬四季。

凡兵事，總謂之戎。《尚書》云："一戎衣而天下定。"《周禮》："革路以即戎。"又曰："兵事韋弁服。"[1]以韎韋爲弁，[2]又以爲衣裳。《春秋左傳》："戎服將事。"又云："晋郤至衣韎韋之跗。"[3]注，先儒云："韎，絳色。"今時伍伯衣。[4]説者云，五霸兵戰，[5]猶有綏緌、冠緌、漫胡，[6]則戎服非袴褶之制，[7]未詳所起。近代車駕親戎中外戒嚴之服，無定色，冠黑帽，綴紫褾。[8]褾以繒爲之，長四寸，廣一寸。腰有絡帶，以代鞶革。[9]中官紫褾，外官絳褾。又有纂嚴戎服，而不綴褾。行留文武悉同。其畋獵巡幸，則唯從官戎服，帶鞶革；文官不下緌，武官脱冠。宋文帝元嘉中，巡幸蒐狩皆如之；救宮廟水火，亦如之。

[1]韋弁：禮冠之一。天子諸侯大夫兵事服飾，用熟皮製成，淺朱色，制如皮弁。《周禮·春官·司服》："凡兵事，韋弁服。"鄭玄注："韋弁，以韎韋爲弁。"賈公彥疏："韎是舊染，謂赤色也，以赤色韋爲弁。"

[2]韋：去毛熟治的獸皮，柔軟的皮革。《儀禮·聘禮》："君使卿韋弁。"鄭玄注："皮韋同類，取相近耳。"賈公彥疏："有毛則曰皮，去毛熟治則曰韋。本是一物，有毛無毛爲異，故云取相近耳。"

　　[3]郤至：人名。春秋時期晉大臣。事見《史記》卷三九《晉世家》。跗：腳背。《儀禮·士喪禮》：“乃屨，綦結于跗。”鄭玄注：“跗，足上也。”賈公彥疏：“謂足背也。”

　　[4]伍伯衣：一伍之伯所穿衣。崔豹《古今注·輿服》：“伍伯，一伍之伯也。五人曰伍，五長爲伯，故稱伍伯。一曰户伯。漢制兵吏五人一户竈，置一伯，故户伯亦曰火伯，以爲一竈之主也。漢諸公行則户伯率其伍以導引也。古兵士服韋弁，今户伯服，赤幘、縹衣、素韠弁之遺法也。”

　　[5]五霸：春秋五霸。齊桓公、晉文公、楚莊公、秦穆公、宋襄公。

　　[6]韍：蔽膝。縫於長衣之前，爲天子、諸侯等禮服的服飾。《易·困卦》：“朱紱方來。”孔穎達疏：“紱，祭服也。”　漫胡：本指鎧甲邊緣的裙邊部分。此處指鎧甲邊上的衣飾。《吕氏春秋·孟冬紀》：“其蟲介。”漢高誘注：“介，甲也。象冬閉固，皮漫胡也。”陳奇猷校釋：“漫胡，亦作‘鏝胡’……凡不鋒利而向旁被者，皆可謂之漫胡。”

　　[7]袴褶：服裝名。上穿褶，下著褲，外不加裘裳，故稱。名起於漢末，始爲騎服，盛行於南北朝，亦用作常服、朝服。

　　[8]褾：服飾的緄邊。

　　[9]鞶革：男子束衣的腰帶，革製，常用佩玉飾。《左傳》桓公二年：“鞶、厲、遊、纓，昭其數也。”杜預注：“鞶，紳帶也。一名大帶。”孔穎達疏：“以帶束腰，垂其餘以爲飾，謂之紳，上帶爲革帶，故云鞶。”

　　漢制，太后入廟祭神服，紺上皁下，[1]親蠶，青上縹下，[2]皆深衣。深衣，即單衣也。首飾剪氂幗。[3]

　　[1]紺：天青色，深青透紅之色。

　[2]縹：淡青色，青白色，今所謂月白。《急就篇》卷二："縹
綟緑紈皂紫硟。"顏師古注："縹，青白色也。"

　[3]首飾：頭上裝飾。　剪氂幗：用剪下的氂製成的髮飾。氂，
指牦牛尾。

　　漢制，皇后謁廟服，紺上皂下。[1]親蠶，青上縹下。
首飾，假髻，[2]步摇，[3]八雀，[4]九華，[5]加以翡翠。晋
《先蠶儀注》，皇后十二鑮，步摇，大手髻，[6]衣純青之
衣，帶綬佩。今皇后謁廟服袿襜大衣，[7]謂之褘衣。[8]公
主三夫人大手髻，七鑮，蔽髻。[9]九嬪及公夫人五鑮。
世婦三鑮。公主會見，大手髻。其長公主得有步摇。[10]
公主封君以上皆帶綬，以采組爲緄帶，[11]各如其綬色。
公特進列侯夫人、卿校世婦、二千石命婦年長者，[12]紺
繒幗。[13]佐祭則皂絹上下。助蠶則青絹上下。[14]自皇后
至二千石命婦，皆以蠶衣爲朝服。[15]

　[1]紺上皂下：丁福林《校議》云："《晋書・輿服志》作'皂
上皂下'。"按《續漢書・輿服志下》作"紺上皂下"，當以"紺上
皂下"爲是。

　[2]假髻：假髮所作之髻。

　[3]步摇：一種首飾。上有垂珠，行步則摇。

　[4]八雀：婦女頭上裝飾品。

　[5]九華：婦女頭上裝飾品。

　[6]大手髻：在自己頭髮的基礎上，接上一些假髮爲髻。

　[7]袿：婦人上衣。《釋名・釋衣服》"婦人上服曰袿，其下垂
者上廣下狹，如刀圭也。"　襜：《釋名・釋衣服》"襜，襜也，衣
裳上下相連屬。"

[8]褘衣：繪有野雞圖紋的王后祭服，從王祭祀先王時所服。

[9]蔽髻：一種假髻。《書鈔》卷一三五《假髻》注引成公綏《蔽髻銘》曰："或造茲蔽，南京翠翼，明珠星列，繁華致飾。"同書卷一三六《釵》注引《晉令》云："六品以下得服金釵以蔽髻，三品以上服爵釵。"

[10]長公主：皇帝姐姐、姑母的封號。

[11]組：中華本校勘記指出，各本並脫"組"字，據《續漢書·輿服志下》《晉書·輿服志》《通典·禮典》補。　緄帶：以色絲織成的束帶。

[12]卿校：卿級、校級官員的通稱。　二千石命婦：秩二千石的命婦。命婦指受帝王封號的婦女。

[13]紺繒幗：婦女以天青色繒做成的覆於髮上的首飾。

[14]佐祭：輔助祭祀。

[15]蠶衣：皇后等行親蠶禮儀時所穿的衣服。

劉向曰：[1]"古者天子至于士，王后至于命婦，必佩玉，尊卑各有其制。"《禮記》曰："天子佩白玉而玄組綬，公侯山玄玉而朱組綬，卿大夫水蒼玉而緇組綬，士佩瓀玫而縕組綬。"[2]縕，赤黃色。綬者，所貫佩相承受也。上下施鞢如蔽膝，貴賤亦各有殊。五霸之後，戰兵不息，佩非兵器，鞢非戰儀，於是解去佩鞢，留其繫襚而已。[3]秦乃以采組連結於襚，轉相結受，謂之綬。漢承用之。至明帝始復制佩，而漢末又亡絕。魏侍中王粲識其形，[4]乃復造焉。今之佩，粲所制也。皇后至命婦所佩，古制不存，今與外同制，秦組綬，仍又施之。

[1]劉向：人名。西漢學者。《漢書》卷三六有附傳。

[2]山玄玉：山黑色的玉。　水蒼玉：色似水青的玉。　瑌玟：似玉的美石。《禮記·玉藻》：“士佩瑌玟而縕組綬。”孔穎達疏：“瑌、玟，石次玉者，賤，故士佩之。”

[3]繫褫：中華本校勘記指出，《初學記》卷二六、《御覽》卷六八二引董巴《志》作“絲褫”。《續漢書·輿服志下》作“繫璲”。劉昭注引徐廣曰：“今名璲爲綬。”按繫褫不訛。繫褫指繫衣服的帶子，褫泛指衣物。

[4]侍中：官名。魏、晉爲門下侍中省長官，員四人，常侍衛皇帝左右，管理門下衆事，侍奉生活起居，出行則護駕。與門下其他官員同掌顧問應對，拾遺補缺，諫諍糾察，儐相威儀，平議尚書奏事，有異議得駁奏。或加予宰相、尚書等高級官員，令其出入殿省，入宮議政。東晉、宋沿置，兼統宮廷内侍諸署。三品。　王粲：人名。字仲宣，三國魏文學家。《三國志》卷二一有傳。

漢制，自天子至于百官，無不佩刀。司馬彪《志》具有其制。[1]漢高祖爲泗水亭長，[2]拔劍斬白蛇。雋不疑云：[3]“劍者，君子武備。”張衡《東京賦》，“紆黃組，腰干將。”[4]然則自人君至士人，又帶劍也。自晉代以來，始以木劍代刃劍。

[1]司馬彪《志》：指司馬彪所著之《續漢書·輿服志》。
[2]泗水：地名。在今江蘇沛縣。　亭長：官名。亭爲秦漢置地方基層行政單位，亭長下有求盜、亭父。鄉村每十里設一亭，由服兵役期滿而合格的人擔任亭長。城内與城厢的都亭、門亭亦設亭長。亭長主求捕盜賊，承望都尉，兼及民事，理辭訟。晉朝沿置，宋宫内亦置。
[3]雋不疑：人名。字曼倩。《漢書》卷七一有傳。
[4]紆：繫結，垂挂。　干將：古劍名。此處泛指寶劍。相傳

春秋吳有干將、莫邪夫婦善鑄劍，爲闔閭鑄陰陽劍，陽曰"干將"，陰曰"莫邪。"干將藏陽劍獻陰劍，吳王視爲重寶。事見《吳越春秋·闔閭內傳》。

　　乘輿六璽，[1] 秦制也。《漢舊儀》曰：[2] "皇帝行璽，皇帝之璽，皇帝信璽，天子行璽，天子之璽，天子信璽。"此則漢遵秦也。初高祖入關，得秦始皇藍田玉璽，[3] 螭虎紐，[4] 文曰"受天之命，皇帝壽昌"。高祖佩之，後代名曰傳國璽。與斬白蛇劍俱爲乘輿所寶。傳國璽，魏、晉至今不廢；斬白蛇劍，晉惠帝武庫火燒之，[5] 今亡。晉懷帝沒胡，[6] 傳國璽沒於劉聰，[7] 後又屬石勒。[8] 及石勒弟石虎死，胡亂，晉穆帝代，[9] 乃還天府。[10] 虞喜《志林》曰：[11] "傳國璽，自在六璽之外，天子凡七璽也。"《漢注》曰："璽，印也。自秦以前，臣下皆以金玉爲印，龍虎紐，唯所好。秦以來，以璽爲稱，又獨以玉，臣下莫得用。"漢制，皇帝黃赤綬，四采，黃、赤、縹、紺。皇后金璽，綬亦如之。於禮，士綬之色如此，後代變古也。吳無刻玉工，以金爲璽。孫晧造金璽六枚是也。又有麟鳳龜龍璽，駞馬鴨頭雜印，今代則闕也。

　　[1]璽：皇帝諸王的印稱璽。
　　[2]《漢舊儀》：書名。共四卷，"載西京雜事"，東漢衛宏撰。
　　[3]秦始皇：即嬴政。《史記》卷六有紀。　藍田玉璽：藍田產美玉所製璽。藍田，縣名。在陝西渭河平原南緣、秦嶺北麓、渭河支流灞河上游，以產美玉聞名。
　　[4]螭虎紐：龍虎紐。螭指無角龍。

　　[5]晉惠帝：即司馬衷。《晉書》卷四有紀。　武庫：藏器物的倉庫。

　　[6]晉懷帝：即司馬熾。《晉書》卷五有紀。　没胡：被胡人擒獲。

　　[7]劉聰：人名。前趙皇帝。《晉書》卷一〇二有載記。

　　[8]石勒：人名。後趙皇帝。《晉書》卷一〇四、一〇五有載記。

　　[9]晉穆帝：即司馬聃。《晉書》卷八有紀。

　　[10]天府：朝廷藏物之府庫。

　　[11]虞喜《志林》：共三十篇。虞喜，人名。字仲寧。《晉書》卷九一有傳。

　　皇太子，金璽，龜紐，纁朱綬，[1]四采，赤、黃、縹、紺。給五時朝服，遠遊冠，亦有三梁進賢冠。[2]佩瑜玉。[3]

　　[1]纁朱：淺絳紅色。纁，淺絳色。丁福林《校議》云："《晉書·輿服志》作朱黃。"按：《續漢書·輿服志下》注引徐廣曰："太子及諸王金印，龜紐，纁朱綬。"徵諸本卷下文，本書不誤。

　　[2]三梁進賢冠：有三梁的進賢冠。

　　[3]瑜玉：美玉。《禮記·玉藻》："世子佩瑜玉而綦組綬。"孔穎達疏："瑜是玉之美者。"

　　諸王，金璽，龜紐，纁朱綬，四采，赤、黃、縹、紺。給五時朝服，遠遊冠，亦有三梁進賢冠。佩山玄玉。

　　郡公，[1]金章，玄朱綬。給五時朝服，進賢三梁冠，佩山玄玉。太宰、太傅、太保、丞相、司徒、司空，金章，紫綬。給五時朝服，進賢三梁冠。佩山玄玉。相國則綠綟綬，[2]三采，綠、紫、紺。綟，草名也，其色綠。大司馬、大將軍、太尉、凡將軍位從公者，[3]金章，紫綬。給五時朝服，武冠。佩山玄玉。郡侯，[4]金章，青朱綬。給五時朝服，進賢三梁冠。佩水蒼玉。

[1]郡公：公爵名。魏晉初置，初定爲"公"的一個等級，高於縣公。其後各朝多置。晉武帝咸寧三年定大、次、小王國制，規定郡公制如小國。

[2]綟：用草染成的一種黑黃而近綠的顏色。

[3]凡將軍位從公者：將軍開府者，位從公。一品。

[4]郡侯：侯爵名。晉南朝爲開國郡侯省稱。

驃騎、車騎將軍、凡諸將軍加大者，[1]征、鎮、安、平、中軍、鎮軍、撫軍、前、左、右、後將軍，[2]征虜、冠軍、輔國、龍驤將軍，[3]金章，紫授。給五時朝服，武冠。佩水蒼玉。[4]

[1]驃騎、車騎將軍：皆官名。驃騎將軍西漢武帝置，爲重號將軍，僅次於大將軍，東漢位比三公，地位尊崇。魏、晉、南北朝沿置，居諸名號將軍之首，作爲軍府名號加授大臣、重要州郡長官，無具體職掌。魏、晉、宋二品，開府者位從公一品。車騎將軍，西漢初置爲軍事統帥，作戰時領車騎士，故名，事訖則罷。武帝后常設，地位僅次於大將軍、驃騎將軍，在衛將軍上，常典京師、皇宮禁衛軍隊，出征時常總領諸將軍。文官輔政者亦或加此銜，領尚書政務，成爲中朝重要官員。魏晉南北朝沿置，位次驃騎將軍，在諸名號大將軍上，多作爲軍府名號以加授大臣、重要州郡

長官，無具體職掌。魏、晋、宋二品，開府者位從公一品。

[2]征、鎮、安、平、中軍、鎮軍、撫軍、前、左、右、後將軍：皆官名。征，即征東、征南、征西、征北將軍。魏二品，晋、宋三品。鎮，即鎮東、鎮南、鎮西、鎮北將軍。魏二品，晋、宋三品。安，即安東、安南、安西、安北將軍。魏、晋、宋三品。平，即平東、平南、平西、平北將軍。魏、晋、宋三品。中軍，即中軍將軍。西漢武帝置，爲雜號將軍，後省。西晋武帝泰始元年（265）復置，統左右衛、前、後、左、右、驍騎等宿衛七營禁軍，主管京師及宮廷警衛。泰始四年罷，後復置爲將軍名號，不再領宿衛禁軍，可出任持節都督，鎮守一方。南朝置爲重號將軍，宋位比四鎮將軍。三品。鎮軍，即鎮軍將軍。漢獻帝建安末劉備置。三國魏定爲三品，位在鎮軍大將軍下，與中軍、撫軍三號將軍位比四鎮將軍。主要爲中央軍職，但亦可出任地方軍事長官，並領刺史等地方官，兼理民政。宋三品。撫軍，即撫軍將軍。宋時，與中軍、鎮軍將軍三號位比四鎮將軍。三品。前、左、右、後將軍，漢朝爲重號將軍，並位上卿，位次大將軍及驃騎、車騎、衛將軍。有兵事則典掌禁兵，戍衛京師，或任征伐。平時無具體職務，一般兼任他官，常加諸吏、散騎、給事中等號，成爲中朝官，宿衛皇帝左右，參與朝議。魏、晋常設，權位漸低，僅爲武官名號，略高於一般雜號將軍，不典禁兵，不與朝政。三品。

[3]征虜、冠軍、輔國、龍驤將軍：皆官名。征虜將軍，東漢初年置，三國、兩晋、南朝爲武官，亦作爲高級文職官員的加官。三品。冠軍將軍，漢獻帝建安中置，三國魏、吳沿置。西晋時領有營兵，魏、晋皆三品。南北朝置爲將軍名號，三品。輔國將軍，宋明帝泰始五年改名輔師將軍，後廢帝元徽二年復舊。三品。龍驤將軍，地位較高，三國魏、晋、宋皆三品。

[4]佩水蒼玉：中華本校勘記云："各本並脱'佩'字，據《通典·禮典》補。"

貴嬪、夫人、貴人，金章，文曰貴嬪、夫人、貴人之章。紫綬。佩于闐玉。[1]

[1]于闐玉：于闐所産玉。

淑妃、淑媛、淑儀、修華、修容、修儀、婕妤、容華、充華，銀印，文曰淑妃、淑媛、淑儀、修華、修容、修儀、婕妤、容華、充華之印。青綬。佩五采瓊玉。[1]

[1]五采瓊玉：五彩美玉。

皇太子妃，金璽，龜紐，纁朱綬。佩瑜玉。

諸王太妃、妃、諸長公主、公主、封君，[1]金印，紫綬。佩山玄玉。

[1]諸王太妃、妃：中華本校勘記指出，各本不叠“妃”字，據《晋書·輿服志》補。

諸王世子，[1]金印，紫綬。五時朝服，進賢兩梁冠。佩山玄玉。

[1]諸王世子：中華本校勘記指出，各本並作“諸王太子”，《通典·禮典》作“諸王嗣子”，蓋沈約本作“諸王世子”，後人避唐諱追改。今改回。

郡公侯太夫人、夫人，[1]銀印，青綬。佩水蒼玉。

［1］郡公侯太夫人、夫人：中華本校勘記指出，各本不叠“夫人”二字，據《晋書·輿服志》補。

郡公侯世子，[1]銀印，青綬。給五時朝服，進賢兩梁冠。佩水蒼玉。

［1］世子：中華本校勘記指出，各本並作“太子”，《通典·禮典》作“嗣子”，蓋沈約本作“世子”，後人避唐諱追改。今改回。

侍中、散騎常侍及中常侍，[1]給五時朝服，武冠。貂蟬，侍中左，常侍右。[2]皆佩水蒼玉。

［1］散騎常侍：官名。三國魏文帝黃初初年置散騎，合於中常侍，謂之散騎常侍。西晋沿置，員四人，位比侍中。三品。秩比二千石，爲門下重職，散騎省長官。職掌侍從皇帝左右，諫諍得失，顧問應對，與侍中等共平尚書奏事，有異議得駁奏。亦常用作宰相、諸公等加官，得出入宮禁議政。至東晋，奪中書出令之權，參掌機密，選望甚重，職任比於侍中。南朝出令之權復歸中書省，散騎省改名集書省，職以侍從左右、主掌圖書文翰、文章、撰述、諫諍拾遺，收納轉承文書奏事爲主，地位驟降。三品。　　中常侍：官名。秦、漢爲加官。初稱常侍，元帝以後稱中常侍。凡列侯、將軍、卿、大夫、將、都尉、尚書以至郎中，加此官得出入禁中，常侍皇帝左右。武帝以後參與朝議，成爲中朝官。無定員，或多至數十人，任用士人。東漢改爲專職官員，侍從皇帝左右，出入皇宮，贊導宮內諸事，顧問應對。初秩千石，後增爲比二千石。名義上隸屬少府，實際上直達皇帝。初雜用士人、宦者，明帝時定員四人。職權漸重，兼領卿署之職。三國沿置。魏初與散騎合併，改稱“散

騎常侍”，用士人。蜀仍用宦者。兩晉南朝不置。

　　[2]貂蟬，侍中左，常侍右：各本並作“貂蟬侍中左右常侍”。孫彪《考論》云：“疑作侍中左，常侍右，謂貂插異左右也。”按：孫說是。今訂正。

　　尚書令、僕射，銅印，墨綬。給五時朝服，納言幘，進賢兩梁冠。佩水蒼玉。

　　尚書，給五時朝服，納言幘，進賢兩梁冠。佩水蒼玉。

　　中書監令、秘書監，銅印，墨縹綬。給五時朝服，進賢兩梁冠。佩水蒼玉。

　　光禄大夫、卿、尹、太子保、傅、大長秋、太子詹事，[1]銀章，青綬。給五時朝服，進賢兩梁冠。佩水蒼玉。

　　[1]光禄大夫：官名。西漢武帝太初元年（前104），改中大夫置，屬光禄勳，秩比二千石。掌論議，在大夫中地位最爲尊顯，西漢晚期，多爲貴戚重臣加官，無員限。東漢時，因權臣不復冠此號，雖仍掌顧問應對，漸成閑散之職。三國魏以後地位提高，不再作爲使命之官，三公等大臣告老後，就家拜此職，也作爲在朝顯職的加官，以示優崇，亦常用作卒後贈官。無具體職掌。三品。尹：官名。漢朝始以都城行政長官稱尹，後代沿襲。僅依其所在地不同而有別。　太子保、傅：皆官名。太子太保、太子太傅、太子少保、太子少傅的通稱。西晉惠帝永熙元年時與太子太師、少師並號“六師”，掌輔導太子。三品。不常設。東晉南朝省師、保，唯置二傅。　大長秋：官名。或用士人，或用宦官，宣達皇后旨意，領受皇帝詔命，與詹事（中少府）、中太僕等並爲皇后宮高級官員。

秩二千石。其職尊顯，多由高級宦官遷任。三國兩晉南北朝沿置，領諸宦者，管理宮闈。三品。　太子詹事：官名。魏晉以來掌太子宮內外庶務。三品。

　衛尉，[1]則武冠。衛尉，江左不置。宋孝武孝建初始置，[2]不檢晉服制，止以九卿皆文冠及進賢兩梁冠，非舊也。

　[1]衛尉：官名。戰國秦始置，西漢沿置，秩中二千石，列位九卿。景帝曾改名中大夫，後元年復故。主管宮門屯駐衛士，專司晝夜巡警和檢查出入者之門籍。東漢復舊名，唯置一員，總領南、北宮衛士令丞，又轄左右都侯、諸宮掖門司馬。三國因之。西晉兼管武庫、冶鑄，領江北冶令三十九員，南北東西諸督冶掾。三品。東晉省，間亦作爲贈官。宋復置，專掌宮禁及京城防衛。三品。
　[2]孝建：宋孝武帝劉駿年號（454—456）。

　司隸校尉、武尉、左右衛、中堅、中壘、驍騎、遊擊、前軍、左軍、右軍、後軍、寧朔、建威、振威、奮威、揚威、廣威、建武、振武、奮武、揚武、廣武、左右積弩、強弩諸將軍、監軍，[1]銀章，青綬。給五時朝服，武冠。佩水蒼玉。

　[1]武尉：官名。爲疑“武衛”之誤，即武衛將軍典禁兵。四品。　左右衛：皆官名。即左衛將軍、右衛將軍。三國魏元帝咸熙二年，司馬炎即晉王位，分中衛將軍爲左、右衛將軍。掌伙飛、虎賁及前驅、由基、強弩三部司馬，屬下還有虎賁、羽林、上騎、異力、命中虎賁等五部督，負責宮禁宿衛。西晉初，屬中軍將軍，後屬領軍將軍（中領軍）。爲禁衛軍主要統帥之一，權任很重，多由

皇帝親信之人擔任。四品。　中堅將軍：官名。東漢獻帝建安初曹操置。魏、晋、梁沿置。魏中堅將軍率營兵，掌侍衛之責。兩晋時無營兵。四品。　中壘將軍：官名。三國魏置，晋沿置，三國魏有營兵，擔任宮禁宿衛，齊王曹芳正始六年曹爽毀中壘營，以兵屬中領軍，後不領營兵，僅作爲將軍名號。魏、晋四品。　驍騎將軍：官名。西漢置，東漢沿置，爲雜號將軍，統兵出征，事訖則罷。三國魏置爲内軍將軍，有營兵，遂常設，以高功者任之。兩晋與領軍、護軍左右衛、遊擊諸將軍合稱六軍，擔當宿衛之任，是護衛皇帝宮庭的主要將領之一。魏、晋、宋爲四品。　遊擊將軍：官名。漢始置，爲雜號將軍之一。魏、晋爲禁軍將領，與驍騎將軍分領命中虎賁，掌宿衛之任，隸中將軍（領軍將軍）。宋四品。　前軍將軍、左軍將軍、右軍將軍、後軍將軍：皆官名。西晋武帝泰始初置，合稱四軍將軍，各領營兵千人，是護衛皇帝宮禁的主要禁軍將領之一。四品。東晋初猶領營兵，哀帝興寧二年（364），因不領營兵，罷。宋復置，仍掌宮禁宿衛。四品。　寧朔將軍：官名。三國魏置。西晋時此職多駐幽州，爲幽州地區軍政長官，兼管烏丸事務。三國魏、晋、宋均四品。　建威將軍：官名。西漢末新莽時設，爲領兵之官，南朝時爲五威將軍之一。魏、晋、宋四品。　振威將軍：官名。東漢置，爲雜號將軍，統兵出征，三國魏、吳沿之。魏、晋皆四品。宋時爲五威將軍之一。四品。　奮威將軍：官名。西漢置，爲雜號將軍。三國魏、兩晋定爲四品，宋時與建威、振威、揚威、廣威將軍並稱爲五威將軍。四品。　揚威將軍：官名。東漢末曹操置，宋時爲五威將軍之一。魏、晋、宋四品。　廣威將軍：官名。三國魏置，晋、宋沿置，宋時爲五威將軍之一。四品。　建武將軍：官名。東漢獻帝時曹操置，三國魏、吳、晋、宋均置。宋與振武、奮武、揚武、廣武合稱五武將軍。四品。　振武將軍：官名。西漢置，爲雜號將軍，統兵，新莽、東漢、兩晋、宋沿置。皆四品。　奮武將軍：官名。新莽、東漢末曾置，三國兩晋南北朝爲雜號將軍中地位較高者。魏、晋、宋四品。　揚武將軍：

官名。東漢光武帝建武初置，東漢末曹操亦置，統兵出征。三國魏、晋、宋四品。　廣武將軍：官名。三國魏、西晋、宋均置，爲名號將軍中地位較高者。魏、晋、宋四品。　左右積弩將軍：官名。三國、晋置領禁衞營兵，隸中領軍（領軍將軍）。四品。　强弩將軍：官名。西漢武帝元狩元年（前122）置，兩漢爲雜號將軍，省置無常。三國魏末，司馬昭受封晋王後，置以掌宿衞。西晋武帝太康十年（289），立弩營，以爲長官，充任皇帝侍衞。初員一人，東晋末桓玄篡位後，增置員數。魏、晋皆四品。宋太宗泰始以後，多以軍功得之，無復員限，成爲將軍名號。五品。　監軍：官名。初爲臨時差遣之職，漢朝亦或置。三國諸君出征皆置，監視將帥，權勢頗重。

領軍、護軍、城門五營校尉、東南西北中郎將，[1]銀印，青綬。給五時朝服，武冠。佩水蒼玉。

[1]領軍：官名。東漢末曹操置，後沿置，爲領軍將軍或中領軍的省稱。南朝宋統領禁衞軍，三品。　護軍：官名。東漢末曹操置，後沿置，爲護軍將軍或中護軍的省稱。南北朝掌督護京師以外諸軍，宋時三品。　城門五營校尉：官名。或省稱城門校尉。漢武帝置，後沿置，掌京師諸城門警衞，領城門屯兵。漢秩比二千石，三國魏時四品，東晋南朝罷。　東西南北中郎將：官名。東漢末靈帝時東、南、西、北分置，或總稱四中郎將。魏晋南北朝沿置，多兼任地方刺史或持節、都督相鄰數州軍事，地位重要。宋時四品。

縣、鄉、亭侯，[1]金印，紫綬。朝服，進賢三梁冠。

[1]縣侯：侯爵名。漢朝置，即食邑爲縣之列侯。漢列侯大者食縣，小者食鄉亭。三國魏置爲七等爵，位男下、鄉侯上。晋朝定

位在開國縣男下。三品。宋因之。 鄉侯：侯爵名。東漢列侯食邑爲鄉者，三國沿置，魏文帝定爵制，鄉侯爲第八等，位次縣侯下，亭侯上。晋亦置。宋置官四品。 亭侯：侯爵名。列侯食邑爲亭者，封爵不世襲，位視中二千石，三國魏文帝定爵制，亭侯爲第九等，位在鄉侯下，關內侯上，以嗣王庶子爲之。晋朝亦置。宋五品。

鷹揚、折衝、輕車、揚烈、威遠、寧遠、虎威、材官、伏波、凌江諸將軍，[1]銀章，青綬。給五時朝服，武冠。

[1]鷹揚將軍：官名。雜號將軍中地位較高者。西晋時曾作爲荆州、兗州等州刺史的加官。魏晋皆五品。 折衝將軍：官名。雜號將軍中地位較高者。五品。 輕車將軍：官名。西漢置，東漢末一度地位較高，在九卿及衛將軍之上。三國魏後地位稍降，爲將軍名號。魏、晋、宋皆爲五品（一説魏三品）。 揚烈將軍：官名。三國魏明帝時拜占據遼東的公孫淵爲之，兼遼東太守。五品。晋朝沿置。宋五品。 威遠將軍：官名。三國魏、晋五品。 寧遠將軍：官名。魏、晋、宋均五品。 虎威、材官、伏波、凌江：皆官名。五品。

奮武護軍、安夷撫軍、護軍、軍州郡國都尉、奉車、駙馬、騎都尉、諸護軍將兵助郡都尉、水衡、典虞、牧官、典牧都尉、度支中郎將、校尉、都尉、司鹽都尉、材官校尉、王國中尉、宜禾伊吾都尉、監淮南津都尉，[1]銀印，青綬。五時朝服，武冠。

[1]奮武護軍：官名。本書僅此一見。　安夷撫軍、護軍：皆官名。安夷撫軍，待考。安夷護軍，三國魏置，治美陽（今陝西武功縣武功鎮），主降氐事務。西晉改鎮安定。五品。　軍州郡國都尉：官名。軍州郡國軍事長官，協助軍州郡國長官典掌軍事，三國、晉五品。　奉車、駙馬、騎都尉：皆官名。魏晉南北朝名爲侍從武官，實爲加官，駙馬都尉爲帝婿專官。　諸護軍將兵助郡都尉：官名。護軍都尉，秦置護軍，入漢或置護軍中尉、護軍將軍。漢武帝元狩四年（前119）屬大司馬；成帝綏和元年（前8），屬大司馬比司直；哀帝元壽元年（前2），改名司寇，平帝元始元年（前1）更名護軍。秩比二千石。　水衡都尉：官名。漢武帝元鼎二年（前115）始置，秩二千石，主上林，凡上林諸機構、庫藏，離宮禁苑農田水池禽獸及供宗廟用牲，均歸其職掌。元鼎四年悉禁郡國鑄錢，專令其屬官上林三官鑄錢。與少府並爲皇帝私府，同掌帝室財政。三國魏復置，職掌與漢不同，主管全國水軍舟船器械。六品。西晉初省併入都水臺。惠帝元康中復分置，多以都水使者兼領。六品。南朝省。　典虞都尉：官名。三國魏西晉置，主田獵，並與典牧都尉共同負責馬、牛的牧養，屬太僕卿，下設司馬、典虞令、典虞丞等。六品。　牧官都尉：官名。三國魏置，掌管邊郡苑馬的牧養。六品。西晉改置牧都尉。　典牧都尉：官名。西晉置，掌管馬、牛的牧養，分設左右中。六品。　度支中郎將：官名。三國魏置，掌諸郡兵田，職與典農中郎將相通。六品。　度支校尉：官名。三國魏置，掌諸軍兵田，職與典農都尉相通。六品。兩晉、宋置於諸郡，掌財賦會計漕運。常簡稱度支。　度支都尉：官名。三國魏置。掌諸軍兵田，職與典農都尉相通。七品。　司鹽都尉：官名。三國魏置，兩晉、北魏沿置。設於郡國產鹽處，掌鹽政。魏、晉六品。中華本校勘記指出，各本並作“司監都尉”。按《通典·職官典》晉官品有“司鹽都尉”。“司監都尉”當是“司鹽都尉”之誤，今改正。　材官校尉：官名。三國魏文帝黃初中置。主天下材木事，屬少府。六品。東晉哀帝時省少府，改屬丹陽尹，孝

武帝復置少府，仍屬之。六品。東晉改名材官將軍。　王國中尉：官名。諸侯王國軍事長官。西漢初諸侯王國自置，景帝以後由中央代置，秩二千石。一度罷，成帝時復置。職掌維持王國治安，督察軍吏，典領軍隊，與輔、師共同輔王。東漢沿置。魏晉南北朝地位稍減，與郎中令、大農並號三卿，以典兵爲職。魏、晉、宋六品。

宜禾都尉：官名。西漢爲敦煌郡所轄部都尉，東漢主伊吾盧屯田。章帝建初二年罷。魏、晉亦置，主宜禾（今甘肅安西縣）一帶軍務。七品。　伊吾都尉：官名。三國魏置，西晉沿置。主伊吾（今甘肅安西縣以北）一帶軍務。魏、晉皆七品。　監淮南津都尉：官名。按三國魏、晉有淮海津都尉，見《通典》卷三六《職官典·魏官置九品》、卷三七《職官典·晉官品》，北魏有監淮海津都尉，見《魏書·官氏志》，"監淮南津都尉"僅見於本處及《通典》卷六三《禮典·天子諸侯玉佩劍綬璽印》，爲宋制。按：《通典》此處當沿自本志，不足與本志互證。而本志記載不僅是宋制，也有宋已不置之官，故此"監淮南津都尉"當爲"淮海津都尉"之誤，且爲魏、晉之官名。　淮海津都尉：官名。三國魏置，掌管淮海津。晉沿置。七品。

州刺史，[1]銅印，墨綬。給絳朝服，進賢兩梁冠。

[1]州刺史：官名。漢武帝元封五年始置，分全國爲十三部（州），部置刺史一人，秩六百石。無治所，奉詔巡行諸郡，以六條問事，省察治政，黜陟能否，斷理冤獄。所察對象主要是二千石長吏，其次爲強宗豪右，諸侯王亦在督察之列。東漢時，地位有所提高，成爲比郡高一級的行政長官，有固定治所，權力增大，除監察權外，又有選舉、劾奏之權，有權干預地方行政，又擁有領兵之權。三國魏州或置牧，或置刺史。置刺史則領兵者爲四品，不領兵者則單車刺史。五品。吳、蜀皆置，已成爲一州行政長官，除治民

外，領兵者兼掌武事。晋刺史分三級：領兵且加都督者，二品；領兵者四品；不領兵者五品。凡領兵即加將軍者皆可開府，置府僚。加都督者權頗重。宋同。

御史中丞、都水使者，[1]銅印，墨綬。給五時朝服，進賢兩梁冠。佩水蒼玉。

[1]都水使者：官名。西漢於太常、少府、大司農、三輔等處均設都水官，管理河渠陂池灌溉，武帝時以都水官多，置左、右都水使者總領三輔都水官，或稱領護三輔都水，不常置。東漢省。三國魏置水衡都尉管理全國河渠灌溉水運事務，或説亦置都水使者。西晋省水衡都尉，置都水使者爲都水臺長官，行其職。四品。宋孝武帝初一度廢，改置水衡令，尋復。

謁者僕射，[1]銅印，墨綬。給四時朝服，高山冠。佩水蒼玉。

[1]謁者僕射：官名。秦、漢隸郎中令（光禄勳），統領諸謁者，職掌朝會司儀，傳達策書，皇帝出行時在前奉引。東漢爲謁者臺長官，名義上隸光禄勳，侍從皇帝左右，關通內外，職權頗重。秩皆比千石。三國沿置，魏五品。西晋武帝省，東晋省置無常。南北朝復置爲謁者臺長官，掌大拜授及百官朝會班次。或奉命出使，職權較漢爲輕。宋五品。

諸軍司馬，[1]銀章，青綬。朝服，武冠。

[1]諸軍司馬：官名。軍府高級幕僚。掌參贊軍務，管理府內武職，位僅次於長史。兩漢魏晋南北朝諸將軍府皆置，其品秩隨府

主而定，高低不等。

給事中、黃門侍郎、散騎侍郎、太子中庶子、庶子，[1]給五時朝服，武冠。

[1]給事中：官名。秦始置。西漢因之，爲加官，位次中常侍，無定員。加此號得給事宮禁中，常侍皇帝左右，備顧問應對，每日上朝謁見，分平尚書奏事，負責實際政務，爲中朝要職，多以名儒國親充任。東漢省。魏、晉爲加官，或爲正官，亦無員。五品。南朝隸集書省，地位漸低，在通騎散騎侍郎下、員外散騎侍郎上，選輕用卑。宋五品。　黃門侍郎：官名。秦、西漢爲中朝官員，給事於宮門之內，侍從皇帝、顧問應和，出則陪乘。與皇帝關係密切，多以重臣、外戚子弟、公主婿爲之。東漢與給事黃門合爲一官，遂成爲"給事黃門侍郎"，爲侍中省或門下省次官，位頗重要。　散騎侍郎：官名。三國魏置，員四人。隸散騎省。五品。西晉因魏制，與散騎常侍、侍中、黃門侍郎等侍從皇帝左右，顧問應對、諫諍拾遺，共平尚書奏事。東晉罷。南朝復置，隸集書省，掌文學侍從、諫諍糾劾，收納章奏，地位漸輕。宋五品。　太子中庶子：官名。漢置，爲太子侍從。西漢屬太子太傅、少傅，秩六百石，職如侍中。三國魏沿置。掌侍從、奏事、諫議等。與中書舍人共掌文翰。宋同。五品。　太子庶子：官名。東宮屬官。秦、西漢隸太子太傅、少傅，東漢隸太子少傅，秩四百石。值宿東宮，職比郎官。三國因之，兩晉或隸太子詹事，或隸太子二傅。爲太子親近侍從官，獻納規諫，職比散騎常侍、中書監令，其任漸重，或以郡守參選。南朝沿置，隸太子詹事。五品。

中書侍郎，[1]給五時朝服，進賢一梁冠。

[1]中書侍郎：官名。三國魏文帝黃初初年設中書省，在長官中書監、令以下有通事郎，後增設中書侍郎。晉朝沿置，魏晉時中書監、令承受、宣布皇帝旨意，由侍郎草擬成詔令，呈皇帝批準後頒下。職任機要，地位不高。東晉中書納奏、擬詔出令之職轉歸他省，監令成爲閑職，分任詔令之起草。一度改稱中書通事郎，南朝擬詔出令之職仍歸中書省，但事權悉由中書舍人執掌，侍郎職閑官清，成爲諸王起家官，如缺監、令，或亦主持中書省務。五品。

冗從僕射、太子衛率，[1]銅印，墨綬。給五時朝服，武冠。

[1]冗從僕射：官名。東漢有中黃門冗從僕射，以宦官任之，掌皇宮禁衛。三國魏因其名而改置，任用士人，統營兵，負責宮禁侍衛，屬光祿勳。西晉沿置，與虎賁中郎將、羽林監合稱三將。五品。東晉以後無營兵。南朝屬領軍將軍（中領軍）。五品。　太子衛率：官名。東宮屬官。秦、西漢隸太子詹事，掌東宮門衛。成帝時一度隸大長秋。東漢、三國魏隸太子少傅。西晉改隸太子詹事，掌東宮禁軍，其官頗重。晉武帝泰始五年分置左、右，惠帝時又增前、後，號太子四率，分領精兵萬人，掌東宮宿衛，亦任征伐。東晉南北朝以來唯置左、右，皆領禁衛營兵。

虎賁中郎將、羽林監，銅印，墨綬。給四時朝服，武冠。其在陛列及備鹵簿，鶡尾，[1]絳紗縠單衣。[2]鶡鳥似雞，出上黨。爲鳥強猛，鬭不死不止。復著鶡尾。

[1]虎賁中郎將：官名。主宿衛。平帝元始元年更名期門爲虎賁郎，置虎賁中郎將統領。隸光祿勳。東漢因之，主虎賁禁兵。或領兵出征。三國魏、蜀、吳沿之，屬光祿勳，統率宿衛兵。東晉哀

帝興寧二年（364）罷，宋武帝永初元年（420）復置，屬領軍。魏、晉、宋五品。　羽林監：官名。東漢置羽林左、右監。三國魏省其一，置羽林監，掌宿衛送從。東晉哀帝興寧二年罷，宋武帝永初元年復置。五品。

［2］縠：縐紗。《戰國策·齊策四》："王之憂國愛民，不若王愛尺縠也。"吳師道《補正》："縠，縐紗。"

北軍中候、殿中監，[1]銅印，墨綬。給四時朝服，武冠。

［1］北軍中候：官名。東漢始置，掌監屯騎校尉、越騎校尉、步兵校尉、長水校尉、射聲校尉所領北軍五營。秩雖輕而職重，實爲京師常備禁衛軍長官，得自辟僚屬。三國魏、西晉增設禁軍兵力，置地位更高的中領軍統轄，北軍五營作用漸輕，北軍中候或置或省，常與中領軍並置。東晉元帝永昌元年（322）改中領軍爲北軍中候，領左、右衛、驍騎、遊擊、四軍等諸營禁軍。五品。　殿中監：官名。三國魏置，掌殿中張設監護之事，領禁兵。管理皇帝生活事務，亦代宣詔旨，地位雖低，頗有權勢。七品。南朝沿置。

護匈奴中郎將、護羌夷戎蠻越烏丸西域戊己校尉，[1]銅印，青綬。朝服，武冠。

［1］護匈奴中郎將：官名。東漢置，亦作使匈奴中郎將或匈奴中郎將。監護南匈奴單于，參預司法事務，並助南匈奴防禦北匈奴的侵擾。員一人，擁節，秩比二千石。東漢末罷。三國魏明帝太和五年復置。晉南朝沿置。四品。　護羌校尉：官名。西漢武帝置，持節統領羌族事務。秩比二千石。除監護內附羌人各部落外，亦常將羌兵協同作戰，戍衛邊塞。魏、晉、北魏、齊、梁時沿置。　護

夷校尉：官名。按："護夷校尉"爲北魏官名。故此當爲護東、西、南夷校尉省稱。護東夷校尉，亦名東夷校尉。三國魏置東夷校尉，掌鮮卑慕容部、段部、宇文部及高句麗事；西晉沿置。四品。護西夷校尉，西晉武帝太康三年置。持節、統兵，掌益州少數民族事務。可與刺史一樣舉秀才、廉吏、良吏。四品。護南夷校尉，西晉置，持節，統兵鎮南中，統五十八部夷族都監行事。可舉秀才、廉良，職掌與刺史同。東晉改爲鎮蠻校尉。四品。　護戎校尉：官名。當爲護西戎校尉，即西戎校尉。三國魏置，西晉初治長治，掌雍州少數民族事務。宋四品。　蠻：當指護南蠻校尉，亦稱南蠻校尉，西晉武帝置。四品。東晉初省，後復置。掌荊州及江州少數民族事務，統兵。在東晉、南朝地位重要，多由地位較高之將軍及南中郎將兼領，且多兼任荊州刺史或都督周圍數州諸軍事。　越：北魏有護蠻越校尉，故此處當爲"護越校尉"，然魏晉南朝無此官，《三國志》卷五五《吳書·董襲傳》有"威越校尉"，或即此，待考。　護烏丸校尉：官名。或稱護烏桓校尉。漢武帝始置，掌內附烏桓事務。持節統領之。後不常置。東漢建武二十五年，遼西烏桓朝貢，使居塞內，布於緣邊諸郡，令招來種人，給其衣食，爲漢偵察，助擊鮮卑、匈奴。復置烏桓校尉，秩比二千石，屯上谷寧城，並領鮮卑。常將烏桓等部兵與度遼將軍、使匈奴中郎將，護羌校尉等協同作戰，戍衛邊塞。魏、晉及十六國後趙沿置。　護西域校尉：官名。亦稱西域校尉，掌管西域少數民族事務。三國魏置。西晉沿置。東晉初廢，安帝元興中又置。魏、晉皆五品。　戊己校尉：官名。西漢元帝初元元年（前48）始置，掌管屯田事務，治所在車師前王庭，隸西域都護，單獨設府。所領吏士亦任征伐。秩比二千石。東漢明帝永平十七年（74）復置二員，一屯車師後王部金蒲城，一屯車師前王部柳中城，相去千餘里。後或置或罷。三國魏、兩晉沿置。四品。宋亦曾以北涼主沮渠安周領之。

郡國太守、相、內史，[1]銀章，青綬。朝服，進賢
兩梁冠。江左止單衣幘。其加中二千石者，[2]依卿、尹。

[1]郡國太守：官名。爲一郡最高行政長官，秩二千石。五品。
國相：西漢初諸侯王國置相國、丞相，景帝時改名相，秩二千
石。職掌輔導、匡正、監督諸侯王，有諫諍舉奏之責。爲王國最高
行政官，職如郡守。　內史：官名。西漢諸侯國置，掌民政，如縣
令，掌管民政。

[2]中二千石者：漢代官吏秩禄等級。中，滿。中二千石即實
得二千石，月俸一百八十斛，一歲凡得二千一百六十斛。

牙門將，[1]銀章，青綬。朝服，武冠。

[1]牙門將：官名。三國魏文帝黃初中置，蜀、吳、晉、宋均
置，統兵武職，位在裨將軍下、郡守上。五品。

騎都督、守，[1]銀印，青綬。朝服，武冠。

[1]騎都督、守：皆官名。待考。

尚書左右丞、秘書丞，[1]銅印，黃綬。朝服，進賢
一梁冠。

[1]尚書左右丞：官名。即尚書左丞、尚書右丞。尚書左丞，
東漢始置，爲尚書臺佐貳官，居尚書右丞上，秩四百石，總領尚書
臺庶務，主管吏民章奏及臺內小史。魏、晉、南朝爲尚書省佐官，
位次尚書，與右丞掌尚書省庶務，率諸都令史監察稽核諸尚書曹、
郎曹政務，督録近道文書章奏，監察糾彈尚書令、僕射、尚書等文

武百官，號稱“監司”，分管宗廟祠祀、朝儀禮制、選授官吏等文書奏事。六品。尚書右丞，位在左丞下，與左丞掌尚書省庶務，又掌本省庫藏廬舍，督錄遠道州郡文書奏章，凡兵士百工名籍、内外庫藏穀帛、刑獄訴訟、軍械、田地、州郡租布、户籍、行政區劃，州郡縣長官免贈收捕等文書奏事皆屬之。六品。　秘書丞：官名。東漢獻帝建安十八年（213）曹操爲魏公後置，輔佐秘書令典尚書奏事，職權甚重。西晋武帝將秘書併入中書省爲秘書局，罷秘書監，稱此官爲中書秘書丞，成爲秘書局的長官。六品。晋惠帝永平元年（291）復罷秘書監，丞仍爲次官。負責典籍圖書的管理和整理校定。爲清要之官，兩晋南北朝時期，出任者多士族高門。宋六品。

尚書秘書郎、太子中舍人、洗馬、舍人，[1]朝服，進賢一梁冠。

[1]尚書秘書郎：官名。東漢置，詣東觀典校圖書。東漢獻帝建安十八年曹操爲魏公後亦置，屬秘書令、丞，掌管文書機要，職任重。三國魏文帝黄初初，置中書典機要，而以秘書專管藝文圖籍。亦稱秘書郎，掌整理典籍、考核舊文，删省浮穢，隸秘書監。晋朝沿置。晋武帝分秘書圖籍爲甲、乙、丙、丁四部，使四人各掌一部。多任用文學之士。宋以後祇稱秘書郎。六品。　太子中舍人：官名。東宮屬官。秦、漢有太子舍人，在東宮更直宿衛，西晋置中舍人四員。六品。與太子中庶子共掌東宮文翰，侍從規諫太子，糾正違闕，儐相威儀，綜典奏事文書，監督醫藥，檢奏更直名册，職如黄門侍郎。東晋南北朝沿置。　太子洗馬：官名。東宮屬官，秦置，漢因之，掌賓贊受事，太子出行則爲前導。西漢屬太子太傅、少傅，秩比六百石。東漢屬太子少傅，三國魏因之。七品。晋朝爲太子詹事屬官，掌太子圖籍、經書，太子出行則前導威儀。

南朝因之。七品。　　太子舍人：官名。秦始置。兩漢因之，輪流宿衛，如三署郎中。西漢隸太子太傅、少傅，東漢隸太子少傅。三國、晉朝、南朝沿置。宋七品。

黃沙治書侍御史，[1]銀印，墨綬。朝服，法冠。

[1]黃沙治書侍御史：官名。簡稱黃沙御史，西晉置，主管詔獄案件之審理及復核廷尉所處理的案件。

侍御史，朝服，法冠。

關内、關中名號侯，[1]金印，紫綬。朝服，進賢兩梁冠。

[1]關内侯：侯爵名。戰國秦置。爲二十等爵第十九級，位在徹侯下，秦漢沿置。但有侯號，居京師；無封土而依封户多少享受徵收租稅之權。建安二十年（215），曹公始置名號侯，至五大夫，與舊列侯、關内侯凡六等，以賞軍功。三國魏定爵制爲第十等。晉、宋亦置。六品。　　關中侯：侯爵名。東漢末曹操置，以賞軍功，位在名號侯下，不食租。三國魏、晉朝、南朝亦置。　　名號侯：侯爵名。東漢末曹操，以賞軍功，位在關内侯下，虛封，不食租，南朝沿置。

諸博士，[1]給皁朝服，進賢兩梁冠。佩水蒼玉。

[1]諸博士：官名。秦、漢初充當皇帝顧問，參與議政、制禮，典守書籍，秩四百石，秩雖卑而職位尊顯。設僕射爲之長，名義上隸太常。東漢以降，議政職能逐漸削弱。魏晉南北朝掌經學教授，設太常博士專掌議定禮制，地位漸輕。六品。

公府長史、諸卿尹丞、諸縣署令秩千石者,[1]銅印,墨綬。朝服,進賢兩梁冠。江左公府長史無朝服,縣令止單衣幘。宋後廢帝元徽四年,[2]司徒右長史王儉議公府長史應服朝服。[3]曰:"《春秋國語》云:'貌者情之華,服者心之文。'嚴廊盛禮,[4]衣冠爲大。是故軍國異容,內外殊序。而自頃承用,每有乖違。府職掌人,教四方是則。臣居毗佐,[5]志在當官,[6]永言先典,[7]載懷夕惕。[8]按晋令,公府長史,官品第六,銅印,墨綬,朝服,進賢兩梁冠。掾、屬,[9]官品第七,朝服,進賢一梁冠。晋官表注,[10]亦與《令》同。而今長史、掾、屬,但著朱服而已,此則公違明文,積習成謬。謂宜依舊制,長史兩梁冠,掾、屬一梁冠,並同備朝服。中單韋舄,[11]率由舊章。若所上蒙允,并請班司徒二府及諸儀同三府,通爲永準。又尋舊事,司徒公府領步兵者職僚悉同降朝不領兵者。主簿祭酒,[12]中單韋舄並備,令史以下,唯著玄衣。今府既開公,謹遵此制。其或有署臺位者,玄服爲疑。按《令》稱諸有兼官,皆從重官之例。[13]尋內官爲重,其署臺位者,悉宜著位之服,不在玄服之例。若署諸卿寺位兼府職者,雖三品,而卿寺爲卑,則宜依公府玄衣之制。服章事重,禮儀所先,請臺詳服。"儀曹郎中沈俣之議曰:[14]"制珪象德,損替因時;裁服象功,施用隨代。[15]車旗變於商、周,冠佩革於秦、漢,豈必殊代襲容,改尚沿物哉。夫邊貂假幸侍之首,賤幘登尊極之顏,一適時用,便隆後制。[16]況朱裳以朝，緬傾百祀，韋舄不加，浩然惟舊。[17]服爲定章，事成永則。其儉之所秉，曾非古訓。青素相因，代有損益，何事棄盛宋之興法，追往晉之頹典。[18]變改空煩，謂不宜革。”儉又上議曰：“自頃服章多闕，有違前準，近議依令文，被報不宜改革，又稱左丞劉議，‘按令文，凡有朝服，今多闕亡。然則文存服損，非唯鉉佐，用捨既久，即爲舊章’。如下旨。伏尋皇宋受終，每因晉舊制，律令條章，同規在昔。[19]若事有宜，必合懲改，則當上關詔書，下由朝議，縣諸日月，垂則後昆。豈得因外府之乖謬，以爲盛宋之興典，用晉氏之律令，而謂其儀爲頹法哉。順違從失，非所望於高議；申明舊典，何改革之可論。又左丞引令史之闕服，以爲鉉佐之明比。夫名位不同，禮數異等，令史從省，或有權宜；達官簡略，爲失彌重。又主簿、祭酒，備服於王庭，長史、掾、屬，朱衣以就列。於是倫比，自成矛盾。此而可忍，孰不可安。將引令以遵舊，臺據失以爲例，研詳符旨，良所未譬。[20]當官而行，何強之有，制令昭然，守以無貳。”俁之又議：“雲火從物，沿損異儀，帝樂五殊，王禮三變，豈獨大宋造命，必咸仍於晉舊哉！夫宗社疑文，庭廟闕典，或上降制書，下協朝議，何乃鉉府佐屬裳黻，稍改白虎之詔，[21]斷宣室之疇咨乎。[22]又許令史之從省，咎達官之簡略。律苟可遵，固無辨於貴賤；規若必等，亦何關於權宜。一用一舍，彌增其滯。且佐非韋舄之職，吏本朝服之官，凡在班列，罔不如一，此蓋前令違而遂改，今制允而長用也。

爵異服殊，寧會矛盾之譬；討論疑制，焉取强弱之辨。府執既革之餘文，臺據永行之成典，良有期於無固，非所望於行迷。"參詳並同儉，議遂寢。[23]

[1]公府長史：官名。西漢爲公府諸署掾屬之長，東漢、三國、晋、南北朝皆置。　諸卿尹丞：官名。卿的副貳，東漢秩千石，魏、晋、宋七品。　諸縣署令秩千石者：諸縣、諸署長官秩千石者。

[2]宋後廢帝：即劉昱。本書卷九有紀。　元徽：宋後廢帝劉昱年號（473—476）。

[3]司徒右長史：官名。東漢始置，員一人，秩千石。爲司徒府僚屬之長，佐司徒總管府內諸曹，或亦參預政務。三國魏以後分置左、右長史，共爲司徒府僚屬之長，右長史佐司徒總管府內諸曹，位次左長史。兩晋南北朝沿置。魏、晋、宋六品。　王儉：人名。字仲寶。《南齊書》卷二三有傳。

[4]嚴廊：莊嚴的廊廟。

[5]毗佐：輔助。

[6]當官：作官稱職。

[7]永言：長言，吟咏。《尚書·舜典》："詩言志，歌永言。"孔傳："謂詩言志以導之歌，詠其義以長其言。"　先典：上古的典籍。

[8]夕惕：至夜晚仍懷憂懼，工作不懈。

[9]掾：屬官統稱。　屬：屬吏。

[10]晋官表注：即晋荀綽撰《百官表注》。《隋書·經籍志二》曰："荀綽《百官表》注十六卷。"《續漢書·百官志一》李賢等注多處引荀綽《晋百官表志》。

[11]中單：朝服、祭服的裏衣。《隋書·禮儀志六》："公卿以下祭服，裏有中衣，即今之中單也。"

[12]主簿：官名。典領文書簿籍，經辦事務。　祭酒：官名。公府屬官，主閣内事。

[13]重官：高位。

[14]儀曹郎中：官名。與儀曹郎互稱，魏、晋、南朝爲尚書省儀曹長官通稱。魏、晋、宋六品。儀曹，中華本校勘記指出，各本並作“議曹”，按《百官志上》有“儀曹”，無“議曹”。嚴可均《全宋文》：“沈俣之，元徽中，爲儀曹郎中。”今改正。

[15]珪：封爵授土時，賜珪以爲信，後或以代指官位。《文選》謝靈運《述祖德詩》：“弦高犒晋師，仲連却秦軍。臨組乍不緤，對珪寧肯分。”李善注：“古者封爵，皆隨其爵之輕重，而賜之珪璧，執以爲瑞信。今仲連不受齊趙之封爵，明其不肯分珪也。”

象：象徵。

[16]邊貂：貂皮。　幸侍：親近之臣。　尊極：皇帝。

[17]緬傾：緬延大約。

[18]興法：昌盛的法典。　頹典：頹廢的典制。

[19]鉉佐：三公等重臣的僚佐。　受終：承受帝位。《尚書·舜典》：“正月上日，受終於文祖。”孔穎達疏：“受終者，堯爲天子，於此事終而授與舜。故知終謂堯終帝位之事，終言堯終舜始也。”

[20]譬：通曉、明白。

[21]白虎之詔：指漢章帝下詔令諸儒會於白虎觀講議五經同異。事見《後漢書》卷三《章帝紀》。

[22]宣室：本指漢代未央宮中之宣室殿。《史記》卷八四《屈原賈生列傳》：“孝文帝方受釐，坐宣室。上因感鬼神事，而問鬼神之本。賈生因具道所以然之狀。”《集解》引蘇林曰：“未央前正室。”司馬貞《索隱》引《三輔故事》云：“宣室在未央殿北。”此處代指皇帝。　疇咨：訪問、訪求。

[23]參詳並同僉，議遂寢：丁福林《校議》云：“以上爲宋後廢帝元徽四年議公府長史朝服制度時事。考前此有‘司徒長史王儉

議公府長史應服朝服’之議論，列舉晋之服制，欲以爲今之法則，蓋爲‘江左公府長史無朝服’而發也。而後又載‘儀曹郎中沈俣之議’，乃駁王儉之議者，以爲不宜‘棄盛宋之興法，追往晋之頹典’，後又載俣之所論公府長史不應朝服之理由。由此，此‘參議並同’者，乃沈俣之言也。《南齊書·王儉傳》：‘母憂，服闋爲司徒右長史。《晋令》，公府長史著朝服，宋大明以來著朱衣。儉上言宜服舊，時議不許。’即可爲證。因參詳並同俣之議，故王儉朝服之議遂寢，即‘時議不許’也。若據今標點，以爲‘參詳並同儉’，則朝服之議當行，又何得曰‘議遂寢’耶？是標點誤，應改標作：‘參詳並同，儉議遂寢’。”丁氏之説爲是。

諸軍長史、諸卿尹丞、獄丞、太子保傅詹事丞、郡國太守相内史、丞、長史、諸縣署令長相、關谷長、王公侯諸署令、長、司理、治書、公主家僕，[1]銅印，墨綬。朝服，進賢一梁冠。江左太子保傅卿尹詹事丞，皁朝服。郡丞、縣令長，止單衣幘。

[1]諸軍長史：官名。諸將軍之長史，將軍的佐官。 諸卿尹丞：官名。諸卿的佐官。 獄丞：官名。獄官屬官。七品。 太子保傅詹事丞：官名。太子保、傅、詹事之屬官，晋、宋七品。 郡國太守相内史：官名。郡國太守、相、内史，已見前注。按：此數官均五品，似不應居此，故似當去中華本内史後之頓號，丞、長史指郡國太守、相屬官之長。 諸縣署令長相：皆官名。縣長、縣令、署長、署令。縣長，縣一級行政長官，三國魏九品，晋八品，宋八品。縣令，縣級行政長官，掌一縣之政令，三國魏秩千石者六品、秩六百石者七品。此處應指後者。 王公侯諸署令、長、司理、治書：皆官名。令、長爲王、公、侯府中諸署的長官。司理，王、公、侯的屬官，掌刑罰。治書，王、公、侯屬官，掌出納文

書。　公主家僕：掌公主府務的官員。

公車司馬、太史、太醫、太官、御府、内省令、太子諸署令、僕、門大夫、陵令，[1]銅印，墨綬。朝服，進賢一梁冠。

[1]公車司馬：官名。即公車司馬令。西漢屬衛尉，職掌皇宮司馬門警衛，夜則巡徼宮中。東漢時掌宮南闕門，秩六百石，下設丞、尉各一人。漢制，凡吏民上書，四方貢獻，以及征詣公車者，均由公車司馬令呈達，三國沿置。六品。晋、南北朝則置公車令，職掌同。　太史：官名。即太史令。秦、西漢爲太常屬官，掌天文、曆法、撰史。東漢以後專司占候天文、修定曆法。魏、晋、宋沿之。　太醫：官名。即太醫令。戰國秦置，侍醫之長。秦、漢置爲少府屬官，掌宮廷醫藥。東漢秩六百石，三國魏六百石、七品。　太官：官名。即太官令。秦、漢少府屬官，掌宮廷飲食。東漢置一員，六百石，桓帝延熙元年使太官令得補二千石，三國魏沿置。六百石，七品。兩晋改隸光禄勳，東晋一度因省光禄勳而隸司徒，宋員一人，隸門下省侍中。　御府：官名。即御府令。兩漢隸少府，管理宮廷金錢、衣服、刀劍、玉器等珍玩的庫藏、出納。東漢掌使役宮婢製作宮廷所用衣服等事。三國因之，西晋改隸光禄勳，掌使醫工匠製作宮廷所用器玩，東晋太興二年（319）省。宋孝武帝大明中改門下省細作署置，設令，隸少府，掌製作精巧手工藝品。　内省令：官名。泛指宮内官署之長。　太子諸署令、僕：皆官名。東宮諸署長官。　門大夫：官名。即太子門大夫。東宮屬官，掌遠近表牒、關通内外。秦、西漢置二員，職比中郎將，隸太子太傅、少傅。東漢隸太子少傅，員二人，秩六百石。三國魏、西晋、南北朝沿置。宋六品。　陵令：官名。帝陵長官。西晋改陵園令置，管理守衛帝王陵寢，隸太常。宋沿置，每陵一員。

太子率更、家令、僕，[1]銅印，墨綬。給五時朝服，進賢兩梁冠。

[1]太子率更：官名。即太子率更令。秦、西漢掌知漏刻，主東宮值宿事，秩千石。東漢主太子庶子、舍人值宿事。與太子家令、太子僕並號太子三卿。三國因之。兩晉南北朝不領庶子、舍人，掌太子宮殿門衛及賞罰等事。五品。　家令：官名。即太子家令。東宮屬官，秦、西漢隸太子詹事。西漢管理太子湯沐邑，掌東宮刑獄、飲食、倉庫。秩千石（一說八百石）。東漢復故，魏晉南朝沿置。五品。　僕：官名。即太子僕。秦、西漢爲詹事屬官。東漢隸太子少傅，員一人，秩千石。主東宮車馬，職如太僕。魏、晉、南朝沿置。五品。

黃門諸署令、僕、長，[1]銅印，墨綬。四時朝服，進賢一梁冠。

[1]黃門諸署令、僕、長：皆官名。黃門各署之長官及佐官。

黃門冗從僕射監、太子寺人監，[1]銅印，墨綬。給四時朝服，武冠。

[1]黃門冗從僕射監：官名。掌皇宮禁衛。　太子寺人監：官名。負責管理太子府太監的宦官。

公府司馬、諸軍城門五營校尉司馬、護匈奴中郎將護羌戎夷蠻越烏丸戊己校尉長史司馬，[1]銅印，墨綬。

朝服，武冠。江左公府司馬無朝服，餘止單衣幘。

[1]公府司馬：官名。公府高級幕僚，位次長史。東漢末至三國，丞相、相國多以權臣居之，總攬軍政，府置司馬，參贊軍務，地位甚高，秩千石。或分置左右。兩晉南北朝諸公府多置，管理府內武職，與長史共參府務。　諸軍城門五營校尉司馬：皆官名。諸軍司馬、城門司馬、五營校尉司馬，分別是諸將軍的佐官、負責城門長官的佐官、五營校尉（東漢屯騎校尉、越騎校尉、步兵校尉、射聲校尉，掌宿衛兵，屬北軍中候）的佐官，均協助長官管理兵事。　護匈奴中郎將護羌戎夷蠻越烏丸戊己校尉長史司馬：皆官名。護匈奴中郎將護羌戎夷蠻越烏丸戊己校尉已見前注，此爲此數官之長史、司馬，均此諸校尉之幕僚，分佐文、武。

廷尉正、監、平，[1]銅印，墨綬。給皁零辟朝服，法冠。

[1]廷尉正、監、平：皆官名。廷尉屬官。廷尉正、廷尉監、廷尉平，協助廷尉治刑獄。獄牒或以三官通署。　平：丁福林《校議》云：“‘平’，本書《百官志》作‘評’。”按：《續漢書·輿服志下》《晉書·輿服志》均作“平”，故此處不誤。

王郡公侯郎中令、大農，[1]銅印，青綬。朝服，進賢兩梁冠。

[1]王郡公侯郎中令：皆官名。漢朝諸侯王國屬官。侍從左右，戍衛王宮，其職甚重，領諸大夫、郎官等。初秩二千石，武帝時減爲千石，後更爲六百石。魏晉南朝爲王國三卿之一，地位頗重，其品秩隨國主地位高低不等。　大農：官名。東漢末魏王國列卿之

一，曹丕稱帝之後，諸王國仍置，與郎中令、中尉合稱三卿。七品。兩晉因之，公國亦置。六品。南朝王國皆置，公國不常置。宋六品。

北軍中候丞，銅印，黃綬。朝服，進賢一梁冠。

太子常從虎賁督、千人督、校督、司馬虎賁督，[1]銅印，墨綬。朝服，武冠。

[1]太子常從虎賁督：官名。掌東宮宿衛。西晉設。六品。千人督：官名。三國魏置，爲統領千人的將領，一説即校尉。六品。中華本校勘記指出，各本並脱“千人”二字，據《通典·禮典》補。 校督：官名。待考。 司馬虎賁督：官名。此當指太子司馬督、太子虎賁督。太子司馬督，漢末曹操設，三國六品，晉沿置，掌東宮宿衛。太子虎賁督，三國魏置，掌東宮宿衛。六品。

殿中將軍，[1]銀章，青綬。四時朝服，武冠。宋末不復給章綬。

[1]殿中將軍：官名。三國魏置，員一人，掌典禁兵督守殿廷。六品。西晉員十人，分隷左、右衛將軍，朝會宴饗及乘輿出入，直侍左右，夜開宮城諸門，則執白虎幡監之。多選清望之士充任。東晉孝武帝太元中改選，以門閥居之。南北朝沿置，爲侍衛武職，不典兵，員額漸多，宋初員二十人。六品。

水衡、典虞、牧官、典牧、材官、州郡國都尉、司馬，[1]銅印，墨綬。朝服，武冠。

[1]水衡、典虞、牧官、典牧、材官、州郡國都尉、司馬：中

華本標點如此。按：此諸都尉已見前，故此處當爲諸都尉之司馬，即此諸都尉之佐官。"都尉"後當去頓號爲宜。

諸謁者，[1]朝服，高山冠。

[1]謁者：官名。秦、漢宮廷、後宮、太子宮、諸侯王國皆置，皆掌關通内外，導引賓客。宮廷所置爲郎中令（光禄勳）屬官，設謁者僕射統領。西漢員七十人，秩比六百石。又有中謁者令、中書謁者令，爲宦官之職。東漢名義上屬光禄勳，實自爲一臺，以謁者僕射爲長官，職權甚重。有常侍謁者五員，比六百石，掌殿上時節威儀；謁者三十員，掌賓禮司儀、上章報問、奉命出使。其初任職者亦稱灌謁者，比三百石；滿歲爲給事謁者，四百石。東漢初或遣謁者監軍及監領築城和水利工程等，後遂常設監領常備營兵的監營謁者和專掌水利河渠的河堤謁者。魏、晋員十人，爲謁者臺屬官，掌賓禮司儀，傳宣詔命，奉命出使。七品。又有監國謁者，監察諸侯王，權勢頗重。晋一度省謁者臺，以謁者併入御史臺。南北朝復置謁者臺。宋七品。

門下中書通事舍人令史、門下主事令史，[1]給四時朝服，武冠。

[1]門下中書通事舍人令史、門下主事令史：四個官名的合稱。門下令史，門下省屬官。晋朝置，宋沿置。九品。中書令史，中書省掌管文書的低級官吏。三國魏置，西晋南北朝沿置。八品。通事舍人令史，通事舍人之屬官。通事舍人，中書省屬官。東晋始置。七品。多選名流充任。後省，由中書侍郎兼其職。南朝復置，員四人，漸引用有才幹的寒士，於呈奏本職外，兼掌詔令，入直内廷，出宣帝命，凡有陳奏，由其持入參决，遂奪中書侍郎之職，權傾天

下。門下主事令史，宋置，門下省低級官吏。

　　尚書典事、都水使者參事、散騎集書、中書尚書令史、門下散騎中書尚書令史、録尚書中書監令僕省事史、秘書著作治書、主書、主璽、主譜令史、蘭臺殿中蘭臺謁者都水使者令史、書令史，[1]朝服，進賢一梁冠。江左凡令史無朝服。

　　[1]尚書典事：官名。三國魏、西晋皆置，隸尚書臺諸曹。七品。　都水使者參事：官名。都水使者之屬官。　散騎集書：官名。三國魏置，散騎省屬官。七品。　中書尚書令史：官名。迄今尚未見其他文獻有此官，當指中書令史及尚書令史，有疑。尚書令史，漢尚書臺有令史，位在諸曹掾下，三國、晋沿置。　門下散騎中書尚書令史：官名。迄今其他文獻未見此官，當指門下、散騎、中書、尚書之令史，有疑。散騎令史，官名。待考。　録尚書中書監令僕省事史：官名。待考。　秘書令史：官名。三國蜀置，屬秘書令，管理秘書所藏典籍，多用文學之士，魏晋亦置。八品。　著作令史：官名。三國魏置，著作局屬官，協助著作郎、佐著作郎修撰國史。晋朝因之。著作局改爲省後，爲著作省屬官。南北朝沿置。魏、晋、宋八品。　治書令史：官名。本書《樂志一》有治書令史改樂事，他則待考。　主書令史：官名。掌文書，位在正令史、書令史之上。魏晋南北朝尚書、中書、秘書等官署多置。中書省初用武官，宋以後改用文吏。魏、晋八品。　主璽令史：官名。《續漢書·百官志三》有主璽之官，則此主璽當指東漢魏晋以來主璽之低級官吏。　主譜令史：官名。魏晋南朝秘書、著作等官署多置。魏、晋八品。　蘭臺殿中蘭臺謁者都水使者令史：此顯非一官，按：蘭臺令史，魏、晋、宋六品，顯然不宜歸入本條，難解者甚多，待考。　書令史：官名。佐理文書案牘的官吏。魏晋南北朝

省、臺、府、寺多置，位次令史（正令史）。魏、晋、宋九品。

節騎郎，[1]朝服，武冠。其在陛列及備鹵簿，著鶡尾，絳紗縠單衣。

[1]節騎郎：官名。宋置，掌皇帝出行儀仗行列等事務之侍從官。

殿中中郎將校尉、都尉、黃門中郎將校尉、殿中太醫校尉、都尉，[1]銀印，青綬。四時朝服，武冠。

[1]殿中中郎將校尉：官名。三國魏置，兩晋、宋沿之。領兵侍衛殿內，位在殿中將軍、中郎將之下。中郎將之屬官。由皇帝及執政大臣的親信充任。七品。　殿中中郎將都尉：官名。三國魏、兩晋、宋置。侍衛殿中，皇帝出行時隨駕護衛，有時亦被派出宣詔及執陵等任務。魏、晋八品。其職多由外戚及親近官員擔任，加中朝官號。　黃門中郎將校尉：官名。《通典》卷三七《職官典·晋官品》載七品，其他待考。　殿中太醫校尉：醫官名。晋朝置，掌內宮醫藥。　殿中太醫都尉：醫官名。掌內宮醫藥，晋朝置。

關外侯，[1]銀印，青綬。朝服，進賢兩梁冠。

[1]關外侯：侯爵名。東漢末曹操置，以賞軍功，位在關中侯下，不食租。三國魏、晋、南朝均置。

左右都候、閶闔司馬、城門候，[1]銅印，墨綬。朝服，武冠。

[1]左右都候：皆官名。即左都候、右都候。左都候，東漢置，屬衛尉，秩六百石。主劍戟士，徼巡皇宮，宮中如有被劾犯罪者，則執戟縛送詔獄，依照官位高下送相應機關處治。　右都候：官名。職掌同左都候。　閶闔司馬：官名。閶闔門之司馬。　城門候：官名。城門校尉之佐官，掌城門警衛。

王郡公侯中尉，[1]銅印，墨綬。朝服，武冠。

[1]王郡公侯中尉：中華本標點如此，按似當爲王、郡、公、侯中尉。中尉，官名。西漢初爲諸侯王國自置，爲諸侯國軍事長官，景帝以後由中央代置，秩二千石。一度罷，成帝時復置。職掌維持王國治安，督察軍吏，典領軍隊，與輔相共同輔王。東漢沿置。魏晉南北朝地位稍減，與郎中令、大農並號三卿，以典兵爲職。或置於王、公國，或王、公、侯、伯、子、男國皆置，其品秩隨國之地位而定。

部曲督護、司馬史、部曲將，[1]銅印。朝服，武冠。司馬史，假墨綬。

[1]部曲督護：官名。《三國志》卷四《魏書・齊王芳紀》、《晉書》卷三《武帝紀》、《隋書・禮儀志六》、《通典》卷三六《職官典・魏官置九品》等文獻均作"部曲督"，"部曲督護"僅見於此，故此當爲"部曲督"。部曲督，官名。三國、兩晉、南朝陳皆置，統兵，屬官有部曲將、副散部曲將等。三國魏及晉初，須留家屬作爲質任，晉武帝咸寧五年（279）始除部曲督以下質任，魏、晉皆七品。　司馬史：官名。司馬之屬官。　部曲將：官名。漢朝置，三國、兩晉、宋皆沿置，軍中及州、郡皆置，屬部曲督。八品。西晉武帝泰始元年（265）罷部曲將長吏以下質任。

太中中散諫議大夫、議郎、郎中、舍人，[1] 朝服，進賢一梁冠。秩千石者，兩梁。

[1]太中大夫：官名。秦、西漢初位居諸大夫之首，武帝太初元年（前104）以後次於光禄大夫，秩比千石，無員額。侍從皇帝左右，掌顧問應對，參謀議政，奉詔出使，多以寵臣貴戚充任。名義上隸屬郎中令（光禄勳）。東漢秩千石，後期權任漸輕。魏、晉、宋七品。品秩雖不高，禄次與卿相當。　中散大夫：官名。西漢平帝置，東漢隸光禄勳，秩六百石。無員，與光禄、太中、諫議大夫及議郎等皆掌顧問應對，無常事，唯詔令所使。三國、兩晉、南北朝沿置，多養老疾，無職事。魏、晉皆七品，宋六百石。　諫議大夫：官名。秦置，專掌論議。西漢初廢，武帝時置諫大夫。東漢光武帝復置諫議大夫，秩六百石，掌侍從顧問、參謀諷議，名義上隸光禄勳。三國魏沿置，晉朝罷。南朝唯梁、陳置。　議郎：官名。西漢置，隸光禄勳。爲高級郎官，不入直宿衛，職掌顧問應對，參與議政，指陳得失，爲皇帝近臣，秩比六百石。東漢更爲顯要，常選任耆儒名士、高級官吏，除議政外，亦或給事宮中近署。魏、晉仍置，作爲後備官員，不再以參議諫諍爲職。魏、晉七品。品秩雖低，名義清高。　郎中：官名。秦、西漢掌執戟殿下守衛宮殿門户，出充車騎扈從，又分車、户、騎郎，隸郎中令（光禄勳）所轄郎中車、户、騎將，位次中郎、侍郎，秩比三百石。任滿一定期限，選補内外官職。　舍人：官名。漢初太傅、少傅屬官及皇后、公主屬官皆有之。三國、兩晉、南北朝王國、公府、將軍府皆設，掌文檄之事。

城門令史，[1] 朝服，武冠。江左凡令史無朝服。

[1]城門令史：官名。城門令之佐官。

諸門僕射佐史、東宮門吏，[1]皂零辟朝服。僕射東宮門吏，却非冠。[2]佐史，進賢冠。

[1]諸門僕射佐史：官名。各城門武官的佐官。　東宮門吏：官名。掌太子宮門事的低級官吏。

[2]却非冠：古冠名。《續漢書·輿服志下》："却非冠，制似長冠，下促。宮殿門吏僕射冠之。"

宮内游徼、亭長，[1]皂零辟朝服，武冠。

[1]宮内游徼：官名。負責宮内巡察的低級武官。

太醫校尉、都尉、總章協律中郎將校尉、都尉，[1]銀印，青綬。朝服，武冠。

[1]太醫校尉：官名。晋朝置。　太醫都尉：官名。晋朝置。總章協律中郎將校尉、都尉：皆官名。當爲總章校尉、協律中郎將、協律校尉、協律都尉。總章校尉。樂官。協律中郎將，職掌當同協律校尉。協律校尉，晋朝改協律都尉置，職掌略同，隸太常。宋、齊省。協律都尉，西漢武帝一度置，以李延年爲之，佩二千石印綬，掌譜作新曲。尋省。三國魏復置，隸太常，掌校定調和音律。六品。晋改"協律校尉"。

小黄門，[1]給四時朝服，武冠。

[1]小黄門：官名。東漢置，名義上隸屬少府，秩六百石。侍

從皇帝左右，收受尚書奏事，傳宣帝命，掌宮廷内外，皇帝與後宮之間的聯絡。後權勢漸重，用事於中，甚至總典禁兵。諸中常侍多由此遷任。或說魏、晉仍置。

黃門謁者，[1]給四時朝服，進賢一梁冠。朝賀通謁時，[2]著高山冠。

[1]黃門謁者：官名。屬黃門令。
[2]朝賀：朝覲慶賀。　通謁：通報請求謁見。

黃門諸署史，[1]給四時朝服，武冠。

[1]黃門諸署史：官名。黃門諸署長官的佐官，分管中宮事務，以宦官充任。

中黃門黃門諸署從官寺人，[1]給四時科單衣，武冠。

[1]中黃門：官名。西漢置，掌皇宮黃門之内諸伺應雜事，持兵器宿衛宮殿，爲服役於宮中的低級宦官。名義上隸屬少府，無定員，東漢宦官專權，其職任稍重，位次小黃門。魏晉沿置，隸屬不詳。東晉南朝省。　黃門諸署從官寺人：官名。供職黃門諸署的低級宦官。

殿中司馬、及守陵者、殿中太醫司馬，[1]銅印，墨綬。給四時朝服，武冠。

[1]殿中司馬：官名。西晉置，統領禁軍，負責宮殿内的宿衛，分隸於左、右衛將軍。六品。東晉孝武帝時任用士族。宋六品。

及守陵者：官名。守衛皇陵之事。　殿中太醫司馬：官名。地位高於太醫司馬。

太醫司馬，[1]銅印。朝服，武冠。

[1]太醫司馬：官名。晋朝置，地位與太醫令相當。

總章監鼓吹監司律司馬，[1]銅印，墨綬。朝服。鼓吹監總章協律司馬，武冠。總章監司律司馬，進賢一梁冠。

[1]總章監：樂官署名。掌宮廷樂舞。東漢有總章，樂官名，掌宮廷舞蹈。南朝置總章監。　鼓吹監：官署名。宋置，掌鼓吹樂。　司律司馬：官名。宋置，總章監、鼓吹監設，典音律等。

諸縣署丞、太子諸署丞、王公侯諸署及公主家丞，[1]銅印，黃綬。朝服，進賢一梁冠。

[1]諸縣署丞、太子諸署丞、王公侯諸署及公主家丞：皆官名。縣、中央各官署、東宮各署、王公侯府諸署及公主家的長官輔佐，官品自六品至九品不等。

太醫丞，[1]銅印。朝服，進賢一梁冠。

[1]太醫丞：官名。秦、西漢太醫令副貳，少府、太常皆置。東漢唯少府置。三國曹魏、孫吳皆置，宋一員。

　　黃門諸署丞，[1]銅印，黃綬。給四時朝服，進賢一梁冠。

　　[1]黃門諸署丞：官名。黃門諸署副長官。

　　黃門稱長、園監，[1]銅印，黃綬。給四時朝服，武冠。

　　[1]黃門稱長：官名。職掌不詳。　園監：官名。職掌不詳。

　　諸縣尉、關谷塞護道尉，[1]銅印，黃綬。朝服，武冠。江左止單衣幘。

　　[1]諸縣尉：官名。戰國置。縣級行政機構佐官，掌一縣軍事，逐捕盜賊。秦漢沿置，大縣置左、右尉，小縣多爲一人，都城所在縣或設多人。秩四百石至二百石，由中央任命。自有治所，主要屬吏有尉史、尉從佐。三國魏同。晋以後，京師畿縣置六部尉、經途尉等，餘縣同魏制。　關谷塞護道尉：皆官名。即關尉、谷尉、護道尉。分別爲關、谷、護道長官的佐官。

　　洛陽鄉有秩，[1]銅印，青綬。朝服，進賢一梁冠。

　　[1]洛陽鄉有秩：官名。掌管洛陽鄉的民政，賦役。秩百石。中華本校勘記指出，各本並作“洛陽卿有秩十”，據《通典·禮典》删“十”字，“卿”改爲“鄉”。

　　宣威將軍以下至裨將軍，[1]銅印。朝服，武冠。其以此官爲刺史、郡守、若萬人司馬虎賁督以上、及司馬史者,[2]皆假青綬。

[1]宣威將軍:官名。三國魏置,爲雜號將軍。晋及宋廢置不常。魏、晋、宋八品(一説魏五品)。 裨將軍:官名。初謂副將,相對主將而言,後成爲低級將軍名號。新莽時賜諸縣屬令長皆爲裨將軍。魏晋南北朝列諸雜號將軍之末。

[2]萬人司馬虎賁督:官名。掌管萬人的司馬虎賁督。

平虜武猛中郎將、校尉、都尉,[1]銀印。朝服,武冠。其以此官爲千人司馬虎賁督以上、及司馬史者,皆假青綬。

[1]平虜武猛中郎將、校尉、都尉:各本並脱“校”字,據《通典·禮典》補。平虜中郎將,官名。三國魏文帝黃初中置,僅見於此及《三國志》卷一八《魏書·李通傳》。平虜校尉,官名。東漢末獻帝建安元年曹操置,爲領兵武職,隨軍征伐。武猛校尉,官名。東漢末曹操、孫權皆置。領兵。武猛都尉,官名。僅見東漢末丁原任此職,事見《後漢書》卷六九《何進傳》。

別部司馬、軍假司馬,[1]銀印。朝服,武冠。

[1]別部司馬、軍假司馬:皆官名。大將軍、驃騎將軍領兵外討則營有五部,若不置校尉,則部但有軍司馬一人,又有軍假司馬、軍假候,其別營者則爲別部司馬。九品。

圖像都匠行水中郎將、校尉、都尉,銀印,青綬。

朝服，武冠。若非以工伎巧能特加此官者，不加綬。[1]
羽林郎、羽林長郎，[2]佩武猛都尉以上印者，假青綬。
別部司馬以下，假墨綬。朝服，武冠。其長郎壯士，武
弁冠。在陛列及鹵簿，[3]服絳縠單衣。

[1]圖像都匠行水中郎將、校尉、都尉：皆官名。待考。　不
加綬：中華本校勘記指出，各本並脫“不加綬”，據《通典·禮
典》補。

[2]羽林郎：官名。西漢武帝初置羽林騎，掌宿衛送從。宣帝
令中郎將騎都尉監羽林，謂之羽林中郎將，領郎百人，謂之羽林
郎，東漢沿置，秩比三百石，無員。安帝時三公以國用不足，奏令
吏人入錢縠爲之。三國魏晉南北朝沿置，魏、晉爲八品。中華本校
勘記指出，各本並脫“羽林郎”，據《通典·禮典》補。　羽林長
郎：官名。待考。

[3]陛列：皇宮前衛戍人員。

　　陛下甲僕射主事吏將騎、廷上五牛旗假使虎賁，[1]
在陛列及備鹵簿，服錦文衣，武冠，鶡尾。陛長，[2]假
銅印，墨綬。旄頭。

[1]陛下甲僕射主事吏將騎：官名。待考。　廷上五牛旗假使
虎賁：官名。待考。

[2]陛長：官名。東漢隸光禄勳所屬虎賁中郎將，左、右各一
員，秩六百石。主應值宿衛之虎賁郎，朝會時在殿中侍衛。魏、晉
亦置。

　　羽林在陛列及備鹵簿，[1]服絳科單衣，上著韋畫要

襦。假旄頭。

[1]羽林：皇帝禁衛軍。西漢武帝置，屬光禄勳，掌禁衛皇宮。據《漢書·百官公卿表上》，羽林掌送從，次期門，武帝太初元年（前104）初置，後更名羽林騎。東漢由羽林中郎將統率。魏晉南北朝沿置。

舉輦跡禽前驅由基强弩司馬、守陵虎賁，[1]佩武猛都尉以上印者，假青綬。別部司馬以下，假墨綬。守陵虎賁，給絳科單衣，武冠。

[1]舉輦跡禽前驅由基强弩司馬：皆官名。即舉輦司馬、跡禽司馬、前驅司馬、由基司馬、强弩司馬。舉輦司馬，爲皇帝舉輦人，晉有此職，僅見《水經注》卷九《蕩水》有述其職如此。跡禽司馬，領禁兵，《晉書·輿服志》《晉書·食貨志》皆有之。前驅司馬，晉朝置，左、右衛將軍下屬三部司馬之一，掌殿中宿衛，領禁兵。下領督史。由基司馬，晉朝置，左、右衛將軍下屬，掌殿中宿衛，領禁兵。《御覽》卷三八六引《晉令》曰："選三部司馬，皆能力舉千二百斤以上，前驅司馬取使大戟，由基司馬取能挽一石七斗以上弓。"强弩司馬，西晉置，爲宿衛禁軍將領之一，侍衛皇帝。 守陵虎賁：守衛皇陵的禁軍。虎賁，官名。西周始置，漢朝屬中央禁衛軍。原名期門，武帝置，平帝元始元年（1）更名虎賁郎，由虎賁中郎將率領，職掌宿衛，禁衛皇宮。東漢魏晉南北朝皆置。

殿中冗從虎賁、殿中虎賁、及守陵者持鈹戟冗從虎賁，[1]佩武猛都尉以下印者，假青綬。別部司馬以下，假墨綬。絳科單衣，[2]武冠。

[1]殿中冗從虎賁：官名。東晋置，負責宮殿内侍衛，位在殿中虎賁上，可享有注家籍的衣食客一人。 殿中虎賁：官名。晋朝置，爲皇宮典内侍衛武官，屬左、右衛將軍。規定給注家籍的衣食客一人，與第九品官同。

[2]絳科單衣：中華本校勘記指出，據本志前後文例，"絳科單衣"上當脱"給"字。

持椎斧武騎虎賁、五騎傳詔虎賁、殿中羽林及守陵者太官尚食虎賁、稱飯宰人、諸宮尚食虎賁，[1]佩武猛都尉以上印者，假青綬。别部司馬以下，假墨綬。給絳褠，武冠。其在陛列及備鹵簿，五騎虎賁，服錦文衣，鶡尾。宰人服離支衣。[2]

[1]持椎斧武騎虎賁：官名。持椎斧的武騎虎賁。按：《後漢書》卷七九上《楊政傳》有武騎虎賁，乃侍衛武官。 五騎傳詔虎賁：官名。即五騎虎賁與傳詔虎賁，均侍衛武官。 殿中羽林：官名。三國魏置，侍衛殿内。八品。 守陵者太官尚食虎賁：官名。主皇陵祭品的官吏。 稱飯宰人、諸宮尚食虎賁：皆官名。均爲主皇宮飲食的下級官吏。

[2]宰人：掌飲食的近侍。

黄門鼓吹、及釘官僕射、黄門鼓吹史主事、諸官鼓吹、尚書廊下都坐門下守閣、殿中威儀騶、虎賁常直殿黄雲龍門者、門下左右部虎賁羽林騶、給傳事者諸導騶、門下中書守閣，[1]給絳褠，[2]武冠。南書門下虎賁羽林騶、蘭臺五曹節藏射廊下守閣、威儀、發符騶、都水使者黃沙廊下守閤、謁者、録事、威儀騶、河隄謁者騶、諸官謁者騶,[3]絳褠,武冠。給其衣服,自如故事。大誰士皁科單衣,樊噲冠。衛士墨布褠,却敵冠。凡此前衆職,江左多不備,又多闕朝服。

[1]黃門鼓吹:官名。掌皇帝之鼓吹樂。　釘官僕射:官名。待考。　黃門鼓吹史主事:官名。主鼓吹樂。　諸官鼓吹:官名。

尚書廊下都坐門下守閤:官名。爲尚書臺(省)廊下、都坐門下守閤之衛士。都坐爲晉公卿議事之所。　殿中威儀騶:官名。禁衛武官。　虎賁常直殿黃雲龍門者:官名。常宿衛黃門及雲龍門之虎賁。　門下左右部虎賁羽林騶:官名。禁衛武官。　給傳事者諸導騶:官名。似爲主通、傳、引、導之禁衛。　門下中書守閤:官名。爲門下、中書守閤之衛士。

[2]褠:袖狹而直,形狀如溝的單衣。《釋名·釋衣服》:“褠,禪衣之無胡者也,言袖夾直形如溝也。”

[3]南書門下虎賁羽林騶:官名。待考。　蘭臺五曹節藏射廊下守閤、威儀、發符騶:皆官名。待考。　都水使者黃沙廊下守閤、謁者、録事、威儀騶:皆官名。都水使者、黃沙監獄之屬官。

河隄謁者騶:官名。待考。諸官謁者騶:官名。待考。

諸應給朝服佩玉,而不在京都者給朝服,非護烏丸羌夷戎蠻諸校尉以上及刺史、西域戊己校尉,皆不給佩玉。其來朝會,權時假給,會罷輸還。凡應朝服者,而官不給,聽自具之。諸假印綬而官不給鞶囊者,得自具作。其但假印不假綬者,不得佩綬。

鞶,古制也。漢代著鞶囊者,側在腰間。或謂之傍囊,或謂之綬囊。然則以此囊盛綬也。或盛或散,各有其時乎。

朝服一具，冠幘各一，絳緋袍、皁緣中單衣領袖各一領，革帶祫袴各一，[1]舄、襪各一量，[2]簪導餉自副。[3]四時朝服者，加絳絹黃緋青緋皁緋袍單衣各一領；五時朝服者，加給白絹袍單衣一領。

[1]祫：夾衣。《漢書》卷九四上《匈奴傳上》：“服繡祫綺衣。”顏師古注：“祫者，衣無絮也，繡祫綺衣，以繡為表，以綺為裏也。”

[2]一量：一雙。

[3]簪導：冠飾名。用以束髮。《釋名·釋首飾》：“簪，建也，所以建冠於髮也……導，所以導擽鬢髮，使入巾幘之裏也。”

諸受朝服，單衣七丈二尺，科單衣及褠五丈二尺，中衣絹五丈，緣皁一丈八尺，領袖練一匹一尺，[1]絹七尺五寸。給袴練一丈四尺，縑二丈。襪布三尺。單衣及褠祫帶，縑各一段，長七尺。江左止給絹各有差。宋元嘉末，斷不復給，至今。山鹿、豽、柱貂、白貂、施毛狐白領、黃豹、斑白羆子、渠搜裘、步搖、八鐶、蔽結、多服蟬、明中、櫂白，[2]又諸織成衣帽、錦帳、純金銀器、雲母從廣一寸以上物者，[3]皆為禁物。

[1]練：練過的布帛，一般指白絹。

[2]豽：獸名。猴類動物。《後漢書》卷九〇《鮮卑傳》：“又有貂、豽、羆子，皮毛柔蝡，故天下以為名裘。”李賢注：“豽，猴屬也。” 斑白羆子：有花紋的灰鼠。 渠搜：獸名。 蔽結：待考。 明中：待考。 櫂白：待考。

[3]織成：名貴的絲織物，以彩絲及金縷交織出花紋圖案。漢以來一般爲帝王公卿大臣所服用，一說出自西域。《續漢書·輿服志下》：“衣裳玉佩備章采，乘輿刺綉，公侯九卿以下皆織成，陳留襄邑獻之云。”

　　諸在官品令第二品以上，其非禁物，皆得服之。第三品以下，加不得服三鐀以上、蔽結、爵叉、假真珠翡翠校飾纓佩、雜采衣、杯文綺、齊繡黼、鏑離、袿袍。[1]第六品以下，加不得服金鐀、綾、錦、錦繡、七緣綺、貂豻裘、金叉鐶鉺、及以金校飾器物、張絳帳。[2]第八品以下，加不得服羅、紈、綺、縠，雜色真文。騎士卒百工人，加不得服大絳紫襈、假結、真珠璫珥、犀、瑇瑁、越疊、以銀飾器物、張帳、乘牘車，[3]履色無過綠、青、白。奴婢衣食客，加不得服白幘、蒨、絳、金黃銀叉、鐶、鈴、鏑、鉺，[4]履色無過純青。諸去官及薨卒不禄物故，[5]家人所服，皆得從故官之例。諸王皆不得私作禁物，及罽碧校鞍，[6]珠玉金銀錯刻鏤彫飾無用之物。[7]

　　[1]鐀：同鈿，即金華。衣服上裝飾。　爵叉：即雀釵。爵同雀，叉同釵。杯文綺：形似杯的綺。《釋名·釋彩帛》曰：“綺，欹也，其文欹邪，不順經緯之縱橫也。有杯文形，似杯也。”　齊繡黼：一種繡禮服，《禮記·禮器》：“禮，有以文爲貴者，天子龍袞，諸侯黼，大夫黻，士玄衣纁裳。”

　　[2]七緣綺：一種綺，具體待考。　金叉：金製爵釵。《文選》曹植《美女篇》：“頭上金爵釵，腰佩翠琅玕。”李善注：“《釋名》曰：爵釵，釵頭上施爵。”　鐶：環形飾物。　鉺：鈎形飾物。

　　[3]襈：衣服的緣飾。《釋名·釋衣服》："襈，撰也。青絳爲之緣也。"　　瑯珥：玉製的耳飾。　　瑇瑁：即玳瑁。《玉篇·玉部》："俗以瑇瑁作玳瑁。"　　越叠：一種布。

　　[4]蒨：茜草根染成的絳色。

　　[5]不禄：死亡的一種諱稱。

　　[6]罽：一種毛織物。《後漢書》卷五一《李恂傳》："諸國侍子，及督使賈胡數遺恂奴婢、宛馬、金銀、香罽之屬，一無所受。"李賢注："罽，織毛爲布者。"　　校：裝飾。

　　[7]金銀錯：謂用金、銀塗飾或鑲嵌的器物上凹下去的文字或花紋。

　　天子坐漆床，居朱屋。[1]史臣按《左傳》，丹桓宮之楹。[2]何休注《公羊》，[3]亦有朱屋以居。[4]所從來久矣。漆床亦當是漢代舊儀，而《漢儀》不載。尋所以必朱必漆者，其理有可言焉。夫珍木嘉樹，其品非一，莫不植根深岨，[5]致之未易。藉地廣之資，因人多之力，則役苦費深，爲敝滋重。是以上古聖王，采椽不斵，[6]斵之則懼刻桷彫楹，莫知其限也。哲人縣鑑微遠，杜漸防萌，知采椽不愜後代之心，不斵不爲將來之用，故加朱施漆，以傳厥後。散木凡材，皆可入用。遠探幽旨，將在斯乎。

　　[1]朱屋：皇帝居住的紅色的屋宇。

　　[2]桓宮：春秋齊桓公的祭廟。《國語·魯語上》："莊公丹桓宮之楹，而刻其桷。"韋昭注："桓宮，桓公廟也。"　　楹：廳堂的前柱。《左傳》莊公二十三年："秋，丹桓宮楹。"杜預注："楹，柱也。"

[3]何休：人名。東漢經學家。《後漢書》卷七九下有傳。

[4]史臣按《左傳》，丹桓宮之楹。何休注《公羊》，亦有朱屋以居：丁福林《校議》云："'丹桓宮之楹'及'朱屋以居'，分別爲《左傳》與《公羊春秋》何休注中之語，作者録以釋'天子坐漆床，居朱屋'之所來已久，應分別加雙引號。又，'《左傳》'後加逗號，有割裂文意之嫌，應删之。"故該文應爲：史臣按《左傳》"丹桓宮之楹"，何休注《公羊》，亦有"朱屋以居"。丁氏之說爲是。

[5]深岨：深山。

[6]橡：橡子。 斲：砍、斫、削。

殿屋之爲圓淵方井兼植荷華者，[1]以厭火祥也。[2]

[1]荷華：即荷花。

[2]火祥：火災。

古者貴賤皆執笏，其有事則搢之於腰帶，所謂搢紳之士者，搢笏而垂紳帶也。[1]紳垂三尺。笏者有事則書之，故常簪筆，今之白筆，[2]是其遺象。三臺五省二品文官簪之。[3]王公侯伯子男卿尹及武官冠不簪。加内侍位者，乃簪之。手板，則古笏矣。尚書令、僕射、尚書手板頭復有白筆，以紫皮裹之，名笏。朝服肩上有紫生袷囊，[4]綴之朝服外，俗呼曰紫荷。或云漢代以盛奏事，負荷以行，未詳也。

[1]紳：士大夫束於腰間，一頭下垂的大帶。《論語·衛靈公》："子張書諸紳。"邢昺疏："此帶束腰，垂其餘以爲飾，謂之

紳。”《禮記·玉藻》：“紳長，制：士三尺，有司二尺有五寸。”鄭玄注：“紳，帶之垂者也。”

　　[2]白筆：侍從官員用以記事或奏事的筆，常插於冠側。崔豹《古今注·輿服》：“白筆，古珥筆，示君子有文武之備焉。”

　　[3]三臺：漢、晋指尚書臺、御史臺、謁者臺。　　五省：南北朝指尚書省、門下省、集書省、中書省、秘書省。

　　[4]袷囊：夾層佩囊。

　　魏文帝黄初三年，[1]詔賜漢太尉楊彪几杖，[2]待以客禮。[3]延請之日，使挾杖入朝。又令著鹿皮冠。彪辭讓，不聽。乃使服布單衣皮弁以見。《傅玄子》曰：“漢末王公名士，多委王服，以幅巾爲雅。[4]是以袁紹、崔鈞之徒，[5]雖爲將帥，皆著嗛巾。”

　　[1]黄初：三國魏文帝曹丕年號（220—226）。　　三年：丁福林《校議》云：“《三國志·魏書·文帝紀》、《通鑑》卷六九皆記上事在黄初二年冬十月。此‘三年’，應爲‘二年’之訛。”丁氏之説爲是。

　　[2]楊彪：人名。《後漢書》卷五四有傳。　　几杖：坐几和手杖。皆老者所用，古常用爲敬老者之物。

　　[3]客禮：招待賓客的禮節。

　　[4]幅巾：男子以全幅細絹裹頭的頭巾。

　　[5]袁紹：人名。《後漢書》卷七四上有傳。　　崔鈞：人名。字州平，漢靈帝時西河太守。《御覽》卷六四四引華嶠《後漢書》云：“崔鈞爲西河太守，與袁紹起兵。董卓收鈞父烈，下之郿獄銀鐺。卓誅，烈得歸長安也。”

　　魏武以天下凶荒，資財乏匱，擬古皮弁，裁縑帛以爲帢，合乎簡易隨時之義，以色別其貴賤。本施軍飾，非爲國容也。[1]徐爰曰：“俗説帢本未有歧，荀文若巾之，[2]行觸樹枝成歧，謂之爲善，因而弗改。”通以爲慶弔服。[3]巾以葛爲之，形如帢，而橫著之，古尊卑共服也。故漢末妖賊以黃爲巾，時謂之“黃巾賊”。今國子太學生冠之，服單衣以爲朝服，執一卷經以代手板。居士野人，[4]皆服巾焉。

[1]國容：國家的禮制儀節。
[2]荀文若：人名。即荀彧。字文若。《三國志》卷一〇有傳。
[3]慶弔：慶賀與吊慰。
[4]居士野人：泛指隱逸不仕之人。

徐爰曰：“帽名猶冠也。義取於蒙覆其首。其本纚也。[1]古者有冠無幘，冠下有纚，以繒爲之。[2]後世施幘於冠，因裁纚爲帽。自乘輿宴居，下至庶人無爵者，皆服之”。史臣案晉成帝咸和九年制，[3]聽尚書八座丞郎、門下三省侍郎乘車白帢低幘出入掖門。[4]又二宮直官著烏紗帢。然則士人宴居，皆著帢矣。而江左時野人已著帽，士人亦往往而然，但其頂圓耳。後乃高其屋云。

[1]纚：束髮之帛。
[2]繒：彩綉。
[3]晉成帝：即司馬衍。《晉書》卷七有紀。　咸和：晉成帝司馬衍年號（326—334）。
[4]尚書八座：五曹尚書、二僕射、一令爲“八座”。　帢：便帽。　掖門：宮殿正門兩旁的邊門。《漢書》卷三《高后紀》：

"章從勃請卒千人，入未央宫掖門。"顏師古注："非正門而在兩旁，若人之臂掖也。"

　　古者人君有朝服，有祭服，有宴服，有弔服。弔服皮弁疑衰，今以單衣黑幘爲宴會服，拜陵亦如之。以單衣白袷爲弔服，修敬尊秩亦服之也。[1]單衣，古之深衣也。今單衣裁製與深衣同，唯絹帶爲異。深衣絹帽以居喪。單衣素帢以施吉。[2]

　　[1]修敬：表示恭敬，致敬。
　　[2]吉：婚姻喜慶。

　　晋武帝泰始三年，[1]詔太宰安平王孚服侍中之服，[2]賜大司馬義陽王望衮冕之服。[3]四年，又詔趙、樂安、燕王服散騎常侍之服。[4]十年，賜彭城王衮冕之服。[5]

　　[1]泰始：晋武帝司馬炎年號（265—274）。
　　[2]安平王孚：即司馬孚。字叔達，司馬懿之弟。《晋書》卷三七有傳。
　　[3]義陽王望：即司馬望。司馬孚之子。《晋書》卷三七有附傳。
　　[4]趙：即趙王司馬倫。字子彝，司馬懿第九子。《晋書》卷五九有傳。　樂安：即樂安平王司馬鑒。字大明。《晋書》卷三八有傳。　燕王：即司馬機。事見《晋書》卷三八《清惠亭侯京傳》。
　　[5]彭城王：即王司馬權。字子輿，司馬懿弟魏魯相東武城侯司馬馗之子。《晋書》卷三七有傳。

偽楚桓玄將簒，[1]亦加安帝母弟太宰琅邪王衮冕服。[2]

[1]桓玄：人名。字敬道，一名靈寶，大司馬桓溫之子，簒晉自立爲楚。《晋書》卷九九有傳。

[2]安帝母弟太宰琅邪王：即司馬德文。《晋書》卷一〇有紀。安帝母，即安德太后陳歸女。《晋書》卷三二有傳。

宋興以來，王公貴臣加侍中、散騎常侍，乃得服貂璫也。[1]

[1]貂璫：貂尾和金、銀璫。《後漢書》卷四三《朱穆傳》："自延平以來，浸益貴盛，假貂璫之飾，處常伯之任。"李賢注："璫以金爲之，當冠前，附以金蟬也。"

宋孝武孝建元年，丞相南郡王義宣，[1]二年，雍州刺史武昌王渾，[2]又有異圖。世祖嫌侯王强盛，[3]欲加減削。其年十月己未，大司馬江夏王義恭、驃騎大將軍竟陵王誕表改革諸王車服制度，[4]凡九條，表在《義恭傳》。上因諷有司更增廣條目。奏曰："車服以庸，[5]《虞書》茂典；名器慎假，[6]《春秋》明誡。是以尚方所制，禁嚴漢律，諸侯竊服，雖親必罪。自頃以來，下僭彌盛。器服裝飾，樂舞音容，通於王公，達于衆庶。上下無辨，民志靡一。[7]今表之所陳，實允禮度。九條之格，猶有未盡，謹共附益，凡二十四條。聽事不得南向坐，施帳并幨。[8]蕃國官正冬不得跣登國殿，[9]及夾侍國師傳令及油戟。[10]公主王妃傳令，不得朱服。輿不得重杠。[11]鄣扇不得雉尾。[12]劍不得鹿盧形。[13]槊耗不得孔雀白鷺。[14]夾轂隊不得絳襖。[15]平乘誕馬不得過二匹。[16]胡伎不得彩衣。[17]舞伎正冬著袿衣，[18]不得莊面蔽花。[19]正冬會不得鐸舞、杯柈舞。[20]長蹻伎、趢舒、丸劍、博山伎、緣大橦伎、升五案伎，[21]自非正冬會奏舞曲，不得舞。諸妃主不得著褰帶。信幡，[22]非臺省官悉用絳。郡縣内史相及封内官長，於其封君，既非在三，[23]罷官則不復追敬，[24]不合稱臣，正宜上下官敬而已。諸鎮常行，車前後不得過六隊，白直夾轂，不在其限。刀不得過銀銅爲裝。[25]諸王女封縣主、諸王子孫襲封王王之妃及封侯者夫人行，[26]並不得鹵簿。諸王子繼體爲王者，婚葬吉凶，[27]悉依諸國公侯之禮，不得同皇弟皇子。車輿不得油幢，[28]軺車不在其限。[29]平乘舫皆平兩頭作露平形，不得擬像龍舟，悉不得朱油。帳鑲不得作五花及竪筍形。若先有器物者，悉輸送臺臧。書到後二十日期，若有竊玩犯禁者，及統司無舉糾，並臨時議罪。"詔可。

[1]南郡王義宣：即劉義宣。本書卷六一《武三王傳》曰孫美人所生。本書卷六八有傳。

[2]武昌王渾：即劉渾。本書卷七九有傳。

[3]世祖：宋孝武帝劉駿廟號。

[4]江夏王義恭：即劉義恭。本書卷六一有傳。　竟陵王誕：即劉誕。本書卷七九有傳。

[5]庸：酬其功勞。

[6]名器：名號與車服儀制。《左傳》成公二年："唯器與名，不可以假人，君之所司也。"杜預注："器，車服。名，爵號。"慎假：慎重地授予、給予。

[7]民：中華本校勘記指出，各本並作"人"，蓋後人避唐太宗李世民諱追改，今據本書卷六一《江夏文獻王義恭傳》改回。靡一：不一。

[8]幨：帳的上覆。

[9]正冬：冬至。

[10]油戟：油漆的木戟，官吏出行時前導的儀仗。崔豹《古今注·輿服》："棨戟，殳之遺象也……殳，前驅之器也，以木爲之。後世滋僞，無復典刑，以赤油韜之，亦謂之油戟，亦謂之棨戟，公王以下通用之以前驅。"

[11]重杠：雙重的杠。杠指車蓋柄的下部。

[12]翰扇：仿雉尾而製成的長柄扇。馬縞《中華古今注·障扇》："翰扇，長扇也。漢世多豪俠，象雉尾而制長扇也。"

[13]鹿盧：引以下棺或置井上以汲水的滑車或絞盤，後劍首或用此形。《漢書》卷七一《雋不疑傳》顏師古注曰："晋灼曰：'古長劍首以玉作井鹿盧形，上刻木作山形，如似蓮花初生未敷時。今大劍木首其狀似此。'"

[14]氂：以鳥羽或獸毛做成的裝飾物，常用以飾頭盔、犬馬或兵器。《後漢書》卷七八《單超傳》："樓觀壯麗，窮極伎巧。金銀廚氂，施於犬馬。"李賢注："氂，以毛羽爲飾。" 白鷺：白錦雞。

[15]轂：此處指車。 襖：短於袍而長於襦的有襯裏上衣。

[16]誕馬：即但馬。儀仗隊中不施鞍轡的備用馬。程大昌《演繁露·誕馬》："宣和鹵簿圖有誕馬。其制用色帛週裏一方氈蓋覆馬脊，更不施鞍……案《通典》宋江夏王義恭爲孝武所忌，憂懼，故奏革諸侯國制，但馬不得過二。其字則書爲但，不書爲誕也。但者，徒也。徒馬者，有馬無鞍，如人袒裼之袒也……但馬蓋散馬，備用而不施轡者也。" 平乘：大船名。

[17]胡伎：傳自少數民族的一種伎樂。

[18]袿衣：婦女的上等長袍。

[19]莊面蔽花：化妝時用遮蔽面容的花。

[20]鐸舞：舞曲名。舞人持鐸隨曲而舞，隋時舞猶存，舞者不執鐸。鐸，大鈴的一種，青銅製品，形如鉦而有舌，其舌有木製和金屬製兩種，故又有木鐸和金鐸之分。　杯柈舞：舞名。《晋書·樂志下》：“杯柈舞，案太康中天下爲《晋世寧舞》，務手以接杯柈反覆之。此則漢世惟有柈舞，而晋加之以杯，反覆之也。”

[21]長蹻伎：高蹺。雜技的一種，用雙木續足，踏舞爲樂。趬舒：一種雜技。　丸劍：雜技名。表演時使用鈴和劍。《文選》張衡《西京賦》：“跳丸劍之揮霍，走索上而相逢。”張銑注：“丸，鈴也。”　博山伎：博山指香爐，此或爲和香爐有關的伎樂。升五案伎：一種雜技。

[22]信幡：題表官號、用爲符信的旗幟。

[23]在三：君、父、師。《國語·晋語一》：“‘民生於三，事之如一。’父生之，師教之，君食之。非父不生，非食不長，非教不知，生之族也，故壹事之，唯其所在，則致死焉。”韋昭注：“三，君、父、師也。”

[24]追敬：追行禮敬。

[25]銀：中華本校勘記指出，各本並脱“銀”字，據本書《江夏文獻王義恭傳》補。

[26]襲封王王之妃：中華本校勘記指出，《江夏文獻王義恭傳》及《通鑑》宋孝武帝孝建二年胡三省注並不叠“王”字，是。按此皆言縣主、襲封王之妃、列侯妻不得用鹵簿，不當叠“王”字。

[27]葬：中華本校勘記指出，各本並作“姻”，據本書《江夏文獻王義恭傳》改。

[28]油幢：本指張挂於舟車上的油布帷幕，此指裝備油幢。

[29]軺車：《史記》卷一〇〇《季布欒布列傳》：“朱家乃乘軺

車之洛陽，見汝陰侯滕公。"司馬貞《索隱》："謂輕車，一馬車也。"《晋書·輿服志》："軺車，古之時軍車也。一馬曰軺車，二馬曰軺傳。"

車前五百者，卿行旅從，五百人爲一旅。漢氏一統，故去其人，留其名也。

宋孝武孝建二年十一月乙巳，有司奏："侍中祭酒何偃議：[1]'自今臨軒，乘輿法服，褰華蓋，[2]登殿宜依廟齋以夾御，侍中、常侍夾扶上殿，及應爲王公興，[3]又夾扶，畢，還本位。'求詳議。"曹郎中徐爰參議："宜如省所稱，以爲永准。"詔可。

[1]侍中祭酒：官名。西漢有侍中僕射，東漢改置祭酒，爲侍中之長，不常置，宋亦置。何偃：人名。字仲弘。本書卷五九有傳。

[2]褰華蓋：覆蓋帝王車上所用的傘蓋。

[3]興：起身。

孝建三年五月壬戌，有司奏："案漢胡廣、蔡邕並云古者諸侯貳車九乘，[1]秦滅六國，兼其車服，故王者大駕屬車八十一乘。尚書、御史乘之。最後一車，懸豹尾。法駕則三十六乘。檢晋江左逮至于今，乘輿出行，副車相承五乘。"尚書令建平王宏參議：[2]"八十一乘，義兼九國，三十六乘無所准，並不出經典。自邕、廣傳說，又是從官所乘，非帝者副車正數。江左五乘，儉不中禮。案《周官》云：'上公九命，貳車九乘。侯伯七命，車七乘。子男五命，車五乘。'然則帝王十二乘。"

詔可。

[1]胡廣：人名。字伯始。《後漢書》卷四四有傳。　蔡邕：人名。字伯喈。《後漢書》卷六〇下有傳。

[2]建平王宏：即劉宏。宋文帝子。本書卷七二有傳。

大明元年九月丁未朔，有司奏：“未有皇太后出行副車定數，下禮官議正。”博士王燮之議：[1]“《周禮》，后六服五路之數，悉與王同，則副車之制，不應獨異。又《記》云：‘古者后立六宮、三夫人、九嬪、二十七世婦、八十一御妻，以聽天下之内治。’‘天子立六官、三公、九卿、二十七大夫、八十一元士，[2]以聽天下之外治。’鄭注云：‘后象王立六宮而居之，亦正寢一，燕寢五。’推所立每與王同，禮無降亦明矣。皇太后既禮均至極，彌不應殊。謂並應同十二乘。”通關爲允。詔可。

[1]王燮之：人名。據本書《禮志二》泰豫元年（472）爲曹郎，《禮志三》、《禮志四》及本志記其爲太學博士。

[2]元士：天子之士。《禮記·王制》：“天子之三公之田視公侯，天子之卿視伯，天子之大夫視子男，天子之元士視附庸。”孔穎達疏：“天子之士所以稱元者，異於諸侯之士也。《周禮》：公侯伯之士，雖一命不得稱元士。”

大明四年正月戊辰，尚書左丞荀萬秋奏：“《籍田儀注》，‘皇帝冠通天冠，朱紘，[1]青介幘，衣青紗袍。侍中陪乘，奉車郎秉轡。’[2]案《漢·輿服志》曰：[3]‘通

天冠，乘輿常服也。'若斯豈可以常服降千畝邪？《禮
記》曰：'昔者天子爲籍千畝，冕而朱紘，躬秉耒
耜。'[4]鄭玄注《周官》司服曰：[5]'六服同冕'，尊故
也。時服雖變，冕制不改。又潘岳《籍田賦》云：'常
伯陪乘，太僕秉轡。'推此，輿駕籍田，宜冠冕，璪十
二旒，[6]朱紘，黑介幘，衣青紗袍。常伯陪乘，太僕秉
轡。宜改儀注，一遵二《禮》以爲定儀。"詔可。

　　[1]紘：冠冕上的帶子，由頷下向上繫於笄，垂餘者爲纓。
《禮記·禮器》："管仲鏤簋，朱紘，山節，藻梲，君子以爲濫矣。"
孔穎達疏："紘，冕之飾，用組爲之，以其組從下屈而上屬之於兩
旁，垂餘爲纓。"

　　[2]轡：駕馭馬的韁繩。

　　[3]《漢·輿服志》：《隋書·經籍志二》載"《大漢輿服志》
一卷，魏博士董巴撰"，當即此書。

　　[4]耒耜：耕地翻土的農具。《禮記·月令》："天子親載耒耜，
措之於參保介之御間。"鄭玄注："耒，耜之上曲也。"

　　[5]鄭玄：人名。字康成，東漢經學家。《後漢書》卷三五
有傳。

　　[6]璪：王冠前下垂的裝飾，用彩色絲綫串玉而成，狀如水藻。
《禮記·郊特牲》："祭之日，王被袞以象天，戴冕，璪十有二旒，
則天數也。"孫希旦《集解》："璪者，用五采絲爲繩，垂之以爲冕
之旒也。"

　　大明四年正月己卯，有司奏："南郊親奉儀注，皇
帝初著平天冠，火龍黼黻之服。還，變通天冠，絳紗
袍。廟祠親奉，舊儀，皇帝初服與郊不異，而還變著黑

介幘，單衣即事，乖體。謂宜同郊還，亦變著通天冠，絳紗袍。又舊儀乘金根車。今五路既備，依《禮》玉路以祀，亦宜改金根車爲玉路。”詔可。

大明六年八月壬戌，有司奏：“《漢儀注》‘大駕鹵薄，公卿奉引，大將軍參乘，[1]太僕卿御。法駕，侍中參乘，奉車郎御’。晉氏江左，大駕未立，故郊祀用法駕，宗廟以小駕。至於儀服，二駕不異。拜陵，御服單衣幘，百官陪從，朱衣而已，亦謂之小駕，名實乖舛。考尋前記，大駕上陵，北郊。周禮宗廟於昊天有降，宜以大駕郊祀，法駕祠廟，小駕上陵，如爲從序。今改祠廟爲法駕鹵薄，其軍幢多少，[2]臨時配之。至尊乘玉路，以金路象路革路木路小輦輪御輶衣書等車爲副。其餘並如常儀。”詔可。

[1]《漢儀注》：中華本校勘記指出，各本並訛“《漢注儀》”。按後漢衛宏撰《漢舊儀》，《隋書·經籍志二》著錄四卷。《漢舊儀》本有注，故魏、晉人引《漢舊儀》，亦稱《漢儀注》。“《漢注儀》”當是“《漢儀注》”之誤。今訂正。　參乘：陪乘。古代乘車，尊者在左，御者在中，一人在右陪坐，稱“參乘”或“車右”。

[2]軍幢：軍旗。

大明七年二月甲寅，輿駕巡南豫、兗二州，[1]冕服，御玉路，辭二廟。[2]改服通天冠，御木路，建大麾，備春蒐之典。

[1]南豫：州名。治所在今安徽當塗縣。　兗：州名。治所在

今山東省兗州市。

　　[2]二廟：祖廟和父廟。

　　明帝泰始四年五月甲戌，[1]尚書令建安王休仁參
議：[2]“天子之子，與士齒讓，達於辟雍，無生而貴者
也。[3]既命而尊，禮同上公。周制五等，車服相涉，公
降王者，一等而已。王以金路賜同姓諸侯，象及革
木，[4]以賜異姓侯伯，在朝卿士，亦準斯禮。按如此制，
則東宮應乘金路。自晉武過江，禮儀疏舛，王公以下，
車服卑雜；唯有東宮，禮秩崇異，上次辰極，下絕侯
王。[5]而皇太子乘石山安車，義不見經，事無所出。[6]
《禮》所謂金、玉路者，正以金玉飾輅諸末耳。左右前
後，同以漆畫。奏改周輅，制爲金根，通以金薄，周匝
四面。漢、魏、二晉，因循莫改。逮于大明，始備五
輅。金玉二制，並類金根，造次瞻睹，殆無差別。若錫
之東儲，於禮嫌重，非所以崇峻陛級，表示等威。[7]且
《春秋》之義，降下以兩，臣子之義，宜從謙約。謂東
宮車服，宜降天子二等，驂駕四馬，乘象輅，降龍碧旂
九葉。進不斥尊，退不逼下，沿古酌時，於禮爲衷。”
詔可。

　　[1]明帝：即劉彧。本書卷八有紀。
　　[2]建安王休仁：即劉休仁。宋文帝子。本書卷七二有傳。
　　[3]齒讓：以年歲大小相讓，示長幼有序。　辟雍：本爲西周
天子所設大學，校址圓形，圍以水池，前門外有便橋，東漢以後，
歷代皆有辟雍，爲行鄉飲、大射或祭祀之禮的地方。《白虎通·辟

雍》："天子立辟雍何？所以行禮樂宣德化也。辟者，璧也，象璧圓，又以法天，於雍水側，象教化流行也。"

[4]革木：丁福林《校議》指出，此爲革路、木路，故"革木"應爲"革、木"，丁氏之説是。

[5]晋武過江：晋武指西晋開國皇帝司馬炎，然晋武帝無過江之事，故"晋武"誤，當爲"晋元"，即晋元帝司馬睿。 東宫：指太子。 辰極：指皇帝。

[6]石山安車：有狀如山石的花紋的安車。《後漢書》卷四九《王符傳》："犀象珠玉，虎魄瑇瑁；石山隱飾，金銀錯鏤，窮極麗靡，轉相誇咤。"李賢注："山石謂隱起爲山石之文也。"

[7]陛級：地位、等級。

　　泰始四年八月甲寅，[1]詔曰："車服之飾，象數是遵。[2]故盛皇留範，列聖垂制。朕近改定五路，酌古代今，修成六服，沿時變禮。所施之事，各有條叙。便可付外，載之典章。朕以大冕純玉繅，[3]玄衣黄裳，乘玉輅，郊祀天，宗祀明堂。[4]又以法冕五彩繅，玄衣絳裳，乘金路，祀太廟，元正大會諸侯。又以飾冠冕四綵繅，紫衣紅裳，乘象輅，小會宴饗，餞送諸侯，臨軒會王公。又以繡冕三綵繅，朱衣裳，乘革路，征伐不賓，講武校獵。又以紘冕二綵繅，[5]青衣裳，乘木輅，耕稼，饗國子。又以通天冠，朱紗袍，爲聽政之服。"

　　[1]泰始四年八月甲寅：中華本校勘記指出，是年八月甲戌朔，無甲寅。

　　[2]象數：指根據等級。數，指順序、次序、等級。《逸周書·大聚》："復亡解辱，削赦輕重，皆有數。"朱右曾校釋："數，等

差也。"

　[3]玉繅：亦作玉藻。古代王冕前面下垂的旒繸。《禮記·玉藻》："天子玉藻十有二旒。"孔穎達疏："藻謂雜采之絲繩，以貫於玉，以玉飾藻，故云玉藻也。"

　[4]明堂：帝王宣明政教的地方。凡朝會、祭祀、慶賞、選士、養老、教學等大典，都在此舉行。

　[5]紘冕二綵繅：中華本校勘記指出，"紘"各本並作"宏"，《通典·禮典》作"紘"，今正作"紘"。"繅"各本作"繒"。孫彪《考論》云："繒當爲繅。"按：孫説是，今改正。

　　泰始六年正月戊辰，有司奏："被敕皇太子正冬朝賀，[1]合著袞冕九章衣不？"儀曹郎丘仲起議：[2] "案《周禮》，公自袞冕以下。鄭注：'袞冕以至卿大夫之玄冕，皆其朝聘天子之服也。'[3]伏尋古之上公，尚得服袞以朝。皇太子以儲副之尊，率土瞻仰。愚謂宜式遵盛典，服袞冕九旒以朝賀。"兼左丞陸澄議：[4] "服冕以朝，實著經典。秦除六冕之制，至漢明帝始與諸儒還備古章。自魏、晋以來，宗廟行禮之外，不欲令臣下服袞冕，故位公者，每加侍官。今皇太子承乾作副，[5]禮絕群后，宜遵聖王之盛典，革近代之陋制。臣等參議，依禮，皇太子元正朝賀，應服袞冕九章衣。以仲起議爲允。撰載儀注。"詔可。

　[1]被敕皇太子正冬朝賀：中華本校勘記指出，各本並脱"冬"字，據《通典·禮典》補。又"賀"字各本並作"駕"，據《通典·禮典》改。

　[2]丘仲起：人名。字子震，宋元徽中爲太子領軍長史，官至

廷尉。事見《南齊書》卷五三《沈憲傳》。

[3]朝聘：這裏指諸侯親自或派使臣按期朝見天子。《禮記·王制》：“諸侯之於天子也，比年一小聘，三年一大聘，五年一朝。”鄭玄注：“比年，每歲也。小聘，使大夫；大聘，使卿；朝，則君自行。然此大聘與朝，晋文霸時所制也。” 儲副：國之副君，指太子。

[4]陸澄：人名。字彦淵。《南齊書》卷三九有傳。

[5]承乾作副：意指作爲國家的儲君。

　　後廢帝即位，尊所生陳貴妃爲皇太妃，[1]輿服一如晋孝武太妃故事。[2]唯省五牛旗及赤旂。

[1]陳貴妃：即明帝貴妃陳妙登。據本書卷九《後廢帝紀》，泰豫元年七月尊爲皇太妃。本書卷四一有傳，

[2]晋孝武太妃：即李陵容。《晋書》卷三二有傳。

宋書　卷一九

志第九

樂一

　　《易》曰："先王作樂崇德，殷薦之上帝，以配祖考。"自黄帝至于三代，名稱不同。周衰凋缺，又爲鄭衛所亂。[1]魏文侯雖好古，然猶昏睡於古樂。[2]於是淫聲熾而雅音廢矣。

　　[1]鄭衛：即鄭、衛之音。原指鄭、衛等地區（今河南新鄭市、滑縣一帶）的民間音樂。春秋以來，在"禮崩樂壞"的局面下，這種音樂的影響日益擴大，逐漸有取代雅樂的趨勢。後世將鄭、衛之音指斥爲有害身心和國家的淫樂。
　　[2]古樂：此指傳説中遠古時期到周以前的樂舞。魏文侯"昏睡於古樂"事見《禮記・樂記》。

　　及秦焚典籍，《樂經》用亡。漢興，樂家有制氏，但能記其鏗鏘鼓舞，而不能言其義。周存六代之樂，[1]

至秦唯餘《韶》《武》而已。始皇改周舞曰《五行》，漢高祖改《韶舞》曰《文始》，以示不相襲也。又造《武德舞》，舞人悉執干戚，以象天下樂己行武以除亂也。故高祖廟奏《武德》《文始》《五行》之舞。周又有《房中之樂》，[2] 秦改曰《壽人》。其聲，楚聲也，漢高好之，孝惠改曰《安世》。高祖又作《昭容樂》《禮容樂》。《昭容》生於《武德》，《禮容》生於《文始》《五行》也。漢初又有《嘉至樂》，叔孫通因秦樂人制宗廟迎神之樂也。[3] 文帝又自造《四時舞》，以明天下之安和。蓋樂先王之樂者，明有法也；樂己所自作者，明有制也。孝景采《武德舞》作《昭德舞》，薦之太宗之廟。孝宣采《昭德舞》爲《盛德舞》，薦之世宗之廟。漢諸帝奏《文始》《四時》《五行》之舞焉。

[1]周存六代之樂：周代用爲宗廟之樂的樂舞，稱爲“六代之樂”，簡稱六樂。《周禮·春官·大司樂》：“以樂舞教國子，舞《雲門大卷》《大咸》《大磬》《大夏》《大鑊》《大武》。”鄭玄注云：“此周所存六代之樂，黃帝曰《雲門大卷》。黃帝能成名萬物，以明民共財，言其德如雲之所出，民得以有族類。《大咸》《咸池》，堯樂也。堯能彈均刑法以儀民，言其德無所不施。《大磬》，舜樂也。言其德能紹堯之道也。《大夏》，禹樂也。禹治水傅土，言其德能大中國也。《大鑊》，湯樂也，湯以寬治民，而除其邪，言其德能使天下得其所也。《大武》，武王樂也，武王伐紂，以除其害，言其德能成武功。”

[2]《房中之樂》：古代宮廷音樂，起於周代。大型的房中樂用於殿堂，設樂懸。也有不設樂懸者，用於燕享賓客或後宮。

[3]叔孫通：人名。薛縣（今山東滕州市東南）人，曾爲秦博

士。秦末，先爲項羽部屬，後歸劉邦。漢朝建立，與儒生共議朝儀。後任太子太傅。《漢書》卷四三有傳。

　　武帝時，河間獻王與毛生等共采《周官》及諸子言樂事者，[1]以著《樂記》，[2]獻八佾之舞，[3]與制氏不相殊。其内史中丞王定傳之，以授常山王禹。禹，成帝時爲謁者，數言其義，獻記二十四卷。劉向校書，[4]得二十三篇，然竟不用也。

　　[1]河間獻王：即劉德。漢景帝之子。好儒學，史家稱其“修學好古，實事求是”。
　　[2]《樂記》：《禮記》篇名。一説是漢武帝時劉德等人所作；一説是戰國時期公孫尼子所作。内容涉及音樂的形成等方面的問題。
　　[3]八佾：樂舞名。古時爲天子所用。自周代起，對樂舞行列的規定，用“佾”表示列數。《左傳》隱公五年：“天子用八，諸侯用六，大夫四，士二。”八佾爲六十四人。
　　[4]劉向：人名。本名更生，字子政，沛（今江蘇沛縣）人。漢皇族楚元王劉交四世孫，曾任諫大夫、宗正等。治《春秋穀梁傳》。曾校閲群書，撰成《別錄》。《漢書》卷三六有傳。

　　至明帝初，東平憲王蒼總定公卿之議，曰：“宗廟宜各奏樂，不應相襲，所以明功德也。承《文始》《五行》《武德》爲《大武》之舞。”又制舞哥一章，薦之光武之廟。
　　漢末大亂，衆樂淪缺。魏武平荆州，獲杜夔，[1]善八音，嘗爲漢雅樂郎，尤悉樂事，於是以爲軍謀祭酒，使創定雅樂。[2]時又有鄧静、尹商，善訓雅樂，[3]哥師尹胡能哥宗廟郊祀之曲，舞師馮肅、服養曉知先代諸舞，夔悉總領之。遠考經籍，近采故事，魏復先代古樂，自夔始也。而左延年等，[4]妙善鄭聲，惟夔好古存正焉。

[1]杜夔：人名。字公良，河南（今河南洛陽市）人。漢末音樂家，以知音爲雅樂郎。時荆州牧劉表令其與孟曜爲漢主和雅樂，曹操平荆州後，以夔爲軍謀祭酒，參太樂事。黄初年間，任太樂令協律都尉。《三國志》卷二九有傳。

[2]雅樂：一般泛指宮廷的祭祀活動和朝會儀禮中所用的音樂。後世祀奉先賢的活動也模仿、應用郊社、宗廟之樂。

[3]訓：《三國志·魏書·杜夔傳》作“詠”；《通典·樂典》作“調”。

[4]左延年：人名。精通音律，善鄭聲。太和年間（366—371），將杜夔所傳雅樂四曲中的《騶虞》《伐檀》《文王》等三首，“更自作聲節，其名雖存，而聲實異”。作有樂府《秦女休行》《苦哉》等篇。

文帝黄初二年，改漢《巴渝舞》曰《昭武舞》，改宗廟《安世樂》曰《正世樂》，《嘉至樂》曰《迎靈樂》，《武德樂》曰《武頌樂》，《昭容樂》曰《昭業樂》，《雲翹舞》曰《鳳翔舞》，《育命舞》曰《靈應舞》，《武德舞》曰《武頌舞》，《文始舞》曰《大韶舞》，《五行舞》曰《大武舞》。其衆哥詩，多即前代之舊；唯魏國初建，使王粲改作登哥及《安世》《巴渝》詩而已。[1]

[1]王粲：人名。字仲宣，三國時魏山陽高平（今山東鄒城市）人。《三國志》卷二一有傳。

明帝太和初，詔曰：“禮樂之作，所以類物表庸而不忘其本者也。凡音樂以舞爲主，自黃帝《雲門》以下，至於周《大武》，皆太廟舞名也。然則其所司之官，皆曰太樂，所以總領諸物，不可以一物名。武皇帝廟樂未稱，其議定廟樂及舞，舞者所執，綴兆之制，聲哥之詩，務令詳備。樂官自如故爲太樂。”[1]太樂，漢舊名，後漢依讖改太予樂官，至是改復舊。

[1]太樂：秦漢時管理音樂的機構，亦是該機構的長官名。東漢永平三年（60），制定太予樂（郊廟所用之雅樂），改稱大予樂官，稱其主管爲大予樂令，也稱大樂令或太樂令。晋代名爲太樂樂府。

於是公卿奏曰：“臣聞德盛而化隆者，則樂舞足以象其形容，音聲足以發其哥詠。故薦之郊廟，而鬼神享其和；用之朝廷，則君臣樂其度。使四海之内，徧知至德之盛，而光煇日新者，禮樂之謂也。故先王殷薦上帝，以配祖考，蓋當其時而制之矣。周之末世，上去唐、虞幾二千年，《韶簫》《南籥》《武》《象》之樂，[1]風聲遺烈，皆可得而論也。由斯言之，禮樂之事，弗可以已。今太祖武皇帝樂，宜曰《武始之樂》。武，神武也。武，又跡也。言神武之始，又王跡所起也。高祖文皇帝樂，宜曰《咸熙之舞》。咸，皆也。熙，興也。

言應受命之運，天下由之皆興也。至於群臣述德論功，建定烈祖之稱，而未制樂舞，非所以昭德紀功。夫哥以詠德，舞以象事。於文，文武爲斌，兼秉文武，聖德所以章明也。臣等謹制樂舞名《章斌之舞》。昔簫韶九奏，親於虞帝之庭，《武》《象》《大武》，亦振於文、武之阼。特以顯其德教，著其成功，天下被服其光輝，習詠其風聲者也。自漢高祖、文帝各逮其時，而爲《武德》《四時》之舞，上考前代制作之宜，以當今成業之美，播揚弘烈，莫盛於《章斌》焉。《樂志》曰：[2] ‘鐘磬干戚，所以祭先王之廟，又所以獻酬酳酢也。[3] 在宗廟之中，君臣莫不致敬；族長之中，長幼無不從和。’故仲尼答賓牟賈之問曰：[4] ‘周道四達，禮樂交通。’《傳》云：‘魯有禘樂，[5] 賓祭用之。’此皆祭禮大享，通用盛樂之明文也。今有事於天地宗廟，則此三舞宜並以爲薦享，及臨朝大享，亦宜舞之。然後乃合古制事神訓民之道，關於萬世，其義益明。又臣等思惟，三舞宜有總名，可名《大鈞之樂》。鈞，平也。言大魏三世同功，以至隆平也。於名爲美，於義爲當。”尚書奏：“宜如所上。”帝初不許制《章斌之樂》。三請，乃許之。

[1]《韶箾》：意爲執箾以舞《韶》。　《南籥》：意爲執籥以舞《南》。《左傳》襄公二十九年：“見舞象箾、南籥者。”杜預注云：“象箾，舞所執。南籥，以籥舞也。皆文王之樂也。”《漢書》卷五七上《司馬相如傳》：“《韶》《濩》《武》《象》之樂。”顏師古注：“張揖曰：《象》，周公樂也。南人服象，爲虐於夷，成王命周公以兵追之，至於海南，乃爲《三象樂》也。”

　　［2］《樂志》：即《樂記》。此段文字與《禮記‧樂記》略有出入。

　　［3］酳酢：古代宴會時的一種禮節。酳，食畢用酒漱口。酢，以酒回敬。

　　［4］賓牟賈（gǔ）：人名。孔穎達《禮記正義》云：“姓賓牟，名賈。”其事不詳。

　　［5］禘樂：禘祭之樂。

　　於是尚書又奏：“祀圓丘以下，《武始舞》者，平冕，[1]黑介幘，[2]玄衣裳，[3]白領袖，絳領袖中衣，[4]絳合幅袴，[5]絳袜，[6]黑韋鞮。[7]《咸熙舞》者，冠委貌，[8]其餘服如前。《章斌舞》者，與《武始》《咸熙舞》者同服。奏於朝庭，則《武始舞》者，武冠，[9]赤介幘，[10]生絳袍單衣，絳領袖，皁領袖中衣，虎文畫合幅袴，[11]白布袜，黑韋鞮。咸熙舞者，進賢冠，[12]黑介幘，生黃袍單衣，白合幅袴，其餘服如前。”奏可。史臣案，《武始》《咸熙》二舞，冠制不同，而云《章斌》與《武始》《咸熙》同服，不知服何冠也？

　　［1］平冕：古代冠名。如帝王所戴之冕而無旒，平板形。又稱“樊噲冠”（見卷末圖一平冕）。參見山東金鄉縣出土漢朱鮪墓石刻之著冕服者。（沈從文編著《中國古代服飾研究》，上海書店出版社1997年版，第141頁。）

　　［2］介幘：一種頭巾。頂隆起如屋頂狀（見卷末圖二黑介幘）。《東漢會要》卷一〇《輿服下》：“幘者賾也，頭首嚴賾也。至孝文乃高顏題續之爲耳，崇其巾爲屋，合後施收，上下群臣貴賤皆服之。文者長耳，武者短耳，稱其冠也。”

　　[3]衣裳：《釋名·釋衣服》："凡服，上曰衣。衣，依也，人所依以芘寒暑也。下曰裳。裳，障也，所以自障蔽也。"

　　[4]中衣：《釋名·釋衣服》："中衣，言在小衣之外，大衣之中也。"

　　[5]袴：一種開襠的褲子（見卷末圖三合幅袴）。參見洛陽出土西漢墓壁畫"二桃殺三士"部分之形象。（《中國古代服飾研究》，第107頁。）

　　[6]絑：即襪。

　　[7]韋鞮：熟皮鞣製的鞋履。

　　[8]冠委貌：《續漢書·輿服志下》："委貌冠、皮弁冠同制，長七寸，高四寸，制如覆杯，前高廣，後卑鋭，所謂夏之毋追，殷之章甫者也。委貌以皁絹爲之，皮弁以鹿皮爲之。"

　　[9]武冠：細紗做成的帽子（見卷末圖四武冠）。

　　[10]赤介幘：據《東漢會要·輿服下》："武吏常赤幘，成其威也。"可知爲武官所戴。

　　[11]虎文畫合幅袴：應爲西漢虎賁騎士所專用（見卷末圖五虎文畫合幅袴）。參見洛陽出土漢空心磚引弓騎士模印畫。（《中國古代服飾研究》，第136頁。）

　　[12]進賢冠：即梁冠。樣式頗多，自漢起流行，至元明的重要冠式（見卷末圖六進賢冠）。參見四川成都出土漢講學圖畫像磚之戴梁冠者。（《中國古代服飾研究》，第150頁。）

　　侍中繆襲又奏：[1]"《安世哥》本漢時哥名。今詩哥非往時之文，[2]則宜變改。案《周禮》注云：《安世樂》，猶周《房中之樂》也。是以往昔議者，以《房中》哥后妃之德，所以風天下，正夫婦，宜改《安世》之名曰《正始之樂》。自魏國初建，故侍中王粲所作登哥《安世詩》，專以思詠神靈及説神靈鑒享之意。襲後又依哥省讀漢《安世哥》詠，亦説'高張四縣，神來燕享，嘉薦令儀，永受厥福'。無有《二南》后妃風化天下之言。今思惟往者謂《房中》爲后妃之歌者，恐失其意。方祭祀娱神，登堂哥先祖功德，下堂哥詠燕享，無事哥后妃之化也。自宜依其事以名其樂哥，改《安世哥》曰《享神哥》。"奏可。案文帝已改《安世》爲《正始》，而襲至是又改《安世》爲《享神》，未詳其義。王粲所造《安世詩》，今亡。

[1]繆襲：人名。字熙伯，東海蘭陵（今山東蒼山縣）人。官至尚書光禄勳。其《魏鼓吹曲》十二首，大都爲歌頌曹操功業之作。原有集，已佚。

[2]往時之文："時"各本並作"詩"，中華本據《元龜》卷五六五改。

襲又奏曰："文昭皇后廟，[1]置四縣之樂，當銘顯其均奏次第，依太祖廟之名，號曰昭廟之具樂。"尚書奏曰："禮，婦人繼夫之爵，同牢配食者，樂不異文。昭皇后今雖別廟，至於宮縣樂器音均，[2]宜如襲議。"奏可。

[1]文昭皇后：即甄夫人。魏明帝曹叡之母。《三國志》卷三《魏書·明帝紀》："（黄初七年五月）癸未，追謚母甄夫人曰文昭皇后。"

[2]縣：通"懸"。即樂懸。指自西周起有關鐘、磬等樂器的數量和設置方位的等級規定。　均：指根據一定的宮調關係來爲樂器調律。

散騎常侍王肅議曰：[1]“王者各以其禮制事天地，今説者據《周官》單文爲經國大體，懼其局而不知弘也。漢武帝東巡封禪還，祠太一于甘泉，[2]祭后土于汾陰，[3]皆盡用其樂。言盡用者，爲盡用宮縣之樂也。天地之性貴質者，蓋謂其器之不文爾，不謂庶物當復減之也。禮，天子宮縣，舞八佾。今祀圓丘方澤，宜以天子制，設宮縣之樂，八佾之舞。”[4]衛臻、繆襲、左延年等咸同肅議。奏可。

[1]王肅：人名。字子雍，東海郯（今山東郯城縣）人。官中領軍，加散騎常侍。曾遍注群經。《三國志》卷一三有附傳。

[2]太一：亦作“太乙”。天神名。

[3]后土：古代稱大地爲“后土”。也是對土地神的稱謂，亦指祀土地神的社壇。

[4]宮縣之樂：《周禮·春官·大司樂》：“正樂縣之位，王宮縣，諸侯軒縣，卿大夫判縣，士特縣，辨其聲。”鄭司農云：“宮縣四面縣，軒縣去其一面，判縣又去其一面，特縣又去其一面。四面象宮室四面有牆，故謂之宮縣。”

肅又議曰：“説者以爲周家祀天，唯舞《雲門》，祭地，唯舞《咸池》，宗廟，唯舞《大武》，似失其義矣。周禮賓客皆作備樂。《左傳》：‘王子頹享五大夫，[1]樂及徧舞。’六代之樂也。然則一會之日，具作六代樂矣。天地宗廟，事之大者，賓客燕會，比之爲細。《王制》曰：‘庶羞不踰牲，燕衣不踰祭服。’可以燕樂而踰天地宗廟之樂乎？《周官》：'以六律、六吕、五聲、八音、六舞大合樂，[2]以致鬼神，以和邦國，以諧萬民，以安賓客，以説遠人。'夫六律、六吕、五聲、八音，皆一時而作之，至於六舞獨分擘而用之，所以不厭人心也。又《周官》：'韎師掌教韎樂，祭祀則帥其屬而舞之，大享亦如之。'韎，東夷之樂也。又：'鞮鞻氏掌四夷之樂與其聲哥，祭祀則吹而哥之，[3]燕亦如之。'[4]四夷之樂，[5]乃入宗廟；先代之典，獨不得用。大享及燕曰如之者，明古今夷、夏之樂，皆主之於宗廟，而後播及其餘也。夫作先王樂者，貴能包而用之，納四夷之樂者，美德廣之所及也。高皇帝、太皇帝、太祖、高祖、文昭廟，皆宜兼用先代及《武始》《大鈞》之舞。"有司奏："宜如肅議。"奏可。肅私造宗廟詩頌十二篇，不被哥。晋武帝泰始二年，改制郊廟哥，其樂舞亦仍舊也。

[1]王子頹：周莊王的庶子，爲莊王所寵愛。春秋時發動叛亂並稱王。

[2]六律：從黄鐘律起，按照一定的生律法，在一個八度内連續產生十一律，使每相鄰兩律之間都成半音，稱爲十二律，或十二律吕。狹義地講，六律僅指單數的六個律，又稱"陽律"。 六吕：指雙數的六個律，亦稱"六同"。 五聲：又稱五音，即五個階名：宫、商、角、徵、羽。 八音：爲周代出現的樂器分類方法，指不同的材料所製成的樂器，即金、石、絲、竹、匏、土、革、木。

[3]吹而哥之："吹"各本並作"次"，中華本據《周禮·春官·鞮鞻氏》改。

[4]"韎師掌教韎樂"至"燕亦如之"：當時的樂官，依職位

的高低，依次分爲中大夫、下大夫、上士、中士、下士五級。靺師、鞮鞻氏，都是屬於下士的等級。

[5]四夷之樂：指中原以外其他部落或少數民族地區的樂舞。《類聚》卷四一引《五經通義》："舞四夷之樂，明德澤廣被四表也。東夷之樂曰《侏離》，南夷之樂曰《任》，西夷之樂曰《禁》，北夷之樂曰《昧》。"

漢光武平隴、蜀，增廣郊祀，高皇帝配食，樂奏《青陽》《朱明》《西皓》《玄冥》，《雲翹》《育命》之舞。[1]北郊及祀明堂，並奏樂如南郊。[2]迎時氣五郊：春哥《青陽》，夏哥《朱明》，並舞《雲翹》之舞；秋哥《西皓》，冬哥《玄冥》，並舞《育命》之舞；季夏哥《朱明》，兼舞二舞。[3]章帝元和二年，宗廟樂，故事，食舉有《鹿鳴》《承元氣》二曲。[4]三年，自作詩四篇，一曰《思齊皇姚》，二曰《六騏驎》，三曰《竭肅雍》，四曰《陟叱根》。合前六曲，以爲宗廟食舉。加宗廟食舉《重來》《上陵》二曲，合八曲爲上陵食舉。減宗廟食舉《承元氣》一曲，加《惟天之命》《天之曆數》二曲，合七曲爲殿中御食飯舉。[5]又漢太樂食舉十三曲：一曰《鹿鳴》，二曰《重來》，三曰《初造》，四曰《俠安》，五曰《歸來》，六曰《遠期》，七曰《有所思》，八曰《明星》，九曰《清涼》，十曰《涉大海》，十一曰《大置酒》，十二曰《承元氣》，十三曰《海淡淡》。魏氏及晋荀勗、傅玄並爲哥辭。[6]魏時以《遠期》《承元氣》《海淡淡》三曲多不通利，省之。魏雅樂四曲：一曰《鹿鳴》，後改曰《於赫》，詠武帝。二曰《騶虞》，

後改曰《巍巍》，詠文帝。三曰《伐檀》，後省除。四
曰《文王》，後改曰《洋洋》，詠明帝。《騶虞》《伐
檀》《文王》並左延年改其聲。正旦大會，太尉奉璧，
群后行禮，東箱雅樂郎作者是也。今謂之行禮曲，姑洗
箱所奏。[7] 按《鹿鳴》本以宴樂爲體，無當於朝享，往
時之失也。

[1] "樂奏《青陽》" 至 "《育命》之舞"：《青陽》等樂舞名
稱並見於《續漢書·祭祀志上》："隴、蜀平後，乃增廣郊祀，高
帝配食，位在中壇上，西面北上……凡樂奏《青陽》《朱明》《西
皓》《玄冥》及《雲翹》《育命》舞。"《書鈔》卷一〇七《魏名臣
奏》："尚書盧毓云：漢武有《雲翹》《育命》之舞，不知其所從
來，舊以祀天地。今可兼以《雲翹》祀圜丘，以《育命》祀
方澤。"

[2] 北郊及祀明堂，並奏樂如南郊：《續漢書·祭祀志中》：
"北郊在雒陽城北四里，爲方壇四陛。三十三年正月辛未，郊。別
祀地祇，位南面西上，高皇后配，西面北上，皆在壇上，地理群神
從食，皆在壇下，如元始中故事……奏樂亦如南郊……明帝即位，
永平二年正月辛未，初祀五帝於明堂，光武帝配。五帝坐位堂上，
各處其方。黃帝在未，皆如南郊之位……奏樂如南郊。"

[3] "迎時氣五郊" 至 "兼舞二舞"：《續漢書·祭祀志中》：
"迎時氣，五郊之兆。自永平中，以《禮讖》及《月令》有五郊迎
氣服色，因采元始中故事，兆五郊于雒陽四方。中兆在未，壇皆三
尺，階無等。立春之日，迎春于東郊，祭青帝句芒。車旗服飾皆
青。歌《青陽》，八佾舞《雲翹》之舞……立夏之日，迎夏于南
郊，祭赤帝祝融。車旗服飾皆赤，歌《朱明》，八佾舞《雲翹》之
舞。先立秋十八日，迎黃靈于中兆，祭黃帝后土。車旗服飾皆黃。
歌《朱明》，八佾舞《雲翹》《育命》之舞。立秋之日，迎秋於西

郊，祭白帝蓐收。車旗服飾皆白。歌《西皓》，八佾舞《育命》之舞……立冬之日，迎冬于北郊，祭黑帝玄冥。車旗服飾皆黑。歌《玄冥》，八佾舞《育命》之舞。"

[4]食舉：宫廷燕樂的一種，又稱享宴食舉樂或殿中御食飯舉樂。《隋書》卷一五《音樂志下》："大予丞鮑鄴等上作樂事，下防。防奏言：'建初二年七月鄴上言：天子食飲，必順于四時五味，而有食舉之樂。所以順天地，養神明，求福應也。今官雅樂獨有黄鍾，而食舉樂但有太簇，皆不應月律，恐傷氣類。可作十二月均，各應其月氣。公卿朝會，得聞月律，乃能感天，和氣宜應。'"

[5]"三年"至"御食飯舉"：《玉海》卷一〇六引蔡邕《禮樂志》："章帝親著歌詩四章，列在食舉：一曰《思齊皇姚》，二曰《六騏驎》，三曰《竭肅雍》，四曰《涉叶相》。故事有《鹿鳴》《承元氣》二曲……减《承元氣》一曲，加《惟天之命》《天之曆數》二曲，爲殿中食舉。"

[6]荀勗：人名。字公曾，潁川潁陰（今河南許昌市）人。初仕魏，入晋後拜中書監，進光禄大夫，領秘書監，終於尚書令。公元274年制成笛律十二支，每支適用於吹奏一調，其中暗含管口校正原理，實施於太樂樂府。曾主持"修正鐘磬"，作有《正旦大會行禮歌》《王公上壽酒歌》《食舉樂東西厢歌》等歌詞。《晋書》卷三九有傳。 傅玄：人名。字休奕，北地泥陽（今陝西銅川市耀州區東南）人。曾任司隸校尉、散騎常侍。學問淵博，精通音律，於詩擅長樂府。《晋書》卷四七有傳。

[7]姑洗：十二律名之一。

晋武泰始五年，尚書奏使太僕傅玄、中書監荀勗、黄門侍郎張華各造正旦行禮及王公上壽酒食舉樂哥詩。[1]詔又使中書郎成公綏亦作。[2]張華表曰："按魏上壽食舉詩及漢氏所施用，其文句長短不齊，未皆合古。

蓋以依詠弦節，本有因循，而識樂知音，足以制聲，度曲法用，率非凡近所能改。二代三京，襲而不變，雖詩章詞異，興廢隨時，至其韻逗曲折，皆繫於舊，有由然也。是以一皆因就，不敢有所改易。"荀勖則曰："魏氏哥詩，或二言，或三言，或四言，或五言，與古詩不類。"以問司律中郎將陳頏，頏曰："被之金石，未必皆當。"故勖造晉哥，皆爲四言，唯王公上壽酒一篇爲三言五言，此則華、勖所明異旨也。九年，荀勖遂典知樂事，使郭瓊、宋識等造《正德》《大豫》之舞，而勖及傅玄、張華又各造此舞哥詩。勖作新律笛十二枚，[3]散騎常侍阮咸譏新律聲高，[4]高近哀思，不合中和。勖以其異己，出咸爲始平相。

[1]張華：人名。字茂先，范陽方城（今河北固安縣）人。任中書令、散騎常侍、中書監、司空。以博洽著稱，其詩辭藻浮麗。原有集，已散佚。著有《博物志》。《晉書》卷三六有傳。

[2]成公綏：人名。字子安，東郡白馬（今河南滑縣）人。官中書郎。口吃而好音律，所作辭賦，頗爲張華所推重。原有集，已散佚，明人輯有《成公子安集》。《晉書》卷九二有傳。

[3]勖作新律笛十二枚：晉泰始以前的笛律，並無嚴格的律數。晉泰始笛律又稱荀勖笛律，由荀勖設計，太樂郎劉秀等與笛工共同製作，形狀如今直吹的簫，全套十二支，應十二律。

[4]阮咸：人名。字仲容，陳留尉氏（今河南尉氏縣）人。阮籍之侄，與嵇康、阮籍等同爲"竹林七賢"。《晉書》卷四九有附傳。

晉又改魏《昭武舞》曰《宣武舞》，《羽籥舞》曰

《宣文舞》。

咸寧元年，詔定祖宗之號，而廟樂同用《正德》《大豫》之舞。

至江左初立宗廟，[1]尚書下太常祭祀所用樂名，[2]太常賀循答云：[3]“魏氏增損漢樂，以爲一代之禮，未審大晋樂名所以爲異。遭離喪亂，舊典不存，然此諸樂，皆和之以鍾律，文之以五聲，詠之於哥詞，陳之於舞列，宮縣在下，琴瑟在堂，[4]八音迭奏，雅樂並作，登哥下管，各有常詠，周人之舊也。自漢氏以來，依放此禮，自造新詩而已。舊京荒廢，今既散亡，音韻曲折，又無識者，則於今難以意言。”于時以無雅樂器及伶人，省太樂并鼓吹令。是後頗得登哥，食舉之樂，猶有未備。明帝太寧末，又詔阮孚等增益之。[5]成帝咸和中，乃復置太樂官，鳩集遺逸，[6]而尚未有金石也。

[1]江左初立宗廟：古人在地理上以東爲左，以西爲右，故江東又名江左。東晋建國於建康（南京），位在江東，故云江左初立宗廟。

[2]太常：官名。秦置奉常，漢景帝時改稱太常。爲九卿之一，掌宗廟禮儀教育，兼掌選試博士。歷代沿置，則專爲司祭祀禮樂之官。宋時三品。

[3]賀循：人名。字彦先，晋會稽山陰（今浙江紹興市）人。《晋書》卷六八有傳。

[4]琴瑟：均爲雅樂樂器，八音中屬絲類。

[5]阮孚：人名。阮咸之子。《晋書》卷四九有附傳。

[6]鳩集遺逸：“集”各本並作“習”，中華本據《晋書·樂志下》、《通典·樂典》、《元龜》卷五六六改。

初，荀勗既以新律造二舞，又更修正鍾磬，事未竟而勗薨。惠帝元康三年，詔其子黃門侍郎藩修定金石，[1]以施郊廟。尋值喪亂，遺聲舊制，莫有記者。庾亮爲荆州，[2]與謝尚共爲朝廷修雅樂，[3]亮尋薨。庾翼、桓温專事軍旅，樂器在庫，遂至朽壞焉。晋氏之亂也，樂人悉没戎虜，及胡亡，鄴下樂人，[4]頗有來者。謝尚時爲尚書僕射，因之以具鍾磬。太元中，破苻堅，又獲樂工楊蜀等，閑練舊樂，於是四箱金石始備焉。宋文帝元嘉九年，太樂令鍾宗之更調金石。十四年，治書令史奚縱又改之。語在《律曆志》。晋世曹毗、王珣等亦增造宗廟哥詩，[5]然郊祀遂不設樂。

[1]藩：人名。即荀藩。荀勗子。《晋書》卷三九有附傳。金石：均爲八音之屬。金之屬如鐘，石之屬如磬。

[2]庾亮：人名。字元規，潁川鄢陵（今河南鄢陵縣）人。妹爲明帝皇后。歷仕元帝、明帝、成帝三朝。《晋書》卷七三有傳。

[3]謝尚：人名。字仁祖，東晋豫章太守謝鯤子，太傅謝安從兄。精通音律，善舞蹈，工書法，尚清談。歷任江州刺史、尚書僕射，後進號鎮西將軍，世稱謝鎮西。《晋書》卷七九有傳。

[4]鄴下：古地名。在今河北臨漳縣。

[5]曹毗：人名。字輔佐，譙國（今安徽亳州市）人。東晋初年，歷任著作郎、句章令、太學博士、尚書郎、下邳太守等職。後累遷至光禄勳。《晋書》卷九二有傳。　王珣：人名。字元琳，東晋人。以才學文章受知於孝武帝，累官左僕射，加征虜將軍。《晋書》卷六五有附傳。

何承天曰：[1]"世咸傳吳朝無雅樂。案孫晧迎父喪明陵，唯云倡伎晝夜不息，[2]則無金石登哥可知矣。"承天曰："或云今之《神絃》，[3]孫氏以爲宗廟登哥也。"史臣案陸機《孫權誄》"《肆夏》在廟，[4]《雲翹》承□"，[5]機不容虛設此言。又韋昭孫休世上《鼓吹鐃哥》十二曲表曰：[6]"當付樂官善哥者習哥。"然則吳朝非無樂官，善哥者乃能以哥辭被絲管，寧容止以《神絃》爲廟樂而已乎？

[1]何承天：人名。東海郯（今山東郯城縣）人。歷官衡陽内史、御史中丞等。精天文律曆和計算，兼通音律，發明一種接近十二平均律的新律。

[2]倡伎：古代指以歌舞、技藝、戲謔爲業的藝人。

[3]《神絃》：民間祭祀神祇，弦歌娛神之曲。《樂府詩集》卷四七引《古今樂錄》："《神弦歌》十一曲：一曰《宿阿》，二曰《道君》，三曰《聖郎》，四曰《嬌女》，五曰《白石郎》，六曰《青溪小姑》，七曰《湖就姑》，八曰《姑恩》，九曰《採菱童》，十曰《明下童》，十一曰《同生》。"

[4]陸機：人名。字士衡，吳郡（今江蘇蘇州市）人，與其弟陸雲合稱"二陸"。曾歷任平原内史、祭酒、著作郎等職，世稱"陸平原"。《晋書》卷五四有傳。　《肆夏》：古樂章名。《周禮·春官·大司樂》："王出入則令奏《王夏》，尸出入則令奏《肆夏》，牲出入則令奏《昭夏》。"鄭玄注："三夏，皆樂章名。"

[5]承□：□不知爲何字，待考。

[6]韋昭：人名。字弘嗣，東吳吳郡雲陽（今江蘇丹陽市）人。曾任丞相掾、西安令、尚書郎、太子中庶子、黃門侍郎、太史令等職。《三國志》卷六五有傳。　孫休：人名。字子烈，爲孫權

第六子，三國時吳國皇帝，在位六年。《三國志》卷四八有傳。

《鼓吹鐃哥》：漢以來中國傳統音樂中一類以打擊樂器和吹奏樂器爲主的演奏形式和樂種。主要采用鼓、鉦、簫、笳等，常有歌唱。與西北民族生活有關。

宋武帝永初元年七月，有司奏："皇朝肇建，廟祀應設雅樂，太常鄭鮮之等八十八人各撰立新哥。黄門侍郎王韶之所撰哥辭七首，[1]並合施用。"詔可。十二月，有司又奏："依舊正旦設樂，參詳屬三省改太樂諸哥舞詩。黄門侍郎王韶之立三十二章，合用教試，日近，宜逆誦習。輒申攝施行。"詔可。又改《正德舞》曰《前舞》，《大豫舞》曰《後舞》。

[1]王韶之：人名。字休泰，琅邪臨沂（今山東臨沂市）人。晋孝武帝時，任尚書祠部郎，遷黄門侍郎、著作郎。本書卷六〇有傳。

元嘉十八年九月，有司奏："二郊宜奏登哥。"[1]又議宗廟舞事，録尚書江夏王義恭等十二人立議同，[2]未及列奏，值軍興事寢。二十二年，南郊，始設登哥，詔御史中丞顏延之造哥詩，[3]廟舞猶闕。

[1]登哥：亦稱"登歌""登謌"。古代舉行祭典、大朝會時，樂師登堂奏歌。《周禮·春官·大師》："大祭祀帥瞽登歌，令奏擊拊。"鄭玄注引鄭司農曰："登歌，歌者在堂也。"

[2]義恭：人名。即劉義恭。宋武帝之子，官至太宰、太尉，爲前廢帝所誅。本書卷六一有傳。

[3]顏延之：人名。字延年，琅邪臨沂人，官至金紫光禄大夫。
本書卷七三有傳。

　　孝建二年九月甲午，有司奏：“前殿中曹郎荀萬秋
議：[1]按禮，祭天地有樂者，爲降神也。故《易》曰：
‘雷出地奮豫。先王以作樂崇德，殷薦之上帝，以配祖
考。’《周官》曰：[2]‘作樂於圜丘之上，天神皆降。作
樂於方澤之中，地祇皆出。’又曰：‘乃奏黄鍾，哥大
吕，舞《雲門》，以祀天神。乃奏大簇，哥應鍾，舞
《咸池》，以祀地祇。’[3]由斯而言，以樂祭天地，其來
尚矣。今郊享闕樂，竊以爲疑。《祭統》曰：[4]‘夫祭
有三重焉，獻之屬莫重於祼，[5]聲莫重於升哥，舞莫重
於《武宿夜》，此周道也。’至於秦奏《五行》，魏舞
《咸熙》，皆以用享。爰逮晉氏，泰始之初，傅玄作晉郊
廟哥詩三十二篇。元康中，荀藩受詔成父勗業，金石四
縣，用之郊廟。是則相承郊廟有樂之證也。今廟祠登哥
雖奏，而象舞未陳，懼闕備禮。夫聖王經世，異代同
風，雖損益或殊，降殺迭運，未嘗不執古御今，同規合
矩。方兹休明在辰，文物大備，禮儀遺逸，罔不具舉，
而况出祇降神，輟樂於郊祭，昭德舞功，有闕於廟享。
謂郊廟宜設備樂。”

[1]荀萬秋：人名。官至太學博士、尚書左丞。
[2]《周官》：即《周禮》。
[3]“作樂於圜丘之上”至“舞《咸池》”：黄鍾、大吕、大
簇、應鍾，皆十二律名。餘者爲夾鍾、姑洗、仲吕、蕤賓、林鍾、

夷則、南呂、無射。

[4]《祭統》:《禮記》篇名。

[5]獻之:各本並脫"之"字，中華本據《禮記·祭統》原文及《元龜》卷五六六補。

於是使內外博議。驃騎大將軍竟陵王誕等五十一人並同萬秋議。[1]尚書左僕射建平王宏議以爲:[2]"聖王之德雖同，創制之禮或異，樂不相沿，禮無因襲。自寶命開基，皇符在運，業富前王，風通振古，[3]朝儀國章，並循先代。自後晉東遷，日不暇給，雖大典略備，遺闕尚多。至於樂號廟禮，未該往正。今帝德再昌，大孝御宇，宜討定禮本，以昭來葉。尋舜樂稱《韶》，漢改《文始》，周樂《大武》，秦革《五行》。眷夫祖有功而宗有德，故漢高祖廟樂稱《武德》，太宗廟樂曰《昭德》。魏制《武始》舞武廟，制《咸熙》舞文廟。則祖宗之廟，別有樂名。晉氏之樂，《正德》《大豫》，及宋不更名，直爲《前後》二舞，依據昔代，義舛事乖。今宜釐改權稱，以《凱容》爲《韶舞》，《宣烈》爲《武舞》。祖宗廟樂，總以德爲名。若廟非不毀，則樂無別稱，猶漢高、文、武，咸有嘉號，惠、景二主，樂無餘名。章皇太后廟，依諸儒議，唯奏文樂。何休、杜預、范甯注'初獻六羽'，[4]並不言佾者，佾則干在其中，明婦人無武事也。郊祀之樂，無復別名，仍同宗廟而已。尋諸《漢志》，《永至》等樂，各有義況，宜仍舊不改。爰及東晉，[5]太祝唯送神而不迎神。[6]近議者或云廟以居神，恒如在也，不應有迎送之事，意以爲並乖其衷。立廟居靈，四時致享，以申孝思之情。夫神升降無常，何必恒安所處？故《祭義》云：[7]‘樂以迎來，哀以送往。’鄭注云：[8]‘迎來而樂，樂親之來，送往而哀，哀其享否不可知也。’《尚書》〔曰‘祖考來格’。《漢書》《安世房中歌》曰：‘神來宴娛。’詩云：‘三后在〕天。’[9]又《詩》云：‘神保遹歸。’注曰：‘歸於天地也。’此並言神有去來，則有送迎明矣。即周《肆夏》之名，備迎送之樂。古以尸象神，故《儀禮》祝有迎尸送尸，近代雖無尸，豈可闕迎送之禮？又傅玄有迎神送神哥辭，明江左不迎，非舊典也。”

[1]誕：人名。即劉誕。字休文，文帝之子，封竟陵王，官至驃騎大將軍。本書卷七九有傳。

[2]宏：人名。即劉宏。字休度，文帝之子，封建平王。好文學，官至中書令。本書卷七二有傳。

[3]風通振古：中華本校勘記云：“‘通’《元龜》卷五六六作‘動’。”

[4]何休：人名。字邵公，東漢任城樊（今山東兗州市）人，精研六經，官至諫議大夫。《後漢書》卷七九下有傳。　杜預：人名。字元凱，西晉時京兆杜陵（今陝西西安市）人，精通經學，官至鎮南大將軍。《晉書》卷三四有傳。　范甯：人名。字武子，東晉南陽順陽（今河南淅川縣）人，重經學。《晉書》卷七五有傳。

初獻六羽：這裏指“文舞”，以羽、籥爲具。禮樂之舞有文舞、武舞之分。文舞持羽、籥，武舞持干、戚。

[5]爰及東晉：“爰”各本並作“宋”，中華本據《元龜》卷五六六改。

[6]太祝：官名。商官有六太，其一曰太祝。《周禮·春官》

宗伯之屬有太祝，掌祭祀祈禱之事。秦漢有太祝令丞，屬太常卿。歷代多因之。三品。

[7]《祭義》：《禮記》篇名。

[8]鄭：指鄭玄。字康成，北海高密（今山東高密市）人。東漢經學家。以古文經説爲主，兼采今文經説，遍注群經，成爲漢代經學的集大成者。《後漢書》卷三五有傳。

[9]“《尚書》曰”至“三后在天”：中華本校勘記云：“三朝本、毛本、局本作‘尚書有神天’五字。北監本、殿本作‘尚書曰祖考來格’七字。今據《通典·樂典》訂補。”三后在天，語見《詩·大雅·下武》。毛傳曰：“三后，大王、王季、文王也。”疏：“箋云：‘此三后既没登遐，精氣在天矣。武王又能配行其道於京。謂鎬京也。’”

　　散騎常侍、丹陽尹建城縣開國侯顏竣議以爲：[1]“德業殊稱，則干羽異容，[2]時無沿制，故物有損益。至於禮失道謬，稱習忘反，中興鼇運，視聽所革，先代繆章，宜見刊正。郊之有樂，蓋生《周易》《周官》，歷代著議，莫不援准。夫‘掃地而祭，器用陶匏’，[3]唯質與誠，以章天德，文物之備，理固不然。《周官》曰：‘國有故，則旅上帝及四望。’又曰：‘四圭有邸，以祀天旅上帝。兩圭有邸，以祀地旅四望。’四望非地，則知上帝非天。《孝經》云：‘郊祀后稷以配天，宗祀文王於明堂，以配上帝。’則《豫》之作樂，非郊天也。大司樂職，‘奏黄鍾，哥大吕，舞《雲門》，以祀天神’。鄭注：‘天神，五帝及日月星辰也。’王者以夏正月祀其所受命之帝於南郊，則二至之祀，又非天地。考之眾經，郊祀有樂，未見明證。宗廟之禮，事炳載籍。

爰自漢元，迄乎有晉，雖時或更制，大抵相因，爲不襲名號而已。今樂曲淪滅，知音世希，改作之事，臣聞其語。《正德》《大豫》，禮容具存，宜殊其徽號，飾而用之。以《正德》爲《宣化》之舞，《大豫》爲《興和》之舞，庶足以光表世烈，悦被後昆。前漢祖宗，廟處各異，主名既革，舞號亦殊。今七廟合食，庭殿共所，舞蹈之容，不得廟有別制。後漢東平王蒼已議之矣。[4]又王肅、韓祇以王者德廣無外，六代四夷之舞，金石絲竹之樂，宜備奏宗廟。愚謂蒼、肅、祇議，合於典禮，適於當今。"

[1]顏竣：人名。字士遜，琅邪臨沂（今山東費縣）人，顏延之子。任太常博士、太子舍人、撫軍主簿等職。本書卷七五有傳。

[2]干羽異容：古代舞者所執的舞具，文舞執羽，武舞執干。《尚書·大禹謨》："帝乃誕敷文德，舞干羽于兩階。"

[3]陶匏：泛指實用而合於古制的器用，如尊、簋、俎豆和壺等器皿以及樂器等。語出《禮記·郊特牲》："掃地而祭，於其質也；器用陶匏，以象天地之性。"孔穎達疏："陶謂瓦器，謂酒尊及豆簋之屬，故《周禮》旅人爲簋。匏謂酒爵。"陶，土製器；匏，葫蘆器。在周代的樂器分類中，匏爲八音之屬。

[4]蒼：人名。即劉蒼。漢光武帝劉秀之子，封東平王，拜爲驃騎將軍。曾與大臣共同擬定南北郊冠冕車服等禮樂制度。《後漢書》卷四二有傳。

左僕射建平王宏又議："竣據《周禮》《孝經》，天與上帝，連文重出，故謂上帝非天，則《易》之作樂，非爲祭天也。按《易》稱'先王以作樂崇德，殷薦之上帝，以配祖考’。《尚書》云：‘肆類于上帝。’《春秋傳》曰：‘告昊天上帝。’凡上帝之言，無非天也。天尊不可以一稱，故或謂昊天，或謂上帝，或謂昊天上帝，不得以天有數稱，便謂上帝非天。徐邈推《周禮》‘國有故，則旅上帝’，[1]以知禮天，旅上帝，同是祭天。言禮天者，謂常祀也；旅上帝者，有故而祭也。《孝經》稱‘嚴父莫大於配天’，故云‘郊祀后稷以配天，宗祀文王於明堂，以配上帝’。既天爲議，則上帝猶天益明也。不欲使二天文同，故變上帝爾。《周禮》祀天之言再見，故鄭注以前天神爲五帝，後冬至所祭爲昊天。竣又云‘二至之祀，又非天地’。未知天地竟應以何時致享？《記》云：[2]‘掃地而祭，器用陶匏。’旨明所用質素，無害以樂降神。萬秋謂郊宜有樂，事有典據。竣又云‘東平王蒼以爲前漢諸祖別廟，是以祖宗之廟可得各有舞樂。至於祫祭始祖之廟，則專用始祖之舞。故謂後漢諸祖，共廟同庭，雖有祖宗，不宜入別舞’。此誠一家之意，而未統適時之變也。後漢從儉，故諸祖共廟，猶以異室存別廟之禮。[3]晉氏以來，登哥誦美，諸室繼作。至於祖宗樂舞，何猶不可迭奏。苟所詠者殊，雖復共庭，亦非嫌也。魏三祖各有舞樂，豈復是異廟邪？”

[1]徐邈：人名。京口（今江蘇鎮江市）人，官至中書侍郎。《晋書》卷九一有傳。

[2]《記》：即《禮記》。

[3]別廟之禮：“廟”各本並作“室”，中華本據《通典·樂典》改。

　　衆議並同宏："祠南郊迎神，奏《肆夏》。皇帝初登壇，奏登哥。初獻，奏凱容、宣烈之舞。送神，奏《肆夏》。祠廟迎神，奏《肆夏》。皇帝入廟門，奏《永至》。皇帝詣東壁，奏登哥。初獻，奏《凱容》《宣烈之舞》。終獻，奏《永安》。送神奏《肆夏》。"詔可。

　　孝建二年十月辛未，有司又奏："郊廟舞樂，皇帝親奉，初登壇及入廟詣東壁，並奏登哥，不及三公行事。"左僕射建平王宏重參議："公卿行事，亦宜奏登哥。"

　　有司又奏："元會及二廟齋祠，登哥依舊並於殿庭設作。尋廟祠，依新儀注，登哥人上殿，弦管在下；今元會，登哥人亦上殿，弦管在下。"並詔可。

　　文帝章太后廟未有樂章，孝武大明中使尚書左丞殷淡造新哥，[1]明帝又自造昭太后宣太后哥詩。

　　[1]殷淡：人名。今存《宋章廟樂舞歌》十五首，爲其所作。本書卷五九有附傳。

　　後漢正月旦，天子臨德陽殿受朝賀，舍利從西方來，戲於殿前，激水化成比目魚，跳躍嗽水，作霧翳日；畢，又化成黃龍，長八九丈，出水遊戲，炫燿日光。[1]以兩大絲繩繫兩柱頭，相去數丈，兩倡女對舞，行於繩上，相逢切肩而不傾。[2]

　　[1]"後漢正月旦"至"炫燿日光"：是漢魏以來宮廷雜技、

幻術的代表作之一。由於各類角色均由人扮演，且又穿插了大量的歌舞表演，所以初看似戲劇又似歌舞節目，但究其呼風喚雨、變幻多端的表演方式，應該是典型的魔術節目。後世往往用“魚龍”或“魚龍之戲”來概括整個雜技，該戲甚至成爲“百戲”的代名詞。

[2]“以兩大絲繩”至“而不傾”：此技漢代已有，魏晉南北朝時很流行，名走索。

魏晉訖江左，猶有《夏育扛鼎》《巨象行乳》《神龜抃舞》《背負靈岳》《桂樹白雪》《畫地成川》之樂焉。[1]

[1]《夏育扛鼎》：一種雜技。實爲兩類節目，一以手掌擺弄車輪、石臼、大甕等重物。二爲兩人用手掌、肩、頭等部位各將一長竿頂起，竿上各有一人做舞蹈動作，忽而騰空而起，互換其位。
《巨象行乳》：一種雜技。張衡《西京賦》薛綜注云：“僞作大白象，從東來，當觀前，行且乳。”劉良注云：“謂僞作象，令行產其子。”與今“獅子舞”中“獅子生兒”的形式頗相似。即一頭獅子腹中突然變出一個小獅子。　《神龜抃舞》《背負靈岳》：百戲雜耍之名目。由藝人執持製作的珍異動物模型表演，有幻化的情節。屬“魚龍”“漫衍”一類的彩扎戲。魚龍即所謂舍利（猞猁）之獸，漫衍（曼延）亦獸名。抃舞，因歡欣而鼓掌舞蹈之貌。
《桂樹白雪》《畫地成川》：一種幻術。張衡《西京賦》：“奇幻倏忽……畫地成川，流渭通涇。”李善注引《西京雜記》：“東海黃公坐成山河”“淮南王好方士，方士畫地成河。”

晉成帝咸康七年，散騎侍郎顧臻表曰：“臣聞聖王制樂，贊揚治道，養以仁義，防其邪淫，上享宗廟，下訓黎民，體五行之正音，[1]協八風以陶氣。以宮聲正方而好義，角聲堅齊而率禮，弦哥鍾鼓金石之作備矣。故通神至化，有率舞之感；移風改俗，致和樂之極。末世之伎，設禮外之觀，逆行連倒，頭足入笪之屬，皮膚外剝，肝心內摧。敦彼行葦，猶謂勿踐，矧伊生民，而不惻愴。加以四海朝覲，言觀帝庭，耳聆《雅》《頌》之聲，目覯威儀之序，足以蹋天，頭以履地，反兩儀之順，傷彝倫之大。方今夷狄對岸，外御爲急，兵食七升，忘身赴難，過泰之戲，日稟五斗。方掃神州，經略中旬，若此之事，不可示遠。宜下太常，纂備雅樂，《簫韶》九成，[2]惟新於盛運；功德頌聲，永著于來葉。此乃《詩》所以‘燕及皇天，克昌厥後’者也。雜伎而傷人者，皆宜除之。流簡儉之德，邁康哉之詠，清風既行，民應如草，此之謂也。愚管之誠，唯垂采察。”於是除《高絙》《紫鹿》《跂行》《鼈食》及《齊王捲衣》《笿兒》等樂。[3]又減其稟。其後復《高絙》《紫鹿》焉。

[1]五行之正音：宮、商、角、徵、羽爲五正音。

[2]《簫韶》九成：《尚書·益稷》：“《簫韶》九成，鳳凰來儀。”僞孔注云：“《韶》，舜樂名。樂備九奏，而致鳳凰。”孔穎達疏云：“《簫韶》之樂，作之九成，以致鳳凰來而有容儀也。”

[3]《紫鹿》：古駿馬名。這裏指一種雜技。 《跂行》：意爲用足行走者，多指蟲豸。這裏指一種模仿動物行走的雜技。 《笿兒》：古雜技之名。有學者認爲“兒”爲“鼠”字之訛。此處當指鼠戲，即讓老鼠穿上衣服，做一些盪秋千、爬梯子之類的動作。

　　宋文帝元嘉十三年，司徒彭城王義康於東府正會，[1]依舊給伎。總章工馮大列：[2]"相承給諸王伎十四種，其舞伎三十六人。"太常傅隆以爲："未詳此人數所由。唯杜預注《左傳》佾舞云諸侯六六三十六人，常以爲非。夫舞者所以節八音者也，八音克諧，然後成樂，故必以八人爲列，[3]自天子至士，降殺以兩，兩者，減其二列爾。預以爲一列又減二人，至士止餘四人，豈復成樂。按服虔注《傳》云：'天子八八，諸侯六八，大夫四八，士二八。'其義甚允。今諸王不復舞佾，其總章舞伎，即古之女樂也。殿庭八八，諸王則應六八，理例坦然。又《春秋》，鄭伯納晉悼公女樂二八，晉以一八賜魏絳，此樂以八人爲列之證也。若如議者，唯天子八，則鄭應納晉二六，晉應賜絳一六也。自天子至士，其文物典章，尊卑差級，莫不以兩。未有諸侯既降二列，又一列輒減二人，[4]近降太半，非唯八音不具，於兩義亦乖，杜氏之謬可見矣。國典事大，宜令詳正。"事不施行。

　　[1]義康：人名。即劉義康。宋武帝劉裕第四子，永初元年（420）封彭城王，食邑三千户。歷南豫、南徐二州刺史，並加都督。本書卷六八有傳。
　　[2]總章：西晉時"署"一級的中央樂舞機構。掌郊祀、明堂、宗廟之樂舞。晉室南渡以後，東晉祇置鼓吹或太樂一署，總章遂被裁撤。
　　[3]以八人爲列："八人"各本並作"八八"，中華本據《通典·樂典》、《元龜》卷五六六改。"列"各本並作"例"，中華本

據《元龜》卷五六六改。

[4]又一列輒減二人：各本並脱"一"字，中華本據《通典·樂典》補。

民之生，莫有知其始也。含靈抱智，以生天地之間。夫喜怒哀樂之情，好得惡失之性，不學而能，不知所以然而然者也。怒則争鬭，喜則詠哥，夫哥者，固樂之始也。詠哥不足，乃手之舞之，足之蹈之，然則舞又哥之次也。詠哥舞蹈，所以宣其喜心，喜而無節，則流淫莫反；故聖人以五聲和其性，以八音節其流，而謂之樂，故能移風易俗，平心正體焉。

昔有娀氏有二女，[1]居九成之臺，天帝使燕夜往，二女覆以玉筐，既而發視之，燕遺二卵，五色，北飛不反。二女作哥，始爲北音。[2]禹省南土，塗山之女令其妾候禹於塗山之陽，[3]女乃作哥，始爲南音。[4]夏后孔甲田於東陽萯山，天大風晦冥，迷入民室，主人方乳，或曰："后來是良日也，必大吉。"或曰："不勝之子，必有殃。"后乃取以歸，曰："以爲余子，誰敢殃之？"後析橑，斧破斷其足。孔甲曰："嗚呼！有命矣。"乃作《破斧》之哥，始爲東音。[5]周昭王南征，殞於漢中，王右辛餘靡長且多力，振王北濟，周公乃封之西翟，徙宅西河，追思故處作哥，始爲西音。[6]此蓋四方之哥也。

[1]有娀：古國名。在今山西永濟市。

[2]二女作哥，始爲北音：《吕氏春秋·季夏紀·音初》："有娀氏有二佚女，爲之九成之臺，飲食必以鼓。帝令燕往視之，鳴若

謚隘。二女愛而爭搏之，覆以玉筐，少選，發而視之，燕遺二卵，北飛，遂不反。二女作歌一終，曰：‘燕燕往飛。’實始作爲北音。”

　　[3]盦山：山名。即今浙江會稽山。相傳夏禹大會諸侯於此。

　　[4]女乃作哥，始爲南音：《呂氏春秋·季夏紀·音初》：“禹行功，見塗山之女，禹未之遇而巡省南土。塗山氏之女乃令其妾候禹于塗山之陽。女乃作歌，歌曰：‘候人兮猗。’實始作爲南音。”

　　[5]《破斧》之哥，始爲東音：《呂氏春秋·季夏紀·音初》：“夏后氏孔甲田于東陽萯山，天大風晦盲。孔甲迷惑，入于民室。主人方乳。或曰：‘后來，是良日也。之子是必大吉。’或曰：‘不勝也，之子是必有殃。’后乃取其子以歸，曰：‘以爲余子，誰敢殃之！’子長成人，幕動坼橑，斧斫斬其足，遂爲守門者。孔甲曰：‘嗚呼！有疾，命矣夫！’乃作爲《破斧》之歌，實始爲東音。”

　　[6]追思故處作哥，始爲西音：《呂氏春秋·季夏紀·音初》：“周昭王親將征荆，辛餘靡長且多力，爲王右。還反涉漢，梁敗，王及蔡公抎於漢中。辛餘靡振王北濟，又反振蔡公。周公乃候之于西翟，實爲長公。殷整甲徙宅西河，猶思故處，實始作爲西音。”

　　黃帝、帝堯之世，王化下洽，民樂無事，故因擊壤之歡，慶雲之瑞，民因以作哥。[1]其後《風》衰《雅》缺，而妖淫靡漫之聲起。周衰，有秦青者，善謳，而薛談學謳於秦青，未窮青之伎而辭歸。青餞之於郊，乃撫節悲歌，聲震林木，響遏行雲。薛談遂留不去，以卒其業。[2]又有韓娥者，東之齊，至雍門，匱糧，乃鬻哥假食，既而去，餘響繞梁，三日不絕。左右謂其人不去也。過逆旅，逆旅人辱之，韓娥因曼聲哀哭，一里老幼，悲愁垂涕相對，三日不食。遽而追之，韓娥還，復爲曼聲長哥，一里老幼，喜躍抃舞，不能自禁，忘向之悲也。乃厚賂遣之。故雍門之人善哥哭，效韓娥之遺聲。[3]衛人王豹處淇川，善謳，河西之民皆化之。齊人綿駒居高唐，善哥，齊之右地，亦傳其業。[4]前漢有虞公者，善哥，能令梁上塵起。[5]若斯之類，並徒哥也。[6]《爾雅》曰：“徒哥曰謠。”

[1]“黃帝”至“民因以作哥”：《御覽》卷五七二《逸士傳》：“堯時有八九十老人擊壤而歌曰：‘日出而作，日入而息，鑿井而飲，耕田而食，帝何力於我哉！’”《書鈔》卷一〇六《尚書大傳》：“舜爲賓客，禹爲主人，於時俊乂百官，相和而歌《卿雲》，帝乃唱之曰：‘卿雲爛兮，糺縵縵兮。日月光華，旦復旦兮。’”

[2]“周衰”至“以卒其業”：薛談學謳於秦青事初見於《列子·湯問》。

[3]“又有韓娥者”至“效韓娥之遺聲”：繞梁三日事初見於《列子·湯問》。

[4]“衛人王豹”至“亦傳其業”：王豹、綿駒事初見於《孟子·告子下》。

[5]前漢有虞公者，善哥，能令梁上塵起：《類聚》卷四三引劉向《別錄》：“漢興以來，善雅歌者，魯人虞公，發聲清哀，蓋動梁塵。”

[6]徒哥：即徒歌。没有樂器伴奏的歌。

　　凡樂章古詞，今之存者，並漢世街陌謠謳，《江南可采蓮》《烏生》《十五》《白頭吟》之屬是也。[1]吳哥雜曲，並出江東，晋、宋以來，稍有增廣。[2]

[1]《烏生》《十五》：中華本校勘記云：“各本並作‘烏生十

五子'。按《樂府詩集》二六引《永嘉伎録》，《相和》有十五曲，六曰《十五》，十二曰《烏生》。蓋《烏生》與《十五》，自是二曲。《烏生》古辭云：'烏生八九子。'《宋書·樂志》以《烏生》《十五》二曲駢連書之，後人又誤加'子'字，合'烏生十五子'爲一曲。今訂正。"

　　[2]"吳哥雜曲"至"稍有增廣"：《樂府詩集》卷四四："《晉書·樂志》曰：'吳歌雜曲，並出江南。東晉以來，稍有增廣。其始皆徒歌，既而被之管弦。蓋自永嘉渡江之後，下及梁、陳，咸都建業，吳聲哥曲起於此也。'《古今樂録》曰：'吳聲歌舊器有篪、箜篌、琵琶，今有笙、箏。其曲有《命嘯》吳聲游曲半折、六變、八解，《命嘯》十解。存者有《烏噪林》《浮雲驅》《雁歸湖》《馬讓》，餘皆不傳。《吳聲》十曲：一曰《子夜》，二曰《上柱》，三曰《鳳將雛》，四曰《上聲》，五曰《歡聞》，六曰《歡聞變》，七曰《前溪》，八曰《阿子》，九曰《丁督護》，十曰《團扇郎》。並梁所用曲。《鳳將雛》以上三曲，古有歌，自漢至梁不改，今不傳。上聲以下七曲，内人包明月製舞《前溪》一曲，餘並王金珠所製也。游曲六曲《子夜四時歌》《警歌》《變歌》，並十曲中間游曲也。半折、六變、八解，漢世已來有之。八解者，古彈、上柱古彈、鄭干、新蔡、大治、小治、當男、盛當，梁太清中猶有得者，今不傳。又有《七日夜》《女歌》《長史變》《黃鵠》《碧玉》《桃葉》《長樂佳》《歡好》《懊惱》《讀曲》，亦皆吳聲歌曲也。'"

　　《子夜哥》者，[1]有女子名《子夜》，造此聲。晉孝武太元中，琅邪王軻之家有鬼哥《子夜》。殷允爲豫章時，豫章僑人庾僧度家亦有鬼哥《子夜》。[2]殷允爲豫章，亦是太元中，則子夜是此時以前人也。

[1]《子夜哥》:《初學記》引《古今樂録》《舊唐書·音樂志》《晋書·樂志下》《通典》《樂府詩集》等均有記。

[2]庾僧度:中華本校勘記云:"《通典·樂典》、《樂府詩集》卷四四作'庾僧虔'。"

《鳳將雛哥》者,舊曲也。應璩《百一詩》云:[1]"爲作《陌上桑》,反言《鳳將雛》。"[2]然則《鳳將雛》其來久矣,將由訛變以至於此乎?

[1]應璩:人名。字休璉,汝南(今河南汝南縣)人。文帝、明帝時,歷官散騎常侍。曹芳即位,遷侍中、大將軍長史。《三國志》卷二一有附傳。

[2]爲作《陌上桑》,反言《鳳將雛》:《應休璉集·百一詩》:"漢末桓帝時,郎有馬子侯。"注:"馬子侯爲人頗癡,自謂曉音律。黄門樂人更往嗤誚,子侯不知名《陌上桑》,反言《鳳將雛》,輒摇頭欣喜,多賜左右錢帛,無復慚色。"

《前溪哥》者,[1]晋車騎將軍沈充所制。[2]

[1]《前溪哥》:《苕溪漁隱叢話》後集卷二:"于競《唐傳》,湖州德清縣南前溪村,則南朝集樂之處。今尚有數百家習音樂,江南聲妓,多自此出,所謂舞出前溪者也。"《樂府詩集》卷四五引《樂府解題》:"前溪,舞曲也。"又載《前溪歌》七首。

[2]沈充:人名。字士居。《晋書》卷九八有附傳。"沈充"各本並作"沈玩"。中華本據《晋書·樂志下》《通典·樂典》改。

《阿子》及《歡聞哥》者,晋穆帝升平初,哥畢輒

呼"阿子！汝聞不？"語在《五行志》。後人演其聲，
以爲二曲。[1]

[1]後人演其聲，以爲二曲：本書《五行志二》："晋穆帝升平
中，童子輩忽歌於道曰'阿子聞'，曲終輒云：'阿子汝聞不？'"
《樂府詩集》載《阿子歌》三首。《樂府詩集》卷四五引《古今樂
錄》："《歡聞歌》者，晋穆帝升平初歌畢輒呼'歡聞不'，以爲送
聲，後因此爲曲名。"

《團扇哥》者，晋中書令王珉與嫂婢有情，愛好甚
篤，嫂捶撻婢過苦，婢素善哥，而珉好捉白團扇，故制
此哥。[1]

《督護哥》者，彭城内史徐逵之爲魯軌所殺，宋高
祖使府内直督護丁旿收斂殯埋之。逵之妻，高祖長女
也，呼旿至閤下，自問斂送之事，每問，輒嘆息曰：
"丁督護！"其聲哀切，後人因其聲，廣其曲焉。[2]

《懊憹哥》者，晋隆安初，民間訛謠之曲。語在
《五行志》。宋少帝更制新哥，太祖常謂之《中朝
曲》。[3]

《六變》諸曲，皆因事制哥。[4]

《長史變》者，司徒左長史王廞臨敗所制。[5]

《讀曲哥》者，民間爲彭城王義康所作也。其哥云
"死罪劉領軍，誤殺劉第四"是也。[6]

凡此諸曲，始皆徒哥，既而被之弦管。又有因弦管
金石，造哥以被之，魏世三調哥詞之類是也。[7]

[1]《團扇哥》：《樂府詩集》卷四五引《古今樂錄》："《團扇郎歌》者，晋中書令王珉捉白團扇，與嫂婢謝芳姿有愛，情好甚篤。嫂捶撻婢過苦，王東亭聞而止之。芳姿素善歌，嫂令歌一曲，當赦之。應聲歌曰：'白團扇，辛苦五流連，是郎眼所見。'珉聞，更問之：'汝歌何遺？'芳姿即改云：'白團扇，憔悴非昔容，羞與郎相見。'後人因而歌之。"又載《團扇郎》八首。　王珉：人名。字季琰，歷著作、散騎郎、國子博士、黄門侍郎、侍中，代王獻之爲長兼中書令。二人素齊名，世謂獻之爲大令，珉爲小令。《晋書》卷六五有附傳。

[2]《督護哥》：《通典》卷一四五："歌是宋武帝所製，云：'督護上征去，儂亦惡聞許。願作石尤風，四面斷行旅。'"《樂府詩集》卷四五載五首《丁督護歌》。

[3]《懊憹哥》：本書《五行志二》："晋安帝隆安中，民忽作《懊惱歌》，其曲中有'草生可擥結，女兒可擥抱'之言。桓玄既篡居天位，義旗以三月二日掃定京都，玄之宮女及逆黨之家子女伎妾，悉爲軍賞。東及甌、越，北流淮、泗，皆人有所獲焉。時則草可結，事則女可抱，信矣。"《樂府詩集》卷四六載《懊儂歌》十四首。

[4]《六變》：《樂府詩集》所録變歌，祇《子夜變歌》《歡聞變歌》《長史變歌》三種。所謂"六變"者不詳何指。

[5]王廞：人名。東晋琅邪臨沂人。歷太子中庶子、司徒左長史。事見《晋書》卷六五《王薈傳》。

[6]《讀曲哥》：《樂府詩集》卷四六引《古今樂録》："《讀曲歌》者，元嘉十七年袁后崩，百官不敢作聲歌，或因酒讌，止竊聲讀曲細吟而已，以此爲名。"

[7]三調：《通典》卷一四五："《平調》《清調》《瑟調》，皆周房中之遺聲也。漢代謂之三調。"

古者天子聽政，使公卿大夫獻詩，耆艾修之，而後王斟酌焉。[1]秦、漢闕采詩之官，[2]哥詠多因前代，與時事既不相應，且無以垂示後昆。漢武帝雖頗造新哥，然不以光揚祖考、崇述正德爲先，但多詠祭祀見事及其祥瑞而已。商周《雅》《頌》之體闕焉。

[1]"古者天子聽政"至"而後王斟酌焉"：《國語·周語上》："天子聽政，使公卿至於列士獻詩，瞽獻曲，史獻書，師箴，瞍賦，矇誦，百工諫，庶人傳語，近臣盡規，親戚補察，瞽史教誨，耆艾修之，而後王斟酌焉。"

[2]秦、漢闕采詩之官：秦設樂府，爲掌管音樂之官署，兼採民間詩歌和樂曲。《漢書·藝文志》："故古有采詩之官，王者所以觀風俗，知得失，自考正也。"

《鞞舞》，[1]未詳所起，然漢代已施於燕享矣。傅毅、張衡所賦，[2]皆其事也。曹植《鞞舞哥序》曰："漢靈帝《西園故事》，[3]有李堅者，能《鞞舞》。遭亂，西隨段煨。先帝聞其舊有技，召之。堅既中廢，兼古曲多謬誤，異代之文，未必相襲，故依前曲改作新哥五篇，不敢充之黃門，[4]近以成下國之陋樂焉。"晋《鞞舞哥》亦五篇，又《鐸舞哥》一篇，[5]《幡舞哥》一篇，[6]《鼓舞伎》六曲，[7]並陳於元會。今《幡》《鼓》哥詞猶存，舞並闕。《鞞舞》，即今之《鞞扇舞》也。

[1]《鞞舞》：漢魏晋時舞蹈，用於宴享，舞者執鼙（刀鞘）而舞；一說是用有柄單面鼓作爲道具的一種集體舞。《樂府詩集》

卷五三："雜舞者，《公莫》《巴渝》《槃舞》《鞞舞》《鐸舞》《拂舞》《白紵》之類是也。始皆出自方俗，後寖陳於殿庭。蓋自周有縵樂散樂，秦漢因之增廣，宴會所奏，率非雅舞。漢、魏已後，並以鞞、鐸、巾、拂四舞，用之宴饗。宋武帝大明中，亦以鞞拂雜舞合之。鐘石施於廟庭，朝會用樂，則兼奏之。明帝時，又有西傖羌胡雜舞，後魏、北齊，亦皆參以胡戎伎，自此諸舞彌盛矣。隋牛弘亦請存四舞，宴會則與雜伎同設，於西涼前奏之，而去其所持鞞拂等。按此雖非正樂，亦皆前代舊聲。故成公綏賦云：'鞞鐸舞庭，八音並陳。'梁武帝報沈約云，'鞞、鐸、巾、拂，古之遺風'是也。"

　　[2]傅毅：人名。字武仲，扶風茂陵（今陝西興平市）人。章帝時爲蘭臺令史，拜郎中，和班固、賈逵一起校勘禁中書籍。有《舞賦》《七激》等作品。《後漢書》卷八〇上有傳。　張衡：人名。字平子，南陽西鄂（今河南南召縣南）人。曾兩度擔任太史令，精通天文曆算。《後漢書》卷五九有傳。

　　[3]故事：中華本校勘記云："'故事'局本及《晉書·樂志》、《通典·樂典》、《樂府詩集》卷五三、《曹植集》、《御覽》卷五七四引並作'鼓吹'。"

　　[4]黃門：應指黃門鼓吹，漢魏時的音樂品種。

　　[5]《鐸舞哥》：手執鈴鐸而舞。漢代已有，魏晉相沿用於宴享。

　　[6]《幡舞哥》：晉代舞名。應爲持幡而舞的隊列。幡，用竹竿等挑起來直著懸挂的長條形旗幟。

　　[7]《鼓舞伎》：《淮南子·修務訓》："今鼓舞者，繞身若環，曾撓摩地，扶旋猗那，動容轉曲，便媚擬神。身若秋藥被風，髮若結旌，騁馳若鶩。"

　　又云晉初有《杯槃舞》《公莫舞》。[1]史臣按：杯

槃，今之《齊世寧》也。張衡《舞賦》云："歷七槃而
縱躡。"王粲《七釋》云："七槃陳於廣庭。"近世文士
顏延之云："遞間關於槃扇。"鮑昭云：[2] "七槃起長
袖。"皆以七槃爲舞也。[3] 《搜神記》云：[4] "晋太康
中，天下爲《晋世寧舞》，矜手以接杯槃反覆之。"此
則漢世唯有槃舞，而晋加之以杯，反覆之也。

[1]《杯槃舞》：魏晋南北朝時宴享活動中與宴者參與的一種
歌舞。周處《風土記》："越俗，宴飲即鼓盤以爲樂。取太素圓盤，
廣尺六者，抱以著腹，以左手五指彈之以爲節，舞者應節而舞。"
　《公莫舞》：舞者持巾或舞衣袖的一種古舞。魏晋時已有，隋代
稱爲巾舞。

[2]鮑昭：人名。即鮑照。字明遠，東海（今江蘇連雲港市）
人。宋元嘉中，爲太學博士、中書舍人。著有《鮑參軍集》。

[3]七槃爲舞：地列七盤，舞者長袖而舞。

[4]《搜神記》：作者干寶。原本已散，今本係後人綴輯增益
而成，二十卷。所記多爲神靈怪異之事，也有一部分屬於民間
傳説。

　　《公莫舞》，今之巾舞也。相傳云項莊劍舞，項伯以
袖隔之，使不得害漢高祖。且語莊云："公莫。"古人相
呼曰"公"，云莫害漢王也。今之用巾，蓋像項伯衣袖
之遺式。按《琴操》有《公莫渡河曲》，[1] 然則其聲所
從來已久。俗云項伯，非也。

[1]《琴操》：漢代蔡邕撰。首述琴的形制、作用，然後爲
"詩歌五曲""一十二操""九引""河間雜歌二十一章"等琴曲的

解題。頗多故事，並附歌詞，大多出於傳聞。

江左初，又有《拂舞》。[1]舊云《拂舞》，吳舞。檢其哥，非吳詞也。皆陳於殿庭。揚泓《拂舞序》曰："自到江南，見《白符舞》，或言《白鳧鳩舞》，云有此來數十年。察其詞旨，乃是吳人患孫晧虐政，思屬晋也。"

又有《白紵舞》，[2]按舞詞有巾袍之言；紵本吳地所出，宜是吳舞也。晋《俳歌》又云：[3]"皎皎白緒，節節爲雙。"吳音呼緒爲紵，疑白紵即白緒。

[1]《拂舞》：原爲江南民間舞，魏晋間采入宮廷，用於宴享。舞者執拂而舞。代表作品《白鳩》，或作《白符鳩》。據《古今樂録》《隋書·音樂志》，自梁迄隋，拂舞與鞞舞、鐸舞、巾舞並爲宮廷宴享所用的四舞。

[2]《白紵舞》：魏晋以來，采自江南的民間歌舞。舞者所穿長袖舞衣爲白紵所製，質如輕紗。南朝盛極一時，隋唐列入清商樂中。《樂府解題》云："古詞盛稱舞者之美，宜及芳時爲樂，其譽白紵曰：'質如輕雲色如銀，製以爲袍餘作巾。袍以光驅巾拂塵。'"白紵舞的節奏由徐緩轉急促，舞姿輕盈，動作流暢。

[3]《俳歌》：俳歌辭是俳優化裝表演時所唱歌辭。其文體特點以四言爲主，協韻，可歌可誦。其源頭是先秦優語，與賦關係密切。屬散樂。

《鞞舞》故二八，桓玄將即真，太樂遣衆伎，尚書殿中郎袁明子启增滿八佾，相承不復革。宋明帝自改舞曲哥詞，并詔近臣虞龢並作。[1]

又有西、傖、羌、胡諸雜舞。隨王誕在襄陽，造《襄陽樂》，[2] 南平穆王爲豫州，造《壽陽樂》，[3] 荆州刺史沈攸之又造《西烏飛哥曲》，[4] 並列於樂官。哥詞多淫哇不典正。

[1]虞龢：人名。餘姚（今浙江餘姚市）人。官至中書侍郎。家貧好學，著有《論書表》一卷，叙二王書事。

[2]《襄陽樂》：《樂府詩集》卷四八引《古今樂録》曰："襄陽樂者，宋隨王誕之所作也。誕始爲襄陽郡，元嘉二十六年，仍爲雍州刺史。夜聞諸女歌謠，因而作之。所以歌和中有'襄陽來夜樂'之語也。舊舞十六人，梁八人。"

[3]《壽陽樂》：《樂府詩集》卷四九引《古今樂録》曰："壽陽樂者，宋南平穆王爲豫州所作也，舊舞十六人，梁八人。"按其歌辭，蓋叙傷別望歸之思。

[4]沈攸之：人名。字仲達，吳興武康（今浙江德清縣）人，宋朝大將。本書卷七四有傳。 《西烏飛哥曲》：《樂府詩集》卷四九引《古今樂録》曰："《西烏夜飛》者，宋元徽五年，荆州刺史沈攸之所作也。攸之舉兵發荆州，東下。未敗之前，思歸京師，所以歌和云：'白日落西山，還去來。'送聲云：'折翅烏，飛何處？被彈歸。'"

前世樂飲，酒酣，必起自舞。《詩》云"屢舞僛僛"是也。宴樂必舞，但不宜屢爾。譏在屢舞，不譏舞也。漢武帝樂飲，長沙定王舞又是也。[1] 魏、晋已來，尤重以舞相屬，所屬者代起舞，猶若飲酒以杯相屬也。[2] 謝安舞以屬桓嗣是也。[3] 近世以來，此風絶矣。

[1]長沙定王舞：《漢書》卷五三《長沙定王發傳》注引應劭曰："景帝後二年諸王來朝，有詔更前稱壽歌舞。定王但張袂小舉手，左右笑其拙。上怪問之，對曰：'臣國小地狹，不足回旋。'帝乃以武陵、零陵、桂陽益焉。"

[2]"魏、晉已來"至"以杯相屬也"：《史記》卷一〇七《魏其武安侯列傳》："及飲酒酣，夫起舞屬丞相，丞相不起。"《後漢書》卷六〇下《蔡邕傳》："會明年大赦，乃宥邕還本郡。邕自徙及歸，凡九月焉。將就還路，五原太守王智餞之。酒酣，智起舞屬邕，邕不爲報。智者，中常侍王甫弟也，素貴驕。慙於賓客，詬邕曰：'徒敢輕我！'邕拂衣而去。智銜之，密告邕怨於囚放，謗訕朝廷。內寵惡之。邕慮卒不免，乃亡命江海，遠跡吳會。"由此可見，屬舞之風在漢代盛行。

[3]桓嗣：人名。字恭祖，東晉桓沖之子。少有清譽，善舞。《晉書》卷七四有附傳。

孝武大明中，以《鞞》、《拂》、雜舞合之鍾石，施於殿庭。順帝昇明二年，尚書令王僧虔上表言之，[1]并論三調哥曰："臣聞《風》《雅》之作，由來尚矣。大者繫乎興衰，[2]其次者著於率舞。[3]在於心而木石感，鏗鏘奏而國俗移。[4]故鄭相出郊，辯聲知戚；[5]延陵入聘，觀樂知風。[6]是則音不妄啓，曲豈徒奏。哥倡既設，休戚已徵，清濁是均，[7]山琴自應。[8]斯乃天地之靈和，升降之明節。今帝道四達，禮樂交通，誠非寡陋所敢裁酌。伏以三古缺聞，六代潛響，舞詠與日月偕湮，精靈與風雲俱滅。追餘操而長懷，撫遺器而太息，此則然矣。夫鍾縣之器，以雅爲用，凱容之制，八佾爲體。故羽籥擊拊，以相諧應，季氏獲誚，[9]將在於此。今總章舊伶二八之流，袿服既殊，曲律亦異，推今校古，皎然可知。又哥鍾一肆，克諧女樂，以哥爲稱，非雅器也。大明中，即以宮縣合和《鞞》《拂》，節數雖會，慮乖雅體。將來知音，或譏聖世。若謂鍾舞已諧，不欲廢罷，別立哥鍾，以調羽佾，止於別宴，不關朝享，四縣所奏，謹依雅則，斯則舊樂前典，不墜於地。臣昔已制哥磬，猶在樂官，具以副鍾，配成一部，即義沿理，如或可安。又今之《清商》，實由銅雀，[10]魏氏三祖，風流可懷，京洛相高，江左彌重。諒以金縣干戚，事絕於斯。而情變聽改，稍復零落，十數年間，亡者將半。自頃家競新哇，人尚謠俗，務在噍危，不顧律紀，流宕無涯，未知所極，排斥典正，崇長煩淫。士有等差，無故不可以去禮；樂有攸序，長幼不可以共聞。故誼醜之製，日盛於廛里，風味之韻，獨盡於衣冠。夫川震社亡，同災異戒，哀思靡漫，異世齊驅。咎徵不殊，而欣畏並用，竊所未譬也。方今塵靜畿中，波恬海外，《雅》《頌》得所，實在茲辰。臣以爲宜命典司，務勤課習，緝理舊聲，迭相開曉，凡所遺漏，悉使補拾。曲全者祿厚，藝敏者位優，利以動之，則人思自勸，風以靡之，可不訓自革，反本還源，庶可跂踵。”詔曰：“僧虔表如此。夫鍾鼓既陳，《雅》《頌》斯辨，所以憶感人祇，化動翔泳。頃自金籥弛韻，羽佾未凝，正俗移風，良在茲日。昔阮咸清識，王度昭奇，樂緒增修，異世同功矣。便可付外遵詳。”

[1]王僧虔:人名。字簡穆,琅邪臨沂人。仕宋、齊兩朝,官至尚書令。喜文史,善音律。

[2]大者繫乎興衰:《禮記·樂記》:"是故治世之音安以樂,其政和;亂世之音怨以怒,其政乖;亡國之音哀以思,其民困。聲音之道,與政通矣。"

[3]其次者著於率舞:《尚書·益稷》:"夔曰:於!予擊石拊石,百獸率舞。"

[4]在於心而木石感,鏗鏘奏而國俗移:《呂氏春秋·季秋紀·精通》:"悲存乎心而木石應之,故君子誠乎此而諭乎彼,感乎己而發乎人。"《漢書·禮樂志》:"樂者,聖人之所樂也,而可以善民心。其感人深,其移風易俗易,故先王著其教焉。"木石,八音之屬,這裏指稱各種樂器。

[5]故鄭相出郊,辯聲知戚:《韓非子·難三》:"鄭子產晨出,過東匠之閭,聞婦人之哭,撫其御之手而聽之。有間,遣吏執而問之,則手絞其夫者也。異日,其御問曰:'夫子何以知之?'子產曰:'其聲懼。凡人於其親愛也,始病而憂,臨死而懼,已死而哀。今哭已死,不哀而懼,是以知其有姦也。'"

[6]延陵入聘,觀樂知風:《左傳》襄公二十九年:"吳公子札來聘……請觀於周樂。使工爲之歌《周南》《召南》,曰:'美哉!始基之矣,猶未也,然勤而不怨矣。'爲之歌《邶》《鄘》《衛》。"

[7]清濁是均:中國傳統律學名詞。"清"指高音。"濁"指低音。"均"與"韻"音同字通,表示"調高"。

[8]山琴自應:《淮南子·修務訓》:"山桐之琴,澗梓之腹,雖鳴廉修營,唐牙莫之鼓也。"注:"伐山桐以爲琴,溪澗之梓以爲腹,鳴聲有廉隅。修營,音清涼,聲和調。"傳統製琴,以桐木爲面,以梓木爲底。

[9]季氏獲誚:《論語·八佾》:"孔子謂季氏:'八佾舞于庭,是可忍也,孰不可忍也?'"

[10]實由銅雀:"由"各本並作"猶",中華本據《南齊書·

王僧虔傳》《通鑑》改。

樂器凡八音：曰金，曰石，曰土，曰革，曰絲，曰木，曰匏，曰竹。

八音一曰金。金，鍾也，鎛也，錞也，鐲也，鐃也，鐸也。

鍾者，[1]《世本》云："黃帝工人垂所造。"《爾雅》云大鍾曰鏞，書曰"笙鏞以間"是也。中者曰剽。剽音瓢。小者曰棧。棧音醆，晉江左初所得棧鍾是也。縣鍾磬者曰筍虡，[2] 橫曰筍，從曰虡。蔡邕曰："寫鳥獸之形，大聲有力者以為鍾虡，清聲無力者以為磬虡，擊其所縣，知由其虡鳴焉。"

[1] 鍾：銅製打擊樂器，懸挂敲擊。多件按一定音列組成一套者為編鍾。既是古代宮廷雅樂中使用的主要樂器，也是名分、等級和權力的象徵（見卷末圖七鍾）。

[2] 縣鍾磬者曰筍虡：懸挂鐘磬的木架稱作"筍虡"。

鎛如鍾而大。[1] 史臣案：前代有大鍾，若周之無射，非一，皆謂之鍾；鎛之言，近代無聞焉。

錞，錞于也。[2] 圜如碓頭，大上小下，今民間猶時有其器。《周禮》，"以金錞和鼓"。

鐲，鉦也。[3] 形如小鍾，軍行鳴之，以為鼓節。《周禮》，"以金鐲節鼓"。

[1] 鎛：銅製打擊樂器，形體與鍾相近而略大，懸挂敲擊（見

卷末圖八鎛）。

[2]錞：銅製打擊樂器，整體略呈橢圓筒形，肩圍闊大腰圍收小，平頂有鈕，可懸挂敲擊。春秋時期開始出現於中原地區，主要在軍旅中用以號令士衆（見卷末圖九錞）。

[3]鐲：銅製打擊樂器，似鐘而小，可執柄敲擊（見卷末圖十鐲）。

　　鐃，如鈴而無舌，有柄，執而鳴之。[1]《周禮》，“以金鐃止鼓”。漢《鼓吹曲》曰鐃哥。

　　鐸，大鈴也。[2]《周禮》，“以金鐸通鼓”。

　　八音二曰石。石，磬也。[3]《世本》云叔所造，不知叔何代人。《爾雅》曰：“形似犁錧，以玉爲之。”大曰䃂。䃂音喦。

[1]鐃：銅製打擊樂器，小者可執鳴，大者安放在座上演奏。鐃體多飾以獸面紋或雲雷紋（見卷末圖十一鐃）。

[2]鐸：銅製打擊樂器或響器，似鈴。體短有柄，内有舌，執柄搖之發聲（見卷末圖十二鐸）。

[3]磬：石製打擊樂器，懸挂敲擊。單個者稱特磬，多件一組者稱編磬。既是古代宮廷雅樂中使用的主要樂器，也是象徵身份地位的禮器（見卷末圖十三磬）。

　　八音三曰土。土，塤也。[1]《世本》云，暴新公所造，[2]亦不知何代人也。周畿内有暴國，豈其時人乎？燒土爲之，大如鵝卵，鋭上平底，形似稱錘，六孔。《爾雅》云，大者曰塤，塤音叫。“小者如雞子”。

[1]塤：土製吹奏樂器，指孔數不等。用於宮廷雅樂（見卷末圖十四塤）。

[2]暴新公所造：各本並脱“公”字，中華本據《世本》及《通典·樂典》補。暴新公《世本》《通典》並作“暴辛公”。

八音四曰革。革，鼓也，鞀也，節也。大曰鼓，小曰鞞。又曰應。應劭《風俗通》曰：[1]“不知誰所造。”以枹擊之曰鼓，以手摇之曰鞀。鼓及鞀之八面者曰雷鼓、雷鞀。六面者曰靈鼓、靈鞀。四面者曰路鼓、路鞀。《周禮》：“以雷鼓祀天神，[2]以靈鼓鼓社祭，以路鼓鼓鬼享。”鼓長八尺者曰鼖鼓，以鼓軍事。長丈二尺者曰鼛鼓，凡守備及役事則鼓之。今世謂之下鼛。鼛，《周禮》音戚，今世音切豉反。長六尺六寸者曰晉鼓，金奏則鼓之。應鼓在大鼓側，《詩》云“應鞞懸鼓”是也。[3]小鼓有柄曰鞉。大鞉謂之鞞。《月令》“仲夏修鞀、鞞”是也。然則鞉、鞞即鞀類也。又有鼉鼓焉。

[1]應劭：人名。字仲遠，汝南郡南頓縣（今河南項城市）人。《後漢書》卷四八有傳。　《風俗通》：原書二十三卷，現存十卷，附録一卷。

[2]以雷鼓祀天神：中華本校勘記云：“《周禮》地官鼓人職文原文作‘以雷鼓鼓神祇’。”

[3]應鞞懸鼓：中華本校勘記云：“按今《詩·周頌·有瞽》作‘應田懸鼓’。鄭玄注云：‘田當作鞞。鞞，小鼓，在大鼓旁，應鞞之屬也。聲轉字誤，變而爲田。’”

節，[1]不知誰所造。傅玄《節賦》云：“黄鍾唱哥，

《九韶》興舞。口非節不詠,手非節不拊。"此則所從
來亦遠矣。

　　[1]節:敲擊以掌握《節奏》的樂器。似今之鼓,又似板、梆
之類。

　　八音五曰絲。絲,琴、瑟也,筑也,箏也,琵琶、
空侯也。
　　琴,[1]馬融《笛賦》云:[2] "宓羲造琴。"《世本》
云:"神農所造。"《爾雅》"大琴曰離",二十絃。今無
其器。齊桓曰號鍾,楚莊曰繞梁,相如曰燋尾,伯喈曰
綠綺,[3]事出傅玄《琴賦》。世云燋尾是伯喈琴,[4]伯喈
傳亦云爾。以傅氏言之,則非伯喈也。
　　瑟,[5]馬融《笛賦》云:"神農造瑟。"《世本》,
"宓羲所造"。《爾雅》云:"瑟二十七絃者曰灑。"今無
其器。

　　[1]琴:彈撥樂器。又稱古琴或七弦琴。長約一百三十釐米,
寬約二十釐米,厚約五釐米。一般以桐木作面,梓木爲底,合爲音
箱,髹以色漆。琴面張七弦,鑲十三徽。周代已廣泛應用,至遲在
漢末已大體定型爲後世通用的形制。(見卷末圖十五琴)
　　[2]馬融:人名。字季長,右扶風茂陵(今陝西興平市)人。
東漢經學家,尤長於古文經學。《後漢書》卷六〇上有傳。
　　[3]號鍾:周代的名琴。此琴音之宏亮,猶如鐘聲激蕩,號角
長鳴。傳說伯牙曾彈奏過此琴。後來傳到齊桓公的手中,爲其所
寶。　繞梁:語出《列子》"餘音繞梁,三日不絕"。琴爲楚莊王
所藏。　綠綺:西漢司馬相如彈奏的一張琴。

[4]燋尾：東漢蔡邕親手製作的一張琴。《後漢書》卷六〇下《蔡邕傳》："吳人有燒桐以爨者，邕聞火烈之聲，知其良木，因請而裁爲琴，果有美音，而其尾猶焦，故時人名曰'焦尾琴焉'。"傅玄《琴賦序》："齊桓公有鳴琴曰號鐘，楚莊王有鳴琴曰繞梁，中世司馬相如有綠綺，蔡邕有焦尾，皆名器也。"後世多以"綠綺""焦尾"稱琴。

[5]瑟：彈撥樂器。《詩經》中已有記載，多用於宮廷雅樂。多爲二十五弦，每根弦下施柱，通過改變有效弦長以調節音高。此器今已失傳（見卷末圖十六瑟）。

筑，[1]不知誰所造。史籍唯云高漸離善擊筑。[2]

箏，[3]秦聲也。傅玄《箏賦序》曰："世以爲蒙恬所造。[4]今觀其體合法度，節究哀樂，乃仁智之器，豈亡國之臣所能關思哉。"《風俗通》則曰："筑身而瑟絃。"不知誰所改作也。

[1]筑：擊弦樂器。《漢書》卷一下《高帝紀下》應劭注："狀似琴而大，頭安弦，以竹擊之，故名曰筑。"顏師古曰："今筑形似瑟而細頸也。"其形制歷來記載不同，大致外形似箏，有五弦、十二弦、十三弦或二十一弦不等，用竹敲擊發音。此器今已失傳。

[2]高漸離：人名。戰國末燕（今河北定興縣）人。擅長擊筑。

[3]箏：彈撥樂器。春秋時已流行於秦地，故稱秦箏。用梧桐木刳鑿成長方形音箱，面板成弧形。漢晉以前十二弦，唐宋以後增爲十三弦，明清以來逐漸增至十五或十六弦。音箱底部平，設音孔二，稱"越"。箏面置弦，弦距均等，每弦下設"雁柱"，可以左右移動以調節音高（見卷末圖十七箏）。

[4]蒙恬：人名。秦時著名將領。秦統一六國後，率兵三十萬

人擊退匈奴，並修築長城。《史記》卷八〇有傳。

琵琶，[1]傅玄《琵琶賦》曰："漢遣烏孫公主嫁昆
彌，念其行道思慕，故使工人裁箏、筑，爲馬上之樂。
欲從方俗語，故名曰琵琶，取其易傳於外國也。"《風俗
通》云："以手琵琶，因以爲名。"杜摯云：[2]"長城之
役，弦鼗而鼓之。"並未詳孰實。其器不列四厢。

[1]琵琶：彈撥樂器。初名批把。秦時有"弦鼗"，到漢代定
形爲四弦十二品位、用手彈撥的樂器，稱琵琶，後世稱阮。隨著與
西域的文化交流，出現一種半梨形音箱，琴頸向後彎曲，琴面上設
四相九至十三品，四弦的琵琶，用手、義甲或撥子彈奏。可合奏、
伴奏或獨奏。（見卷末圖十八琵琶）
[2]杜摯：人名。字德魯，三國時仕曹魏。博通經史，以擅長
作賦著名，以《笳賦》得到魏文帝的賞識。

空侯，[1]初名坎侯。漢武帝賽滅南越，祠太一后土
用樂，令樂人侯暉依琴作坎侯，言其坎坎應節奏也。侯
者，因工人姓爾。後言空，音訛也。古施郊廟雅樂，近
世來專用於楚聲。宋孝武帝大明中，吳興沈懷遠被徙廣
州，造繞梁，其器與空侯相似，懷遠後亡，其器亦絕。

[1]空侯：彈撥樂器。有卧箜篌、豎箜篌、鳳首箜篌三種形制。
《史記》卷一二《孝武本紀》："於是塞南越，禱祠太一、后土，始
用樂舞，益召歌兒，作二十五弦及空侯琴瑟自此起。"《通典》：
"漢武帝使樂人侯調所作，以祠太一……舊説一依琴制。今按其形，
似瑟而小，七絃，用撥彈之，如琵琶也。"這是屬於琴瑟類的卧箜

篌。《隋書·音樂志下》："今曲項琵琶、豎頭箜篌之徒，並出自西域，非華夏舊器。"《通典》："豎箜篌，胡樂也。漢靈帝好之。體曲而長，二十二絃，豎抱於懷中，用兩手齊奏，俗謂之擘箜篌。"這是指漢代自西域傳入的豎箜篌。鳳首箜篌，其形制與豎箜篌相同，因飾以鳳首而得名。唐代自印度和緬甸傳入，在燕樂的天竺樂中使用（見卷末圖十九空侯）。

八音六曰木。木，柷也，敔也。並不知誰所造。《樂記》曰："聖人作爲柷、楬、塤、箎。"所起亦遠矣。

柷如漆筩，[1] 方二尺四寸，深尺八寸，中有椎柄，連底挏之，令左右擊。

敔，[2] 狀如伏虎，[3] 背上有二十七鉏鋙。以竹長尺名曰籈，[4] 橫擽之，以節樂終也。

[1] 柷：打擊樂器。又稱椌。《尚書·益稷》："合止柷敔。"鄭玄注："柷，狀如漆桶而有椎，合之者投椎其中而撞之。"此器木製，形如木升，上寬下窄，用椎（木棒）撞其內壁發聲，以示樂的起始。用於宮廷雅樂（見卷末圖二十柷）。

[2] 敔：打擊樂器。又稱楬。《尚書·益稷》："合止柷敔。"鄭玄注："敔，狀如伏虎，背有刻，以物擽之，所以止樂。"此器木製，形如伏虎。演奏時，用一支一端破成細條的竹筒，逆刮虎背的鋸齒，以示樂曲的終結。用於宮廷雅樂（見卷末圖二十一敔）。

[3] 狀如伏虎：各本並脫"伏"字，中華本據《通典·樂典》補。

[4] 名曰籈："籈"各本均作"止"，中華本據《爾雅·釋樂》改。《爾雅·釋樂》云："所以鼓柷謂之止，所以鼓敔謂之籈。"

八音七曰匏。匏，笙也，竽也。

笙，[1]隨所造，不知何代人。列管匏內，施簧管端。宮管在中央。三十六簧曰竽，宮管在左傍。十九簧至十三簧曰笙。其它皆相似也。竽今亡。[2]"大笙謂之巢，小者謂之和"。其笙中之簧，女媧所造也。《詩》傳云："吹笙則簧鼓矣。"蓋笙中之簧也。《爾雅》曰："笙十九簧者曰巢。"漢章帝時，零陵文學奚景於舜祠得笙，白玉管。後世易之以竹乎。

[1]笙：吹奏樂器。自周代始就是宮廷音樂的重要樂器。最初笙斗爲葫蘆製，唐代爲木製，近世多改用金屬。十餘至三十餘根笙苗（竹管）不等。每根笙苗的底部安裝簧片，排成馬蹄形裝入笙斗中，呈並列的鳳尾狀。氣息進入笙斗而發聲（見卷末圖二十二笙）。

[2]竽：吹奏樂器。盛行於春秋戰國時期，後失傳。據《周禮·春官·笙師》鄭玄注、《說文解字》、《風俗通》、《廣雅》等書記載，其形制與笙相似而較大，三十六簧（見卷末圖二十三竽）。

八音八曰竹。竹，律也，呂也，簫也，管也，篪也，籥也，笛也。律呂在《律曆志》。[1]

[1]《律曆志》：中華本校勘記云："'律曆志'各本均作'律呂志'。按《宋書》有《律曆志》，無'律呂志'，後人曾誤分《宋書·律曆志》爲'律志''曆志'，上已糾正其失，今並改正。"

簫，[1]《世本》云："舜所造。"《爾雅》曰："編二十三管，長尺四寸者曰管；[2]十六管長尺二寸者箋。"箋音爻。凡簫一名籟。前世有洞簫，其器今亡。蔡邕曰：
"簫，編竹有底。"然則邕時無洞簫矣。

[1]簫：吹奏樂器。原指排簫。由若干長短不同的竹管排列在
一起演奏。《世本》："簫，舜所造。其形參差象鳳翼，十管，長二
尺。"漢、唐以來石刻、壁畫及隨葬陶俑中常見，宋以後民間失傳，
祇用於宫廷雅樂。單管者又稱洞簫，唐宋時期的尺八（又稱簫管、
竪笛、中管）可能是其前身。上端利用自然竹節封口，在封口處開
半橢圓形吹孔，管身開六個按音孔（見卷末圖二十四簫）。

[2]長尺四寸者曰管：各本並脱"長"字，又"管"字各本省文
作"言"，中華本據《通典‧樂典》及《爾雅‧釋樂》注文補正。

管，[1]《爾雅》曰："長尺，圍寸，併漆之，有
底。"大者曰簥。簥音驕。中者曰篞。小者曰篎。篎音
妙。古者以玉爲管，舜時西王母獻白玉琯是也。《月
令》："均琴、瑟、管、簫。"蔡邕章句曰："管者，形
長尺，圍寸，有孔無底。"其器今亡。

篪，[2]《世本》云："暴新公所造。"[3]舊志云，一
曰管。史臣案：非也。雖不知暴新公何代人，而非舜前
人明矣。舜時西王母獻管，則是已有其器，新公安得造
篪乎？《爾雅》曰："篪，大者尺四寸，圍三寸，曰
沂。"沂音銀。一名翹。"小者尺二寸"。今有胡篪，出
於胡吹，非雅器也。

[1]管：古代吹奏樂器。《詩‧周頌‧有瞽》："既備乃奏，簫
管備舉。"《周禮‧春官》《爾雅‧釋樂》《説文解字》等文獻均有
記述，但各説不一，應似笛、簫一類的樂器。久已失傳。

　　[2]籈：古代吹奏樂器。春秋戰國時期曾廣泛使用。《詩經》《楚辭》等文獻中均有記載。《爾雅·釋樂》郭璞注：“籈，以竹爲之，長尺四寸，圍三寸，一孔上出，徑三分，橫吹之。”《樂書》：“籈，有底之笛也。”唐宋以來民間不傳，祇用於宮廷雅樂。從出土或傳世實物看，似笛但無膜，有底，即兩端封閉（見卷末圖二十五籈）。中華本校勘記云：“‘籈’各本並作‘箎’。按《説文》竹部，‘籈，管樂也。從竹虒聲’。《集韻》有‘箎’字，‘火五切。竹名，高百丈’。則非樂器。然開成石經《爾雅》已作箎字。蓋假箎爲籈，沿襲已久，今並下箎字，悉改正。”

　　[3]“暴新公所造”：按：《世本》蘇成公造籈，暴新公爲造塤者，與造籈無關。

　　籥，[1]不知誰所造。《周禮》有籥師，掌教國子秋冬吹籥。今《凱容》《宣烈》舞所執羽籥是也。蓋《詩》所云“左手執籥，右手秉翟”者也。《爾雅》云：“籥如笛，三孔而短小。”《廣雅》云，七孔。大者曰産。中者曰仲。小者曰箹。箹音握。

　　笛，[2]案馬融《長笛賦》，此器起近世，出於羌中，京房備其五音。又稱丘仲工其事，不言仲所造。《風俗通》則曰：“丘仲造笛。武帝時人。”其後更有羌笛爾。三説不同，未詳孰實。

　　[1]籥：古代吹奏樂器，與簫、笛、管同屬一類。久已失傳。也是一種舞具，在六代樂舞之文舞中使用。

　　[2]笛：吹奏樂器。俗稱笛子、橫笛。竹製，橫吹，上開吹孔和膜孔各一，按音孔六。常見的有梆笛和曲笛兩種：用於伴奏北方梆子戲的稱梆笛，音色高亢、清脆；用於伴奏昆曲的稱曲笛，音色圓潤婉

轉。舊時認爲，笛起源於漢代張騫出使西域。近世出土文物證明，早在七千年以前，中原一帶便流行骨製的笛類樂器（見卷末圖二十六笛）。

箛，[1]杜摯《笳賦》云："李伯陽入西戎所造。"[2]漢舊注曰："箛，號曰吹鞭。"《晋先蠶儀注》：[3]"車駕住，吹小箛；發，吹大箛。"箛即箛也。又有胡笳。漢舊《箏笛録》有其曲，不記所出本末。

[1]箛：古代吹奏樂器。又稱笳。漢代流行於塞北和西域一帶，漢魏鼓吹樂中的主要樂器。其形制，據《御覽》引《蔡琰別傳》載"笳者，胡人卷蘆葉吹之以作樂也，故謂曰胡笳"。

[2]李伯陽：即老子。姓李，名耳，字伯陽。先秦時期哲學家，道家學派創始人。

[3]《晋先蠶儀注》：各本並脱"儀"字，中華本據《通典·樂典》補。

鼓吹，蓋短簫鐃哥。[1]蔡邕曰："軍樂也，黃帝岐伯所作，[2]以揚德建武，勸士諷敵也。"《周官》曰："師有功則愷樂。"《左傳》曰，晋文公勝楚，"振旅，凱而入"。《司馬法》曰："得意則愷樂愷哥。"雍門周説孟嘗君，"鼓吹于不測之淵"。説者云，鼓自一物，吹自竽、籟之屬，非簫、鼓合奏，別爲一樂之名也。然則短簫鐃哥，此時未名鼓吹矣。應劭漢《鹵簿圖》，唯有騎執箛。箛即笳，不云鼓吹。而漢世有黃門鼓吹。漢享宴食舉樂十三曲，與魏世鼓吹長簫同。長簫短簫，《伎録》

並云，絲竹合作，執節者哥。又《建初録》云，《務成》《黄爵》《玄雲》《遠期》，皆騎吹曲，非鼓吹曲。此則列於殿庭者爲鼓吹，今之從行鼓吹爲騎吹，二曲異也。又孫權觀魏武軍，作鼓吹而還，此又應是今之鼓吹。魏、晋世，又假諸將帥及牙門曲蓋鼓吹，斯則其時謂之鼓吹矣。魏、晋世給鼓吹甚輕，牙門督將五校，悉有鼓吹。晋江左初，臨川太守謝摛每寢，輒夢聞鼓吹。有人爲其占之曰："君不得生鼓吹，當得死鼓吹爾。"摛擊杜弢戰没，^[3]追贈長水校尉，葬給鼓吹焉。謝尚爲江夏太守，詣安西將軍庾翼於武昌咨事，^[4]翼與尚射，曰："卿若破的，當以鼓吹相賞。"尚射破的，便以其副鼓吹給之。今則甚重矣。

[1]鼓吹：鼓吹樂是漢代以來中國傳統音樂中一類以打擊樂器與吹奏樂器爲主的演奏形式。用鼓、鉦、簫、笳等，常伴有歌唱。短簫鐃歌是鼓吹樂中最受重視的一種形式，是用於郊、廟等重大場合的軍樂。除此，按種類和用途，鼓吹樂還被分爲"黄門鼓吹""騎吹"和"橫吹"。直至明清以來的各類吹打樂，與此亦不無淵源關係。

[2]岐伯：遠古時期的名醫，相傳爲黄帝的大臣。

[3]杜弢：人名。字景文，蜀郡成都（今四川成都市）人。西晋時期荆、湘地區流民反晋軍首領。初以才學著稱，曾舉秀才，後爲醴陵令。《晋書》卷一〇〇有傳。

[4]庾翼：人名。字稚恭，庾亮弟。東晋潁川鄢陵人，咸康六年（340）亮死，代鎮武昌，任都督江、荆、司、雍、梁、益六州諸軍事，荆州刺史。《晋書》卷七三有傳。

角，[1]書記所不載。或云出羌胡，以驚中國馬。或云出吳越。舊志云：“古樂有籟、缶。”[2]今並無。史臣按：《爾雅》，籟自是簫之一名耳。《詩》云：“坎其擊缶。”毛傳曰：“盎謂之缶。”

[1]角：古代吹奏樂器。漢代流行於北方游牧民族。最初用動物的角吹奏，後用竹、木、皮革、銅等材料製作。漢代用於鼓吹樂，後世用於軍中及鹵簿樂。

[2]籟：古代似簫、笛一類的竹製吹奏樂器。

築城相杵者，出自梁孝王。孝王築睢陽城，方十二里，造倡聲，以小鼓爲節，築者下杵以和之。後世謂此聲爲《睢陽曲》，至今傳之。

魏、晉之世，有孫氏善弘舊曲，宋識善擊節倡和，陳左善清哥，列和善吹笛，郝索善彈箏，朱生善琵琶，尤發新聲。傅玄著書曰：“人若欽所聞而忽所見，不亦惑乎！設此六人生於上世，越古今而無儷，何但夔、牙同契哉！”案此説，則自兹以後，皆孫、朱等之遺則也。

圖一　平冕

圖二　黑介幘

圖三　合幅袴

圖四　武冠

圖五　虎文畫合幅袴

圖六　進賢冠

圖七　鍾

圖八　鎛

圖九　錞

圖十　鐲

圖十一　鐃

圖十二　鐸

圖十三　磬

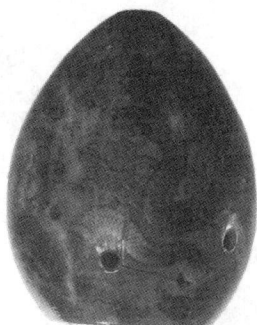

圖十四　塤

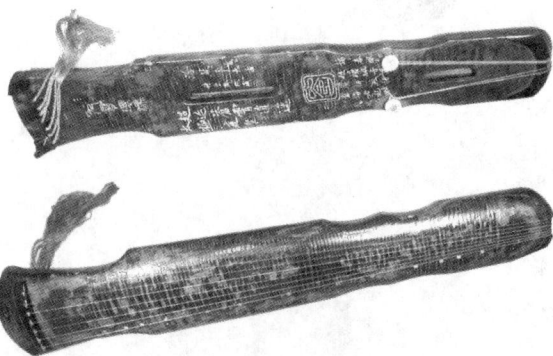

圖十五　琴

圖十六　瑟

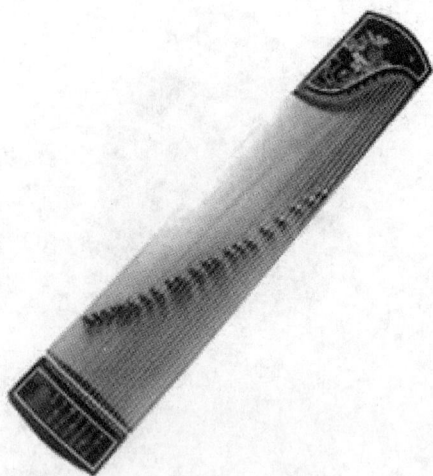

圖十七　箏

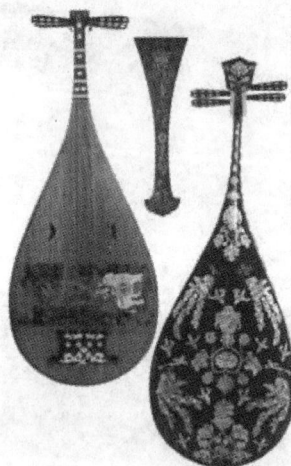

圖十八　琵琶

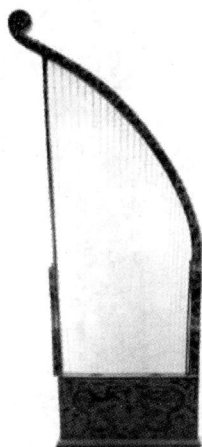

圖十九　空侯

圖二十　柷

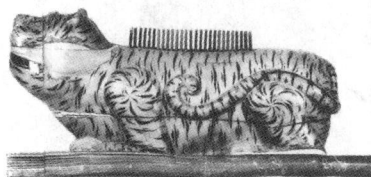

圖二十一　敔

圖二十二　笙

圖二十三　竽

圖二十四　簫

圖二十五　篪

圖二十六　笛

宋書　卷二〇

志第十

樂二

　　蔡邕論叙漢樂曰：一曰郊廟神靈，二曰天子享宴，三曰大射辟雍，四曰短簫鐃歌。

晋郊祀歌五篇　　　　傅玄造[1]

　　[1]傅玄：人名。字休奕，北地泥陽（今陝西銅川市耀州區東南）人，官至司隸校尉。《晋書》卷四七有傳。

　　天命有晋，穆穆明明。我其夙夜，祇事上靈。常于時假，迄用有成。於薦玄牡，進夕其牲。崇德作樂，神祇是聽。

　　　　右祠天地五郊夕牲歌一篇。

　　宣文烝哉，日靖四方。永言保之，夙夜匪康。光天之命，上帝是皇。嘉樂殷薦，靈祚景祥。神祇降假，享福無疆。

　　　右祠天地五郊迎送神歌一篇。

　天祚有晉，其命惟新。受終于魏，奄有兆民。燕及皇天，懷柔百神。不顯遺烈，之德之純。享其玄牡，式用肇禋。神祇來格，福祿是臻。

　時邁其猶，昊天子之。祐享有晉，兆民戴之。畏天之威，敬授民時。不顯不承，於猶繹思。皇極斯建，庶績咸熙。庶幾夙夜，惟晉之祺。

　宣文惟后，克配彼天。撫寧四海，保有康年。於乎緝熙，肆用靖民。爰立典制，爰修禮紀。作民之極，莫匪資始。克昌厥後，永言保之。

　　　右饗天地五郊歌三篇。

前所作天地郊明堂歌五篇　▶　　　傅玄造

　皇矣有晉，時邁其德。受終于天，光濟萬國。萬國既光，神定厥祥。虔于郊祀，祇事上皇。祇事上皇，百祿是臻。巍巍祖考，克配彼天。嘉牲匪歆，德馨惟饗。受天之祚，神和四暢。

　　　右天地郊明堂夕牲歌。

　於赫大晉，膺天景祥。二帝邁德，宣茲重光。我皇受命，奄有萬方。郊祀配享，禮樂孔章。神祇嘉饗，祖考是皇。克昌厥後，保祚無疆。

　　　右天地郊明堂降神歌。

　整泰壇，祀皇神。精氣感，百靈賓。蘊朱火，燎芳薪。紫煙游，冠青雲。神之體，靡象形。曠無方，幽以清。神之來，光景照。聽無聞，視無兆。神之至，舉歆歆。靈爽協，動余心。神之坐，同歡娛。澤雲翔，化風

舒。嘉樂奏，文中聲。八音諧，神是聽。咸潔齋，並芬
芳。烹牷牲，享玉觴。神說饗，歆禋祀。祐大晉，降繁
祉。祚京邑，行四海。保天年，窮地紀。

右天郊饗神歌。

整泰折，[1]竢皇祇。衆神感，群靈儀。陰祀設，吉
禮施。夜將極，時未移。祇之體，無形象。潛泰幽，洞
忽荒。祇之出，蔓若有。靈無遠，天下母。祇之來，遺
光景。照若存，終冥冥。祇之至，舉欣欣。舞象德，歌
成文。祇之坐，同歡豫。澤雨施，化雲布。樂八變，聲
教敷。物咸享，祇是娛。齋既潔，侍者肅。玉觴進，咸
穆穆。饗嘉慶，歆德馨。祚有晉，暨群生。溢九壤，格
天庭。保萬壽，延億齡。

右地郊饗神歌。

[1]整泰折：中華本校勘記云："'泰折'，三朝本同，弘治本、
北監本、毛本、殿本作'泰行'，局本作'泰壇'。按泰折即地壇，
三朝本是。"

經始明堂，享祀匪懈。於皇烈考，光配上帝。赫赫
上帝，既高既崇。聖考是配，明德顯融。率土敬職，萬
方來祭。常于時假，保祚永世。

右明堂饗神歌。

宋南郊雅樂登歌三篇　　　　顏延之造[1]

黃威寶命，嚴恭帝祖。表海炳岱，系唐胄楚。靈鑑
濬文，民屬叡武。奄受敷錫，宅中拓宇。亙地稱皇，馨
天作主。月窴來賓，日際奉土。開元首正，禮交樂舉。

六典聯事，九官列序。有牷在滌，有潔在俎。以薦王衷，以答神祜。

右天地郊夕牲歌。

維聖饗帝，維孝饗親。皇乎備矣，有事上春。禮行宗祀，敬達郊禋。金枝中樹，廣樂四陳。陟配在京，降德在民。奔精照夜，高燎煬晨。陰明浮爍，沈禜深淪。告成大報，受釐元神。月御按節，星驅扶輪。遥興遠駕，燿燿振振。

右天地郊迎送神歌。

營泰畤，定天衷。思心叡，謀筮從。建表蕝，設郊宮。田燭置，欑火通。曆元旬，律首吉。飾紫壇，坎列室。中星兆，六宗秩。乾宇晏，地區謐。大孝昭，祭禮供。牲日展，盛自躬。具陳器，備禮容。形舞綴，被歌鍾。望帝閣，聳神蹕。靈之來，辰光溢。潔粢酌，娛太一。明輝夜，華皙日。祼既始，獻又終。煙蕪苾，報清穹。饗宋德，祚王功，休命永，福履充。

右天地饗神歌。

[1]顏延之：人名。字延年，琅邪臨沂（今山東費縣）人。官至光禄大夫。本書卷七三有傳。

宋明堂歌　　　謝莊造[1]

地紐謐，乾樞回。華蓋動，紫微開。旌蔽日，車若雲。駕六氣，乘絪縕。曄帝京，輝天邑。聖祖降，五靈集。構瑶厄，聳珠簾。漢拂幌，月棲檐。舞綴暢，鍾石融。駐飛景，鬱行風。懋粢盛，潔牲牷。百禮肅，群司

虞。皇德遠，大孝昌。貫九幽，洞三光。神之安，解玉
鑾。景福至，萬宇歡。

右迎神歌詩。依漢郊祀迎神，三言，四句一轉韻。[2]

雍臺辨朔，澤宮練辰。[3]潔火夕照，明水朝陳。六
瑚薦室，八羽華庭。昭事先聖，懷濡上靈。《肆夏》式
敬，升歌發德。永固鴻基，以綏萬國。

右登歌詞。　　　　舊四言。

[1]謝莊：人名。字希逸，陳郡陽夏（今河南太康縣）人。曾
任吏部尚書，明帝時官金紫光祿大夫。能文章，善詩賦。本書卷八
五有傳。

[2]轉韻：一稱“換韻”。古體詩賦與其他韻文每隔若干句就
可以轉換一韻，轉韻一般比較自由。

[3]練辰：丁福林《校議》考證：“‘練辰’，《南齊書·樂
志》、《樂府詩集》卷二皆作‘選辰’。”

維天爲大，維聖祖是則。辰居萬宇，綴旒下國。內
靈八輔，外光四瀛。蒿宮仰蓋，日館希旌。複殿留景，
重檐結風。刮楹接緯，達嚮承虹。設業設虡，在王庭。
肇禋祀，克配乎靈。我將我享，維孟之春。以孝以敬，
以立我烝民。

右歌太祖文皇帝詞。　　　　依《周頌》體。

參映夕，馴照晨。靈乘震，司青春。雁將向，桐始
蕤。柔風舞，暄光遲。萌動達，萬品新。潤無際，澤
無垠。

右歌青帝詞。　　　　三言，依木數。[1]

龍精初見大火中。朱光北至圭景同。帝位在《離》實司衡。水雨方降木槿榮。庶物盛長咸殷阜。恩覃四溟被九有。

　　　　右歌赤帝辭。　　　　七言，依火數。

履建宅中宇。司繩御四方。裁化遍寒燠。布政周炎涼。景麗條可結。霜明冰可折。凱風扇朱辰。白雲流素節。分至乘結晷。啓閉集恒度。帝運緝萬有。皇靈澄國步。

　　　　右歌黃帝辭。　　　　五言，依土數。

百川如鏡，天地爽且明。雲沖氣舉，德盛在素精。木葉初下，洞庭始揚波。夜光徹地，飄霜照懸河。庶類收成，歲功行欲寧。浹地奉渥，馨宇承秋靈。

　　　　右歌白帝辭。　　　　九言，依金數。

歲既晏，日方馳。靈乘坎，德司規。玄雲合，晦鳥路。白雲繁，亘天涯。雷在地，時未光。飭國典，閉關梁。四節遍，萬物殿。福九域，祚八鄉。晨晷促，夕漏延。太陰極，微陽宣。鵲將巢，冰已解。氣濡水，風動泉。

　　　　右歌黑帝辭。　　　　六言，依水數。

蘊禮容，餘樂度。靈方留，景欲暮。開九重，肅五達。鳳參差，龍已秣。[2]雲既動，河既梁。萬里照，四空香。神之車，歸清都。琁庭寂，玉殿虛。睿化凝，孝風熾。顧靈心，結皇思。

　　　　右送神歌辭。漢郊祀送神，亦三言。

　　　　右天郊饗神歌。

[1]木數：木之生數或成數。《南齊書·樂志》："宋孝武使謝莊造辭，莊依五行數，木數用三，火數用七，土數用五，金數用九，水數用六。"

[2]龍已秣：丁福林《校議》考證："'龍已秣'，南監本《南齊書·樂志》、《樂府詩集》卷二皆作'龍已沫'，疑是。"

魏《俞兒舞歌》四篇魏國初建所用，後於太祖廟並作之。

　　王粲造[1]

漢初建國家，匡九州。蠻荆震服，五刃三革休。安不忘備武樂修。宴我賓師，敬用御天，永樂無憂。子孫受百福，常與松喬遊。蒸庶德，莫不咸歡柔。

　　右《矛俞新福歌》。[2]

材官選士，劍弩錯陳。應枹蹈節，俯仰若神。綏我武烈，篤我淳仁。自東自西，莫不來賓。

　　右《弩俞新福歌》。

我功既定，庶士咸綏。樂陳我廣庭，式宴賓與師。昭文德，宣武威。平九有，撫民黎。荷天寵，延壽尸。千載莫我違。

　　右《安臺新福歌》曲。

神武用師士素厲。仁恩廣覆，猛節横逝。自古立功，莫我弘大。桓桓征四國，爰及海裔。漢國保長慶，垂祚延萬世。

　　右《行辭新福歌》曲。

[1]王粲：人名。字仲宣，山陽高平（今山東金鄉縣）人。官至侍中。《三國志》卷二一有傳。

[2]矛俞：古舞曲名。又作"矛渝"。《晋書·樂志上》："舞曲有《矛渝本歌曲》《安弩渝本歌曲》《安臺本歌曲》《行辭本歌曲》，總四篇。其辭既古，莫能曉其句度。魏初，乃使軍謀祭酒王粲改創其詞。粲問巴渝帥李管、種玉歌曲意，試使歌曲，聽之，以考校歌曲，而爲之改爲《矛渝新福歌曲》。"

晋《宣武舞歌》四篇　　　傅玄造

《惟聖皇篇》　　　《矛俞》第一

　　惟聖皇，德巍巍，光四海。禮樂猶形影，文武爲表裏。乃作《巴俞》，肆舞士。劍弩齊列，戈矛爲之始。進退疾鷹鵰，龍戰而豹起。如亂不可亂，動作順其理，離合有統紀。

《短兵篇》　　　《劍俞》第二

　　劍爲短兵，其勢險危。疾踰飛電，回旋應規。武節齊聲，或合或離。電發星鶩，若景若差。兵法攸象，軍容是儀。

《軍鎮篇》　　　《弩俞》第三

　　弩爲遠兵軍之鎮，其發有機。體難動，往必速，重而不遲。鋭精分鏄，射遠中微。《弩俞》之樂，壹何奇！變多姿。退若激，進若飛。五聲協，八音諧。宣武象，讚天威。

《窮武篇》　　《安臺行亂》第四

　　窮武者喪，何但敗北。柔弱亡戰，國家亦廢。秦始徐偃，既已作戒前世。先王鑒其機，修文整武藝。文武足相濟，然後得光大。　　亂曰：高則亢，滿則盈。亢必危，盈必傾。去危傾，守以平。沖則久，濁能清。混文武，順天經。

晉《宣文舞歌》二篇　　　傅玄造

《羽籥舞歌》

　　羲皇之初，天地開元。網罟禽獸，群黎以安。神農教耕，創業誠難。民得粒食，澹然無所患。黃帝始征伐，萬品造其端。軍駕無常居，是曰軒轅。軒轅既勤止，堯舜匪荒寧。夏禹治水，湯武又用兵。孰能保安逸，坐致太平？聖皇邁乾乾，天下興頌聲，穆穆且明明。惟聖皇，道化彰。澄四海，清三光。萬機理，庶事康。潛龍升，儀鳳翔。風雨時，物繁昌。却走馬，降瑞祥。揚仄陋，簡忠良。百禄是荷，眉壽無疆。

《羽鐸舞歌》

　　昔在渾成時，兩儀尚未分。陽升垂清景，陰降興浮雲。中和含氛氳，萬物各異群。人倫得其序，衆生樂聖君。三統繼五行，然後有質文。皇王殊運代，治亂亦繽紛。伊大晉，德兼往古。越犧農，邈舜禹。參天地，陵三五。禮唐周，樂《韶》《武》。豈唯《簫韶》，六代具舉。澤霑地境，化充天宇。聖明臨朝，元凱作輔，普天同樂胥。浩浩元氣，邈哉太清。五行流邁，日月代征。隨時變化，庶物乃成。聖皇繼天，光濟群生。化之以道，萬國咸寧。受兹介福，延于億齡。

晉宗廟歌十一篇　　　傅玄造

　　我夕我牲，猗歟敬止。嘉豢孔時，供兹享祀。神鑒厥誠，博碩斯歆。祖考降饗，以虞孝孫之心。

　　　　右祠廟夕牲歌。

嗚呼悠哉！日鑒在兹。以時享祀，神明降之。神明斯降，既祐饗之。祚我無疆，受天之祜。赫赫太上，巍巍聖祖。明明烈考，丕承繼序。

右祠廟迎送神歌。

經始宗廟，神明戾止。申錫無疆，祇承享祀。假哉皇祖，綏予孫子。燕及後昆，錫兹繁祉。

右祠征西將軍登歌。

嘉樂肆庭，薦祀在堂。皇皇宗廟，乃祖先皇。濟濟辟公，相予烝嘗。享祀不忒，降福穰穰。

右祠豫章府君登歌。

於邈先后，實司于天。顯矣皇祖，帝祉肇臻。本支克昌，資始開元。惠我無疆，享祚永年。

右祠潁川府君登歌。

於惟曾皇，顯顯令德。高明清亮，匪競柔克。保乂命祜，基命惟則。篤生聖祖，光濟四國。

右祠京兆府君登歌。

於鑠皇祖，聖德欽明。勤施四方，夙夜敬止。[1]載敷文教，載揚武烈。匡定社稷，龔行天罰。經始大業，造創帝基。畏天之命，于時保之。

右祠宣皇帝登歌。

[1]於鑠皇祖，聖德欽明。勤施四方，夙夜敬止：中華本校勘記云："沈濤《銅熨斗齋隨筆》云：'魏、晉音韻，與唐韻不同，而'明''止'二字，決無相協之理。蓋'勤施四方''夙夜敬止'二語，傳寫誤倒，本以'方''明'二字爲韻耳。"

執競景皇，克明克哲。旁作穆穆，惟祗惟畏。纂宣之緒，耆定厥功。登此儁乂，糾彼群凶。業業在位，帝既勤止。維天之命，於穆不已。

右祠景皇帝登歌。

於皇時晉，允文文皇。聰明叡智，聖敬神武。萬機莫綜，皇斯清之。虎兕放命，皇斯平之。柔遠能邇，簡授英賢。創業垂統，勳格皇天。

右祠文皇帝登歌。

曰晉是常，享祀時序。宗廟致敬，禮樂具舉。惟其來祭，普天率土。犧樽既奠，清酤既載。亦有和羹，薦羞斯備。蒸蒸永慕，感時興思。登歌奏舞，神樂其和。祖考來格，祐我邦家。敷天之下，罔不休嘉。

肅肅在位，濟濟臣工。四海來格，禮儀有容。鍾鼓振，管絃理。舞開元，歌永始。神胥樂兮。肅肅在位，臣工濟濟。小大咸敬，上下有禮。理管絃，振鼓鍾。舞象德，歌詠功。神胥樂兮。肅肅在位，有來雍雍。穆穆天子，相惟辟公。禮有儀，樂有則。舞象功，歌詠德。神胥樂兮。

右祠廟饗神歌二篇。

晉江左宗廟歌十三篇　　曹毗造十一首　　王珣造二首
歌高祖宣皇帝　　　　曹毗造

於赫高祖，德協靈符。應運撥亂，釐整天衢。勳格宇宙，化動八區。肅以典刑，陶以玄珠。神石吐瑞，靈芝自敷。肇基天命，道均唐虞。

歌世宗景皇帝

景皇承運，纂隆洪緒。皇維重抗，天暉再舉。蠢矣二寇，擾我揚楚。乃整元戎，以膏齊斧。疊疊神算，赫赫王旅。鯨鯢既平，功冠帝宇。

歌太祖文皇帝

太祖齊聖，王猷誕融。仁教四塞，天基累崇。皇室多難，嚴清紫宮。威厲秋霜，惠過春風。平蜀夷楚，以文以戎。奄有參墟，聲流無窮。

歌世祖武皇帝

於穆武皇，允龔欽明。應期登禪，龍飛紫庭。百揆時序，聽斷以情。殊域既賓，僞吳亦平。晨流甘露，宵映朗星。野有擊壤，路垂頌聲。

歌中宗元皇帝

運屯百六，天羅解貫。元皇勃興，網籠江漢。仰齊七政，俯平禍亂。化若風行，澤猶雨散。淪光更耀，金輝復焕。德冠千載，蔚有餘粲。

歌肅祖明皇帝

明明肅祖，闡弘帝祚。英風夙發，清暉載路。姦逆縱忒，罔式皇度。躬振朱旗，遂豁天步。宏猷淵塞，高羅雲布。品物咸寧，洪基永固。

歌顯宗成皇帝

於休顯宗，道澤玄播。式宣德音，暢物以和。邁德蹈仁，匪禮弗過。[1] 敷以純風，濯以清波。連理映阜，鳴鳳棲柯。同規放勛，義蓋山河。

[1]匪禮弗過："禮"各本並作"神"，中華本據《晉書·樂志下》《樂府詩集》卷八改。

歌康皇帝

康皇穆穆，仰嗣洪德。爲而不宰，雅音四塞。閑邪以誠，鎮物以默。威静區宇，道宣邦國。

歌孝宗穆皇帝

孝宗夙哲，休音允臧。如彼晨離，燿景扶桑。垂訓華幄，流潤八荒。幽贊玄妙，爰該典章。西平僭蜀，北静舊疆。高猷遠暢，朝有遺芳。

歌哀皇帝

於穆哀皇，聖心虛遠。雅好玄古，大庭是踐。道尚無爲，治存易簡。化若風行，民猶草偃。雖曰登遐，徽音彌闡。憎憎《雲》《韶》，盡美盡善。

歌太宗簡文皇帝　　　王珣造[1]

皇矣簡文，於昭于天。靈明若神，周淡如淵。沖應其來，實與其遷。娓娓心化，日用不言。易而有親，簡而可傳。觀流彌遠，求本愈玄。

歌烈宗孝武皇帝　　　王珣造

天鑑有晋，欽哉烈宗。同規文考，玄默允龔。威而不猛，約而能通。神鉦一震，九域來同。道積淮海，《雅》《頌》自東。氣陶淳露，化協時雍。

四時祠祀歌　　　曹毗造

蕭蕭清廟，巍巍聖功。萬國來賓，禮儀有容。鍾鼓振，金石熙。宣兆祚，武開基。神斯樂兮。理管絃，有來斯和。説功德，吐清歌。神斯樂兮。洋洋玄化，潤被九壤。民無不悦，道無不往。禮有儀，樂有式。詠九功，永無極。神斯樂兮。

[1] 王珣：人名。字元琳，琅邪臨沂（今山東臨沂市）人。官至衛將軍。《晉書》卷六五有附傳。

宋宗廟登歌八篇　　　王韶之造[1]

綿綿遐緒，昭明載融。漢德未遠，堯有遺風。於穆皇祖，永世克隆。本枝惟慶，貽厥靡窮。

右祠北平府君登歌。

乃立清廟，清廟肅肅。乃備禮容，禮容穆穆。顯允皇祖，昭是嗣服。錫茲繁祉，聿懷多福。

右祠相國掾府君登歌。

四縣既序，簫管既舉。堂獻六瑚，庭舞八羽。先王有典，克禋皇祖。丕顯洪烈，永介休祜。

右祠開封府君登歌。

鍾鼓喤喤，威儀將將。溫恭禮樂，敬享曾皇。邁德垂仁，係軌重光。天命純嘏，惠我無疆。

右祠武原府君登歌。

鑠矣皇祖，帝度其心。永言配命，播茲徽音。思我茂猷，如玉如金。駿奔在陛，是鑑是歆。

右祠東安府君登歌。

烝哉孝皇，齊聖廣淵。發祥誕慶，景祚自天。德敷金石，道被管弦。有命既集，徽風永宣。

右祠孝皇帝登歌。

惟天有命，眷求上哲。赫矣聖武，撫運桓撥。功並敷土，道均汝墳。止戈曰武，經緯稱文。烏龍失紀，雲火代名。受終改物，作我宋京。至道惟王，大業有劭。降德兆民，升歌清廟。

　　　　右祠高祖武皇帝登歌。

　奕奕寢廟，奉璋在庭。笙簫既列，犧象既盈。黍稷匪芳，明祀惟馨。樂具禮充，潔羞薦誠。神之格思，介以休禎。濟濟群辟，永觀厥成。

　　　　右祠七廟享神登歌。并以歌章太后篇。

　　[1]王韶之：人名。字休泰，琅邪臨沂人，官至吳興太守。本書卷六〇有傳。

世祖孝武皇帝歌　　　　謝莊造

　帝錫二祖，長世多祜。於穆叡考，襲聖承矩。玄極弛馭，乾紐墜緒。闢我皇維，締我宋宇。刊定四海，肇構神京。復禮輯樂，散馬墮城。澤牣九有，化浮八瀛。慶雲承掖，甘露飛甍。肅肅清廟，徽徽閟宮。舞蹈象德，笙磬陳風。黍稷非盛，明德惟崇。神其歆止，降福無窮。

宣皇太后廟歌

　禀祥月輝，毓德軒光。嗣徽嬀汭，思媚周姜。母臨萬宇，訓藹紫房。朱絃玉籩，式載瓊芳。

晉四箱樂歌三首　　　　傅玄造

　天鑒有晉，世祚聖皇。時齊七政，朝此萬方。其一鍾鼓斯震，九賓備禮。正位在朝，穆穆濟濟。其二煌煌三辰，實麗于天。君后是象，威儀孔虔。其三率禮無愆，莫匪邁德。儀刑聖皇，萬邦惟則。其四

　　右《天鑒》四章，章四句。正旦大會行禮歌。

於赫明明，聖德龍興。三朝獻酒，萬壽是膺。敷佑四方，如日之升。自天降祚，元吉有徵。

　　右《於赫》一章，八句。上壽酒歌。

天命大晉，載育群生。於穆上德，隨時化成。其一自祖配命，皇皇后辟。繼天創業，宣文之績。其二丕顯宣文，先知稼穡。克恭克儉，足教足食。其三既教食之，弘濟艱難。上帝是祐，下民所安。其四天祐聖皇，萬邦來賀。雖安勿安，乾乾匪暇。其五乃正丘郊，乃定冢社。廣廣作宗，光宅天下。其六惟敬朝饗，爰奏食舉。盡禮供御，嘉樂有序。其七樹羽設業，笙鏞以間。琴瑟齊列，亦有簴塤。其八喤喤鼓鍾，鎗鎗磬管。八音克諧，載夷載簡。其九既夷既簡，其大不禦。風化潛興，如雲如雨。其十如雲之覆，如雨之潤。聲教所暨，無思不順。其十一教以化之，樂以和之。和而養之，時惟邕熙。其十二禮慎其儀，樂節其聲。於鑠皇繇，既和且平。其十三

　　右《天命》十三章，章四句。食舉東西箱歌。

晉《正德大豫》二舞歌二篇　　傅玄造

天命有晉，光濟萬國。穆穆聖皇，文武惟則。在天斯正，在地成德。載韜政刑，載崇禮教。我敷玄化，臻于中道。

　　右《正德舞歌》。

於鑠皇晉，配天受命。熙帝之光，世德惟聖。嘉樂《大豫》，保祐萬姓。淵兮不竭，沖而用之。先天弗違，虔奉天時。

右《大豫舞歌》。

晋四箱樂歌十七篇　　　荀勗造[1]

[1]荀勗：人名。字公曾，潁川潁陰（今河南許昌市）人。《晋書》卷三九有傳。

正旦大會行禮歌四篇

於皇元首，群生資始。履端大享，敬御繁祉。肆覲群后，爰及卿士。欽順則元，允也天子。

《於皇》一章，八句。當《於赫》。

明明天子，臨下有赫。四表宅心，惠浹荒貊。柔遠能邇，孔淑不逆。來格祁祁，邦家是若。

《明明》一章，八句。當《巍巍》。

光光邦國，天篤其祜。丕顯哲命，顧柔三祖。世德作求，奄有九土。思我皇度，彝倫攸序。

《邦國》一章，八句。當《洋洋》。

惟祖惟宗，高朗緝熙。對越在天，駿惠在茲。聿求厥成，我皇崇之。式固其猶，往敬用治。

《祖宗》一章，八句。當《鹿鳴》。

正旦大會王公上壽酒歌一篇

踐元辰，延顯融。獻羽觴，祈令終。我皇壽而隆，我皇茂而嵩。本枝奮百世，休祚鍾聖躬。

《踐元辰》一章，八句。當《羽觴行》。

食舉樂東西箱歌十二篇

煌煌七燿，重明交暢。我有嘉賓，是應是覬。邦政既圖，接以大饗。人之好我，式遵德讓。

《煌煌》一章，八句。當《鹿鳴》。

賓之初筵，藹藹濟濟。既朝乃宴，以洽百禮。頒以位叙，或廷或陛。登儐台叟，亦有兄弟。胥子陪僚，憲茲度楷。觀頤養正，降福孔偕。

《賓之初筵》一章，十二句。當《於穆》。

昔我三后，大業是維。今我聖皇，焜燿前暉。奕世重規，明照九畿。思輯用光，時罔有違。陟禹之跡，莫不來威。天被顯祿，福履是綏。

《三后》一章，十二句。當《昭昭》。

赫矣太祖，克廣明德。廓開宇宙，正世立則。變化不經，民無瑕慝。創業垂統，兆我晉國。

《赫矣》一章，八句。當《華華》。

烈文伯考，時惟帝景。夷險平亂，威而不猛。御衡不迷，皇塗煥炳。七德咸宣，其寧惟永。

《烈文》一章，八句。當《朝宴》。

猗歟盛歟，先皇聖文。則天作乎，大哉爲君。慎徽五典，帝載是懃。文武發揮，茂建嘉勳。修己濟治，民用寧殷。懷遠燭幽，玄教氛氳。善世不伐，服事參分。德博化隆，道冒無垠。

《猗歟》一章，十六句。當《盛德》。

隆化洋洋，帝命溥將。登我晉道，越惟聖皇。龍飛革運，臨燾八荒。叡哲欽明，配蹤虞唐。封建厥福，駿發其祥。三朝習吉，終然允臧。其臧惟何，總彼萬方。元侯列辟，四嶽蕃王。時見世享，率茲有常。旅揖在庭，嘉客在堂。宋衞既臻，陳留山陽。我有賓使，觀國之光。貢賢納計，獻璧奉璋。保祐命之，申錫無疆。

《隆化》一章，二十八句。當《綏萬邦》。

振鷺于飛，鴻漸其翼。京邑穆穆，四方是式。無競
惟人，王綱允敕。君子來朝，言觀其極。

《振鷺》一章，八句。當《朝朝》。

翼翼大君，民之攸暨。信理天工，惠康不匱。將遠
不仁，訓以淳粹。幽明有倫，俊乂在位。九族既睦，庶
邦順比。開元布憲，四海鱗萃。協時正統，殊塗同致。
厚德載物，靈心隆貴。敷奏讜言，納以無諱。樹之典
象，誨之義類。上教如風，下應如卉。一人有慶，群萌
以遂。我后宴喜，令聞不墜。

《翼翼》一章，二十六句。當《順天》。

既宴既喜，翕是萬邦。禮儀卒度，物有其容。晢晢
庭燎，喤喤鼓鍾。笙磬詠德，萬舞象功。八音克諧，俗
易化從。其和如樂，庶品時邕。

《既宴》一章，十二句。當《陟天庭》。

時邕份份，六合同塵。往我祖宣，威静殊鄰。首定
荊楚，遂平燕秦。娓娓文皇，邁德流仁。爰造草昧，應
乾順民。靈瑞告符，休徵饗震。天地弗違，以和神人。
既戡庸蜀，吳會是賓。肅慎率職，楛矢來陳。韓濊進
樂，[1]均協清《鈞》。西旅獻獒，扶南效珍。蠻裔重譯，
玄齒文身。我皇撫之，景命惟新。

《時邕》一章，二十六句。當《參兩儀》。

---

[1] 韓濊進樂：“樂”各本並作“藥”，中華本據《晋書·樂志

上》、《樂府詩集》卷一三改。

惛惛嘉會，有聞無聲。清酤既奠，籩豆既馨。禮充樂備，《簫韶》九成。愷樂飲酒，醑而不盈。率土歡豫，邦國以寧。王猷允塞，萬載無傾。

《嘉會》一章，十二句。

晋《正德》《大豫》二舞歌二篇[1]　　　　　荀勖造

人文垂則，盛德有容。聲以依詠，舞以象功。干戚發揮，節以笙鏞。羽籥雲會，翊宣令蹤。敷美盡善，允協時邕。煥炳其章，光乎萬邦。萬邦洋洋，承我晋道。配天作享，元命有造。上化如風，民應如草。穆穆斌斌，形于綴兆。文武旁作，慶流四表。無競維烈，永世是紹。

右《正德舞歌》。[2]

豫順以動，大哉惟時。時邁其仁，世載邕熙。兆我區夏，宣文是基。大業惟新，我皇隆之。[3]重光累曜，欽明文思。迄用有成，惟晋之祺。穆穆聖皇，受命既固。品物咸寧，芳烈雲布。文教旁通，篤以淳素。玄化洽暢，被之暇豫。作樂崇德，同美《韶濩》。潛邈幽遐，式遵王度。

[1]歌二篇：中華本校勘記云："'二篇'各本作'一篇'。按下《正德舞歌》一篇，《大豫舞歌》一篇，實二篇，今改正。"

[2]右《正德舞歌》：中華本校勘記云："各本並脫'右'字，據前後文例補。"

[3]我皇隆之："隆"各本並作"降"，中華本據《樂府詩集》

卷五二改。

右《大豫舞歌》。

晋四箱樂歌十六篇　　　張華造[1]

[1]張華：人名。字茂先，范陽方城（今河北固安縣）人。晋初任中書令、散騎常侍。惠帝時，歷任侍中、中書監、司空。《晋書》卷三六有傳。

稱元慶，奉壽觴。后皇延遐祚，安樂撫萬方。

右王公上壽詩一章。

明明在上，丕顯厥緒。翼翼三壽，蕃后惟休。群生漸德，六合承流。

三正元辰，朝慶鱗萃。華夏奉職貢，八荒覲殊類。黻冕充廣庭，鳴玉盈朝位。濟濟朝位，言觀其光。儀序既以時，禮文渙以彰。思皇享多祜，嘉樂永無央。

九賓在庭，臚讚既通。升瑞奠贄，乃侯乃公。穆穆天尊，隆禮動容。履端承元吉，介福御萬邦。

朝享，上下咸雍。崇多儀，繁禮容。舞盛德，歌九功。揚芳烈，播休蹤。皇化洽，洞幽明。懷柔百神，輯祥禎。潛龍躍，雕虎仁。儀鳳鳥，屆游麟。枯蠹榮，竭泉流。菌芝茂，枳棘柔。和氣應，休徵滋。協靈符，彰帝期。綏宇宙，萬國和。昊天成命，賚皇家，賚皇家。

世資聖哲，三后在天，啓鴻烈。啓鴻烈，隆王基。率土謳吟，欣戴于時。恒文示象，代氣著期。

泰始開元，龍升在位。四隩同風，燮寧殊類。五韙來備，嘉生以遂。

　　凝庶績，臻太康。申繁祉，胤無疆。本枝百世，繼緒不忘。繼緒不忘，休有烈光。永言配命，惟晉之祥。

　　聖明統世，篤皇仁。廣大配天地，順動若陶鈞。玄化參自然，至德通神明。清風暢八極，流澤被無垠。

　　於皇時晉，奕世齊聖。惟天降嘏，神祇保定。弘濟區夏，允集大命。有命既集，光帝猷。大明重耀，鑑六幽。聲教洋溢，惠滂流。惠滂流，移風俗。多士盈朝，賢俊比屋。敦世心，斲彫反素樸。反素樸，懷庶方。干戚舞階庭，疏狄說遐荒。扶南假重譯，肅慎襲衣裳。雲覆雨施，德洽無疆。旁作穆穆，仁化翔。

　　朝元日，賓王庭。承宸極，當盛明。衍和樂，竭祇誠。仰嘉惠，懷德馨。游淳風，泳淑清。協億兆，同歡榮。建皇極，統天位。運陰陽，御六氣。殷群生，成性類。王道浹，治功成。人倫序，俗化清。虔明祀，祇三靈。崇禮樂，式儀刑。

　　慶元吉，宴三朝。播金石，詠泠簫。奏《九夏》，舞《雲》《韶》。邁德音，流英聲。八紘一，六合寧。六合寧，承聖明。王澤洽，道登隆。綏函夏，總華戎。齊德教，混殊風。混殊風，康萬國。崇夷簡，尚敦德。弘王度，表遐則。

　　右食舉東西箱樂詩十一章。

　　於赫皇祖，迪哲齊聖。經緯大業，基天之命。克開洪緒，誕篤天慶。旁濟彝倫，仰齊七政。烈烈景皇，克明克聰，靜封略，定勳功。成民立政，儀刑萬邦。式固崇軌，光紹前蹤。允文烈考，濬哲應期。參德天地，比功四時。大亨以正，庶績咸熙。肇啓晉宇，遂登皇基。明明我后，玄德通神。受終正位，協應天人。容民厚下，育物流仁。躋我王道，暉光日新。

右雅樂正旦大會行禮詩四章。

晉《正德》《大豫》二舞歌二篇　　　　張華造

《正德舞》歌詩

曰皇上天，玄鑒惟光。神器周回，五德代章。祚命于晉，世有哲王。弘濟區夏，甄陶萬方。大明垂曜，旁燭無疆。蚩蚩庶類，風德永康。皇道惟清，禮樂斯經。金石在縣，萬舞在庭。象容表慶，協律被聲。軼《武》超《濩》，取節六英。同進退讓，化漸無形。太和宣洽，通于幽冥。

《大豫舞》歌詩

惟天之命，符運有歸。赫赫大晉，三后重暉。繼明紹世，[1]光撫九圍。我皇紹期，遂在璿璣。群生屬命，奄有庶邦。慎徽五典，玄教遐通。萬方同軌，率土咸雍。爰制《大豫》，宣德舞功。淳化既穆，王道協隆。仁及草木，惠加昆蟲。億兆夷人，説仰皇風。丕顯大業，永世彌崇。

[1]繼明紹世：“紹”各本並作“昭”，中華本據《晉書·樂志上》、《樂府詩集》卷五二改。

晉四箱歌十六篇　　　　成公綏造[1]

上壽酒，樂未央。大晉應天慶，皇帝永無疆。

右詩一章，王公上壽酒所用。

穆穆天子，光臨萬國。多士盈朝，莫匪俊德。流化罔極，王猷允塞。嘉會置酒，嘉賓充庭。羽旄燿辰極，鍾鼓振泰清。百辟朝三朝，或或明儀刑。濟濟鏘鏘，玉振金聲。[2]禮樂具，宴嘉賓。眉壽祚聖皇，景福惟日新。群后戾止，有來雍雍。獻酬納贄，崇此禮容。豐肴萬俎，旨酒千鍾。嘉樂盡樂宴，福禄咸攸同。

樂哉！天下安寧。道化行，風俗清。《簫韶》作，詠九成。年豐穰，世泰平。至治哉！樂無窮。元首聰明，股肱忠。澍豐澤，揚清風。

嘉瑞出，靈應彰。麒麟見，鳳皇翔。醴泉涌，流中唐。嘉禾生，穗盈箱。降繁祉，祚聖皇。承天位，統萬國。受命應期，授聖德。四世重光，宣開洪業，景克昌，文欽明，德彌彰。肇啓晋邦，流祚無疆。

泰始建元，鳳皇龍興。龍興伊何，享祚萬乘。奄有八荒，化育黎蒸。圖書焕炳，金石有徵。德光大，道熙隆。被四表，格皇穹。奕奕萬嗣，明明顯融。高朗令終。保兹永祚，與天比崇。

聖皇君四海，順人應天期。三葉合重光，泰始開洪基。明燿參日月，功化侔四時。宇宙清且泰，黎庶咸雍熙。善哉雍熙。

惟天降命，翼仁祐聖。於穆三皇，載德彌盛。總齊璿璣，光統七政。百揆時序，化若神聖。四海同風，興至仁。濟民育物，擬陶鈞。擬陶鈞，垂惠潤。皇皇群賢，峨峨英儁。德化宣，芬芳播來胤。播來胤，垂後昆。

清廟何穆穆，皇極闢四門。皇極闢四門，萬機無不綜。娓娓翼翼，樂不及荒，饑不遑食。大禮既行，樂無極。

登崑崙，上增城。乘飛龍，升泰清。冠日月，佩五星。揚虹蜺，建彗旌。披慶雲，蔭繁榮。覽八極，游天庭。順天地，和陰陽。序四氣，燿三光。張帝網，正皇綱。播仁風，流惠康。邁洪化，振靈威。懷萬方，納九夷。朝閶闔，宴紫微。

建五旗，羅鍾虡。列四縣，奏《韶》《武》。鏗金石，揚旌羽。縱八佾，巴渝舞。詠《雅》《頌》，和律呂。于胥樂，樂聖主。

化蕩蕩，清風泄。總英雄，御俊傑。開宇宙，掃四裔。光緝熙，美聖哲。超百代，揚休烈，流景祚，顯萬世。

皇皇顯祖，翼世佐時。寧濟六合，受命應期。神武鷹揚，大化咸熙。廓開皇衢，用成帝基。

光光景皇，無競維烈。匡時拯俗，休功蓋世。宇宙既康，九域有截。天命降鑑，啓祚明哲。

穆穆烈考，克明克儁。實天生德，誕膺靈運。肇建帝業，開國有晉。載德奕世，垂慶洪胤。

明明聖帝，龍飛在天。與靈合契，通德幽玄。仰化清雲，俯育重淵。受靈之祐，於萬斯年。

右雅樂正旦大會行禮詩十五章。

[1]成公綏：人名。字子安，東郡白馬（今河南滑縣）人，官至中書郎。《晉書》卷九二有傳。

[2]玉振金聲：中華本校勘記云："各本並作'金振玉聲'。張森楷《校勘記》云：'《孟子》作玉振金聲，此誤倒。'今改正。"

宋四箱樂歌五篇　　　　王韶之造

於鑠我皇，禮仁包元。齊明日月，比量乾坤。陶甄百王，稽則黃軒。訏謨定命，辰告四蕃。

將將蕃后，翼翼群僚。盛服待晨，明發來朝。饗以八珍，樂以九《韶》。仰祇天顏，厥猷孔昭。

法章既設，初筵長舒。濟濟列辟，端委皇除。飲和無盈，威儀有餘。溫恭在位，敬終如初。

九功既歌，六代惟時。被德在樂，宣道以詩。穆矣太和，品物咸熙。慶積自遠，告成在茲。

　　右《肆夏》樂歌四章。客入，於四箱振作《於鑠曲》。皇帝當陽，四箱振作《將將曲》。皇帝入變服，四箱振作《於鑠》《將將》二曲。又黃鍾、太簇二箱作《法章》《九功》二曲。

大哉皇宋，長發其祥。纂系在漢，統源伊唐。德之克明，休有烈光。配天作極，辰居四方。

皇矣我后，聖德通靈。有命自天，誕授休禎。龍飛紫極，造我宋京。光宅宇宙，赫赫明明。

　　右大會行禮歌二章。姑洗箱作。

獻壽爵，慶聖皇。靈祚窮二儀，休明等三光。

　　右王公上壽歌一章。黃鍾箱作。

明明大宋，緝熙皇道。則天垂化，光定天保。天保既定，肆覲萬方。禮繁樂富，穆穆皇皇。

沛彼流水，朝宗天池。洋洋貢職，抑抑威儀。既習威儀，亦閑禮容。一人有則，作孚萬邦。

烝哉我皇，固天誕聖。履端惟始，對越休慶。如天斯久，如日斯盛。介兹景福，永固駿命。

　　右殿前登歌三章，別有金石。

晨羲載燿，萬物咸覩。嘉慶三朝，禮樂備舉。元正肇始，典章暉明。萬方畢來賀，華裔充皇庭。多士盈九位，俯仰觀玉聲。恂恂俯仰，載爛其輝。鼓鍾震天區，禮容塞皇闈。思樂窮休慶，福履同所歸。

五玉既獻，三帛是薦。爾公爾侯，鳴玉華殿。皇皇聖后，降禮南面。元首納嘉禮，萬邦同歡願。休哉！君臣嘉燕。建五旗，列四縣。樂有文，禮無倦。融皇風，窮一變。

體至和，感陰陽。德無不柔，繁休祥。瑞徽璧，應嘉鍾。舞靈鳳，躍潛龍。景星見，甘露墜。木連理，禾同穗。玄化洽，仁澤敷。極禎瑞，窮靈符。

懷荒裔，綏齊民。荷天祐，靡不賓。靡不賓，長世弘盛。昭明有融，繁嘉慶。繁嘉慶，熙帝載。合氣成和，[1]蒼生欣戴。三靈協瑞，惟新皇代。

王道四達，流仁布德。窮理詠乾元，垂訓順帝則。靈化侔四時，幽誠通玄默。德澤被八紘，乾寧軌萬國。

皇猷緝，咸熙泰。禮儀煥帝庭，要荒服遐外。被髮襲縷冕，左袵回衿帶。天覆地載，流澤汪濊。聲教布濩，德光大。

開元辰，畢來王。奉貢職，朝后皇。鳴珩佩，觀典章。樂王度，說徽芳。陶盛化，游太康。丕昭明，永克昌。

惟永初，德丕顯。齊七政，敷五典。彝倫序，洪化闡。王澤流，太平始。樹聲教，明皇紀。和靈祇，恭明祀。衍景祚，膺嘉祉。

禮有容，樂有儀。金石陳，牙羽施。邁《武》《濩》，均《咸池》。歌《南風》，舞德稱。文武焕，頌聲興。

王道純，德彌淑。寧八表，康九服。道禮讓，移風俗。移風俗，永克融。歌盛美，告成功。[2] 詠徽烈，邈無窮。

　　　右食舉歌十章。黃鍾、太簇二箱更作。黃鍾作《晨羲》《體至和》《王道》《開元辰》《禮有容》五曲。太簇作《五玉》《懷荒裔》《皇猷緝》《惟永初》《王道純》五曲。

[1]合氣成和：中華本校勘記云：“《南齊書·樂志》作‘含氣感和’。《樂府詩集》一四作‘含氣咸和’。”

[2]告成功：“告”各本及《樂府詩集》卷一四並作“造”，中華本據《南齊書·樂志》改。

宋《前舞》《後舞》歌二篇　　　王韶之造

於赫景明，天監是臨。樂來伊陽，禮作惟陰。歌自德富，儛由功深。庭列宮縣，陛羅瑟琴。翽簫繁會，笙磬諧音。《簫韶》雖古，九成在今。道志和聲，德音孔宣。光我帝基，協靈配乾。儀刑六合，化穆自然。如彼雲漢，爲章于天。熙熙萬類，陶和當年。擊轅中《韶》，永世弗騫。

右《前舞歌》一章。晋《正德之舞》，蕤賓箱作。

假樂聖后，實天誕德。積美自中，王猷四塞。龍飛在天，儀刑萬國。欽明惟神，臨朝淵默。不言之化，品物咸德。告成于天，銘勳是勒。翼翼厥猶，娓娓其仁。順命創制，因定和神。海外有截，九圍無塵。冕旒司契，垂拱臨民。乃舞《大豫》，欽若天人。純嘏孔休，萬載彌新。

右《後舞歌》一章。晋《大豫之舞》，蕤賓箱作。

章廟樂舞歌詞雜歌悉同用太廟詞，唯三后別撰。　　殷淡造[1]

賓出入奏《肅成樂》歌詞二章

彝承孝典，恭事嚴聖。浹天奉賷，罄壤齊慶。司儀具序，羽容夙彰。芬枝颺烈，[2] 繡構周張。助寶奠軒，酹珍充庭。璆縣凝會，涓朱竚聲。[3] 先期選禮，肅若有承。祇對靈祉，皇慶昭膺。

尊事威儀，暉容昭叙。迅恭神明，梁盛牲俎。肅肅嚴宮，藹藹崇基。皇靈降祉，百祇具司。戒誠望夜，端列承朝。依微昭旦，物色輕霄。[4] 鴻慶遐幽，嘉薦令芳。翊帝明德，永祚流光。

牲出入奏《引牲樂》歌詞

維誠潔饗，維孝奠靈。敬芬黍稷，敬滌犧牲。騂繭在豢，載溢載豐。以承宗祀，以肅皇衷。蕭芳四舉，華火周傳。神監孔昭，嘉是柔牷。

薦豆呈毛血奏《嘉薦樂》歌詞

肇禋戒祀，禮容咸舉。六典飾文，九司昭序。牷柔既昭，犧剛既陳。[5] 恭滌惟清，敬事惟神。加籩再御，兼俎重薦。節動軒越，聲流金縣。奕奕閟幄，娓娓嚴闈。潔誠夕鑑，端服晨暉。聖靈戾止，翊我皇則。上綏四宇，下洋萬國。永言孝饗，孝饗有容。儐僚贊列，肅肅雍雍。

右夕牷歌詞。

迎神奏《韶夏樂》歌詞

閟宮黝黝，復殿微微。璿除肅炤，釭璧彤煇。黼帝神凝，玉堂嚴馨。圜火夕燿，方水朝清。金枝委樹，翠鐙竚縣。渟波澄宿，華漢浮天。恭事既夙，虔心有慕。仰降皇靈，俯寧休祚。

皇帝入廟北門奏《永至樂》歌詞

皇明岊矣，孝容以昭。鑾華羽迻，拂漢涵滈。申申嘉夜，翊翊休朝。行金景送，步玉風《韶》。師承祀則，肅對禋祧。

太祝祼地奏《登歌樂》詞二章

帝容承祀，練時涓日。九重徹關，四靈賓室。肅倡函音，庶旂委佾。休靈告饗，嘉薦尚芬。玉瑚飾列，桂簠昭陳。具司選禮，翼翼振振。

祼崇祀典，酊恭孝時。禮無爽物，信靡媿詞。精華孚岊，誠監昭通。升歌翊節，下管調風。皇心履變，敬明尊親。大哉孝德，至矣交神。

章皇太后神室奏《章德凱容》之樂舞歌詞

幽瑞浚靈，表彰嬪聖。翊載徽文，敷光崇慶。上緯纏祥，中維飾詠。永屬煇猷，聯昌景命。

[1]殷淡：人名。字夷遠，陳郡長平（今河南西華縣）人。官至太子中庶子，領步兵校尉。以文章見知於世。本書卷五九有附傳。

[2]芬枝颺烈："芬"各本並作"分"，中華本據《南齊書·樂志》改。

[3]涓朱竚聲：中華本校勘記云："'涓'《南齊書·樂志》作'堝'。《樂府詩集》八作'琄'。"

[4]物色輕霄："霄"各本並作"宵"，中華本據《南齊書·樂志》改。

[5]犧剛既陳："犧"各本並作"儀"，中華本據《南齊書·樂志》改。

昭皇太后神室奏《昭德凱容》之樂舞歌詞　　明帝造[1]

[1]明帝：即宋明帝劉彧。字休炳，小字榮期。公元465年即位。本書卷八有紀。

表靈纏象，纉儀緯風。膚華丹燿，登瑞紫穹。訓形霄宇，武彰宸宮。騰芬金會，寫德聲容。

宣皇太后神室奏《宣德凱容》之樂舞歌詞　　明帝造

天樞凝燿，地紐儷煇。聯光騰世，炳慶翔機。薰藹中宇，景纏上微。玉頌鏤德，金籥傳徽。

皇帝還東壁受福酒奏《嘉時》之樂舞詞

禮薦洽，福時昌。皇聖膺嘉祐，帝業凝休祥。居極乘景運，宅德瑞中王。澄明臨四表，精華延八鄉。洞海周聲惠，徹宇麗乾光。靈慶纏世祉，鴻烈永無疆。

送神奏《昭夏》之樂舞歌詞二章

大孝備，盛禮豐。神安留，嘉樂充。旋駕聳，汎青穹。延八虛，闢四空。藹流景，肅行風。昭融教，緝風度。戀皇靈，結深慕。解羽縣，輟華樹。背璿除，端玉輅。流汪濊，慶國步。

皇帝詣便殿奏《休成》之樂歌詞

釃醴具登，嘉俎咸薦。饗洽誠陳，禮周樂徧。祝詞罷祼，序容輟縣。蹕動端庭，蠻回嚴殿。神儀駐景，華漢亭虛。八靈案衛，三祇解途。翠蓋燿澄，罕奕凝宸。玉鑣息節，金輅懷音。式誠達孝，底心肅感。追憑皇鑒，思承淵範。神錫戀祉，四緯昭明。仰福帝徽，俯齊庶生。

宋書　卷二一

志第十一

樂三

　　《但歌》四曲，[1]出自漢世。無弦節，[2]作伎，最先一人倡，三人和。魏武帝尤好之。時有宋容華者，[3]清徹好聲，善倡此曲，當時特妙。自晉以來，不復傳，遂絶。

　　[1]《但歌》：相和歌的一種。由徒歌發展而成，演唱時不用樂器伴奏而加幫腔。《爾雅·釋樂》："徒歌謂之謠。"郝懿行《義疏》："徒者，空也、但也，猶獨也。"《初學記》卷一五《爾雅注》："謂無絲竹之類，獨歌之。"
　　[2]節：節鼓，擊之掌握節奏。
　　[3]容華：漢爲九嬪之一，魏仍之。《史記》卷四九《外戚世家》："容華秩比二千石。"《玉臺新詠》卷六王僧孺《在王晋安酒席數韻》："窈窕宋容華，但歌有清曲。"

　　《相和》，[1]漢舊歌也。絲竹更相和，執節者歌。本一部，魏明帝分爲二，更遞夜宿。本十七曲，朱生、宋識、列和等復合之爲十三曲。[2]

[1]《相和》：兩漢及魏、晉間對民間歌曲作藝術加工所形成的歌、舞、大曲等音樂的總稱。可以單稱相和，據其形式，亦有相和歌、相和大曲等稱謂。《樂府古題要解》："相和而歌，並漢世街陌謳謠之詞。"據張永《元嘉正聲技録》及王僧虔《大明三年宴樂技録》佚文，相和所用樂器除歌者執節，一般常用笙、笛、琴、瑟、琵琶、箏等，有時也用篪、筑。

[2]朱生、宋識、列和等復合之爲十三曲：《樂府詩集》卷二六："《古今樂録》曰：'張永《元嘉技録》：相和有十五曲，一曰《氣出唱》，二曰《精列》，三曰《江南》，四曰《度關山》，五曰《東光》，六曰《十五》，七曰《薤露》，八曰《蒿里》，九曰《覲歌》，十曰《對酒》，十一曰《雞鳴》，十二曰《烏生》，十三曰《平陵東》，十四曰《東門》，十五曰《陌上桑》。十三曲有辭，《氣出唱》《精列》《度關山》《薤露》《蒿里》《對酒》並魏武帝辭，《十五》文帝辭，《江南》《東光》《雞鳴》《烏生》《平陵東》《陌上桑》並古辭是也。二曲無辭，《覲歌》《東門》是也。其辭《陌上桑》歌瑟調，古辭《艷歌羅敷行》"日出東南隅"篇。《覲歌》，張録云無辭，而武帝有《往古篇》。《東門》，張録云無辭，而武帝有《陽春篇》。或云歌瑟調古辭《東門行》"入門悵欲悲"也。古有十七曲，其《武陵》《鵾雞》二曲亡。'按《宋書·樂志》《陌上桑》又有文帝《棄故鄉》一曲，亦在瑟調。《東西門行》及《楚辭鈔》'今有人'、武帝'駕虹蜺'二曲，皆張録所不載也。"朱生、宋識，皆人名。事皆不詳。列和，晉人，善吹笙，官至協律郎，餘事不詳。

《相和》

《駕六龍》　　　　《氣出倡》[1]　　　武帝[2]詞

駕六龍乘風而行，行四海外。路下之八邦，歷登高山，臨谿谷，乘雲而行，行四海外，東到泰山。仙人玉女，下來翱游，驂駕六龍，飲玉漿，河水盡，不東流。解愁腹，飲玉漿。奉持行，東到蓬萊山。上至天之門。玉闕下，[3]引見得入，赤松相對，四面顧望，視正焜煌。開王心正興，其氣百道至，傳告無窮。閉其口，但當愛氣，壽萬年。東到海，與天連。神仙之道，出窈入冥。常當專之，心恬憺無所愒欲，閉門坐自守，天與期氣。願得神之人，乘駕雲車，驂駕白鹿，上到天之門，來賜神之藥。跪受之，敬神齊。當如此，道自來。

華陰山，自以爲大，高百丈，浮雲爲之蓋。仙人欲來，出隨風，列之雨。吹我洞簫鼓瑟琴，何闇闇，酒與歌戲。今日相樂誠爲樂，玉女起，起儛移數時。鼓吹一何嘈嘈，從西北來時，仙道多駕煙，乘雲駕龍，鬱何蓩蓩。遨游八極，乃到崐崘之山，西王母側。神仙金止玉亭，來者爲誰？赤松王喬，乃德旋之門。樂共飲食到黃昏，多駕合坐，萬歲長宜子孫。

游君山，甚爲真，礧磈硌硌，爾自爲神。乃到王母臺，金階玉爲堂，芝草生殿旁。東西厢，客滿堂。主人當行觴，坐者長壽遽何央。長樂甫始宜孫子，常願主人增年，與天相守。

[1]《氣出倡》：《文選》馬融《長笛賦》李善注："《歌錄》曰：'古相和歌十八曲，《氣出》一，《精列》二。《魏武帝集》有《氣出》《精列》二古曲。"丘瓊蓀先生認爲，《氣出倡》爲《相

和》歌中的一個曲名，《駕六龍》爲《氣出倡》曲中一歌詞名，魏武帝所造，其首句爲“駕六龍”，即以爲名。故其編排次序應爲：《相和》《氣出倡》《駕六龍》。本卷其他諸曲與此類同（參見丘瓊蓀《歷代樂志律志校釋》第二分册，人民音樂出版社 1999 年版，第 210 頁）。

〔2〕武帝：即曹操。《三國志》卷一有紀。

〔3〕玉闕：中華本校勘記云：“‘玉闕’三朝本作‘王闕’，北監本、毛本、殿本、局本作‘玉關’，並訛。《樂府詩集》二六作‘玉闕’，是。今據改。”

《厥初生》　　　《精列》　　　武帝詞

厥初生，造化之陶物，莫不有終期。莫不有終期，聖賢不能免，何爲懷此憂。願螭龍之駕，思想崑崙居。思想崑崙居，見期於迂怪，志意在蓬萊。志意在蓬萊，周孔聖徂落，會稽以墳丘。會稽以墳丘，陶陶誰能度，君子以弗憂。年之暮，奈何，過時時來微。

《江南可採蓮》　　　《江南》[1]　　　古詞

江南可採蓮，蓮葉何田田。魚戲蓮葉間，魚戲蓮葉東，魚戲蓮葉西，魚戲蓮葉南，魚戲蓮葉北。

〔1〕《江南》：《樂府詩集》卷二六引《樂府解題》：“《江南》，古辭，蓋美芳晨麗景，嬉游得時。”

《天地間》　　　《度關山》[1]　　　武帝詞

天地間，人爲貴。立君牧民，爲之軌則。車轍馬迹，經緯四極。紬陟幽明，黎庶繁息。於鑠賢聖，總統邦域，封建五爵，井田刑獄。有燔丹書，無普赦贖。皋陶《甫刑》，何有失職。嗟哉後世，改制易律，勞民爲君，役賦其力。舜漆食器，畔者十國；不及唐堯，採椽不斲。世嘆伯夷，欲以厲俗。侈惡之大，儉爲恭德。許由推讓，豈有訟曲。兼愛尚同，疏者爲戚。

[1]《度關山》：《樂府詩集》卷二七引《樂府解題》："魏樂奏武帝辭，言人君當自勤苦，省方黜陟，省刑薄賦也。若梁戴暠云'昔聽隴頭吟，平居已流涕'，但叙征人行役之思焉。"

《東光乎》　　　　　　《東光乎》[1]　　　　　　古詞

東光乎！倉梧何不乎！倉梧多腐粟，無益諸軍糧。諸軍游蕩子，畚行多悲傷。

[1]《東光乎》：《樂府詩集》卷二七引《古今樂錄》："張永《元嘉技錄》云：'東光舊但有絃無音，宋識造其聲歌'。"

《登山有遠望》　　　　　《十五》[1]　　　　　文帝詞[2]

登山而遠望，谿谷多所有。梗柟千餘尺，衆草之盛茂。華葉燿人目，五色難可紀。雉雊山雞鳴，虎嘯谷風起。號羆當我道，狂顧動牙齒。

[1]《十五》：古辭中有"十五從軍征"詩，疑與此有關。《樂府詩集》卷二七引《古今樂錄》："《十五》歌，文帝辭，後解歌瑟調'西山一何高'，'彭祖稱七百'篇。辭在瑟調。"
[2]文帝：即曹丕。《三國志》卷二有紀。

《惟漢二十二世》　　　　《薤露》[1]　　　武帝詞

　　惟漢二十二世，所任誠不良。沐猴而冠帶，智小而謀強。猶豫不敢斷，因狩執君王。白虹爲貫日，己亦先受殃。賊臣持國柄，殺主滅宇京。蕩覆帝基業，宗廟以燔喪。播越西遷移，號泣而且行。瞻彼洛城郭，微子爲哀傷。

　　[1]《薤露》：《樂府詩集》卷二七：“崔豹《古今注》曰：‘《薤露》《蒿里》，泣喪歌也。本出田橫門人，橫自殺，門人傷之，爲作悲歌。言人命奄忽，如薤上之露，易晞滅也。亦謂人死魂魄歸於蒿里。至漢武帝時，李延年分爲二曲，《薤露》送王公貴人，《蒿里》送士大夫庶人。使挽柩者歌之，亦謂之挽歌。’譙周《法訓》曰：‘挽歌者，漢高帝召田橫，至尸鄉自殺。從者不敢哭而不勝哀，故爲挽歌以寄哀音。’《樂府解題》曰：‘《左傳》云：“齊將與吳戰於艾陵，公孫夏命其徒歌《虞殯》。”杜預云：“送死。”《薤露》歌即喪歌，不自田橫始也。’按蒿里，山名，在泰山南。魏武帝《薤露行》曰：‘惟漢二十二世，所任誠不良。’曹植又作《惟漢行》。”

《關東有義士》　　　　《蒿里行》　　　武帝詞

　　關東有義士，興兵討群凶。初期會孟津，乃心在咸陽。軍合力不齊，躊躇而雁行。勢利使人爭，嗣還自相戕。淮南弟稱號，刻璽於北方。鎧甲生蟣蝨，萬姓以死亡。白骨露於野，千里無雞鳴。生民百遺一，念之絕人腸。

《對酒歌太平時》　　　　《對酒》[1]　　　武帝詞

　　對酒歌，太平時，吏不呼門。王者賢且明，宰相股

肱皆忠良，咸禮讓，民無所爭訟。三年耕有九年儲，倉
穀滿盈，斑白不負戴。雨澤如此，五穀用成。郤走馬以
糞其土田。爵公侯伯子男，咸愛其民，以黜陟幽明，子
養有若父與兄。犯禮法，輕重隨其刑。路無拾遺之私，
囹圄空虛，冬節不斷人。耄耋皆得以壽終，恩德廣及草
木昆蟲。

　　[1]《對酒》：《樂府詩集》卷二七引《樂府解題》：“魏樂奏
武帝所賦《對酒歌太平》，其旨言王者德澤廣被，政理人和，萬物
咸遂。若梁范雲‘對酒心自足’，則言但當爲樂，勿徇名自欺也。”

《雞鳴高樹顛》　　　　　《雞鳴》[1]　　　　　古詞

　　雞鳴高樹顛，狗吠深宮中。蕩子何所之，天下方太
平。刑法非有貸，柔協正亂名。黃金爲君門，璧玉爲軒
闌堂。上有雙尊酒，作使邯鄲倡。劉玉碧青甓，後出郭
門王。舍後有方池，池中雙鴛鴦。鴛鴦七十二，羅列自
成行。鳴聲何啾啾，聞我殿東箱。兄弟四五人，皆爲侍
中郎。五日一時來，觀者滿道傍。黃金絡馬頭，熲熲何
煌煌。桃生露井上，李樹生桃傍，蟲來齧桃根，李樹代
桃僵。樹木身相代，兄弟還相忘！

　　[1]《雞鳴》：《樂府詩集》卷二八：“《樂府解題》曰：‘古詞
云：“雞鳴高樹巔，狗吠深宮中。”初言天下方太平，蕩子何所之。
次言黃金爲門，白玉爲堂，置酒作倡樂爲樂，終言桃傷而李仆，喻
兄弟當相爲表裏。兄弟三人近侍，榮耀道路，與《相逢狹路間行》
同。若梁劉孝威《雞鳴篇》，但詠雞而已。’又有《雞鳴高樹巔》

《晨雞高樹鳴》，皆出於此。”

《烏生八九子》　　　　《烏生》[1]　　　　古詞

烏生八九子，端坐秦氏桂樹間。唶我秦氏，家有游遨蕩子，工用睢陽强蘇合彈。左手持强彈，兩丸出入烏東西。唶我一丸即發中烏身，烏死魂魄飛揚上天。阿母生烏子時，乃在南山巖石間。唶我人民安知烏子處，蹊徑窈窕安從通。白鹿乃在上林西苑中，射工尚復得白鹿脯哺。唶我黃鵠摩天極高飛，後宮尚復得烹煮之。鯉魚乃在洛水深淵中，釣鉤尚得鯉魚口。唶我人民生各各有壽命，死生何須復道前後。

[1]《烏生》：《樂府詩集》卷二八：“一曰《烏生八九子》。《樂府解題》曰：‘古辭云：“烏生八九子，端坐秦氏桂樹間。”言烏母〔生〕子，本在南山巖石間，而來爲秦氏彈丸所殺。白鹿在苑中，人〔可〕得以爲脯。黃鵠摩天，鯉在深淵，人〔可〕得而烹煮之。則壽命各有定分，死生何嘆前後也。若梁劉孝威“城上烏，一年生九雛”，但詠烏而已。’又有《城上烏》蓋出於此。”

《平陵東》　　　　《平陵》[1]　　　　古詞

平陵東，松栢桐，不知何人劫義公。劫義公在高堂下，交錢百萬兩走馬。兩走馬，亦誠難，顧見追吏心中惻。心中惻，血出漉，歸告我家賣黃犢。

[1]《平陵》：《樂府詩集》卷二八：“崔豹《古今注》曰：‘《平陵東》，漢翟義門人所作也。’《樂府解題》曰：‘義，丞相方

進之少子，字文仲，爲東郡太守。以王莽方篡漢，舉兵誅之，不克，見害。門人作歌以怨之也。'"

《棄故鄉》 亦在瑟調《東西門行》　　《陌上桑》[1]　文帝詞

棄故鄉，離室宅，遠從軍旅萬里客。披荆棘，求阡陌，側足獨窘步，路局笮。虎豹噑動，雞驚，禽失群，鳴相索。登南山，奈何蹈盤石，樹木叢生鬱差錯。寢蒿草，蔭松柏，涕泣雨面霑枕席。伴旅單，稍稍日零落，惆悵竊自憐，相痛惜。

　　[1]《陌上桑》：《樂府詩集》卷二八："一曰《艷歌羅敷行》。《古今樂錄》曰：'《陌上桑》歌瑟調。古辭《艷歌羅敷行》《日出東南隅篇》。'崔豹《古今注》曰：'《陌上桑》者，出秦氏女子。秦氏，邯鄲人有女名羅敷，爲邑人千乘王仁妻。王仁後爲趙王家令。羅敷出採桑於陌上，趙王登臺見而悦之，因置酒欲奪焉。羅敷巧彈箏，乃作《陌上桑》之歌以自明，趙王乃止。'《樂府解題》曰：'古辭言羅敷採桑，爲使君所邀，盛誇其夫爲侍中郎以拒之。'與前說不同。若陸機'扶桑升朝暉'，但歌美人好合，與古詞始同而末異。又有《採桑》，亦出於此。"

《今有人》　　　　《陌上桑》　　　　《楚詞》鈔

今有人，山之阿，被服薜荔帶女蘿。既含睇，又宜笑，子戀慕予善窈窕。乘赤豹，從文貍，辛夷車駕結桂旗。[1]被石蘭，帶杜衡，折芳拔荃遺所思。處幽室，終不見，天路險艱獨後來。表獨立，山之上，雲何容容而在下。杳冥冥，羌晝晦，東風飄飆神靈雨。風瑟瑟，木搜搜，思念公子徒以憂。

　　[1]辛夷：各本並作"新夷"，中華本據《楚辭·九歌·山鬼》原文改。

《駕虹蜺》　　　　《陌上桑》　　　　武帝詞

　　駕虹蜺，乘赤雲，登彼九疑歷玉門。濟天漢，至崐崘，見西王母，謁東君。交赤松，及羡門，受要秘道愛精神。食芝英，飲醴泉，柱杖桂枝佩秋蘭。絕人事，游渾元，若疾風游欻飄飄。景未移，行數千，壽如南山不忘愆。

清商三調歌詩[1]　　　　荀勗撰舊詞施用者

平調[2]

《周西》　　　　《短歌行》　　　　武帝詞六解[3]

　　周西伯昌，懷此聖德，參分天下，而有其二。修奉貢獻，臣節不墜。崇侯讒之，是以拘繫。一解後見赦原，賜之斧鉞，得使征伐。爲仲尼所稱，達及德行，猶奉事殷，論叙其美。二解齊桓之功，爲霸之首，九合諸侯，一匡天下。一匡天下，不以兵車。正而不譎，其德傳稱。三解孔子所嘆，并稱夷吾，民受其恩。賜與廟胙，命無下拜。小白不敢爾，天威在顏咫尺。四解晋文亦霸，躬奉天王。受賜珪瓚、秬鬯，彤弓、盧弓、矢千，虎賁三百人。五解威服諸侯，師之者尊，八方聞之，名亞齊桓。河陽之會，詐稱周王，是以其名紛葩。六解

　　[1]三調：指《相和》歌與清商樂中最主要的三種調式，即清調、平調、瑟調。三調名稱自兩漢至南北朝，隨朝代與俗樂名稱的

改變而有不同説法。《舊唐書·音樂志》：“平調、清調、瑟調，皆周房中曲之遺聲也。漢世謂之三調。”

［2］平調：《樂府詩集》卷三〇引《古今樂録》曰：“王僧虔《大明三年宴樂技録》，平調有七曲，一曰《長歌行》，二曰《短歌行》，三曰《猛虎行》，四曰《君子行》，五曰《燕歌行》，六曰《從軍行》，七曰《鞠歌行》……其器有笙、笛、筑、瑟、琴、箏、琵琶七種，歌弦六部。”

［3］解：《樂府詩集》卷二六《相和歌辭》序曰：“凡諸調歌詞，並以一章爲一解。《古今樂録》曰：‘倡歌以一句爲一解，中國以一章爲一解。’王僧虔啓云：‘古曰章，今曰解。’”《歷代樂志律志校釋》：“一解，樂章中之一節也。詩謂之章，詞謂之叠（闋、段），大曲謂之遍（片、段），樂府謂之解。其内容雖不盡同，其性質則相類。”

《秋風》　　　　《燕歌行》[1]　　　　文帝詞七解

秋風蕭瑟天氣涼，草木摇落露爲霜。一解群燕辭歸鵠南翔，[2]念君客游多思腸。二解慊慊思歸戀故鄉，君何淹留寄它方。三解賤妾煢煢守空房，憂來思君不敢忘。四解不覺淚下霑衣裳，援瑟鳴弦發清商。五解短歌微吟不能長，明月皎皎照我牀。六解星漢西流夜未央，牽牛織女遥相望，爾獨何辜限河梁。七解

［1］《燕歌行》：《文選》卷二七《燕歌行》李善注：“《歌録》曰：‘燕，地名，猶楚苑之類。此不言古辭，起自此也。’”《樂府詩集》卷三二：“《樂府解題》曰：‘晋樂奏魏文帝《秋風》《別日》二曲，言時序遷换，行役不歸，婦人怨曠無所訴也。’《廣題》曰：‘燕，地名也，言良人從役於燕，而爲此曲。’”

　　[2]群燕辭歸鵠南翔：中華本校勘記云："'鵠'《樂府詩集》三二同。《文選》二七、《玉臺新詠》、《藝文類聚》一二作'雁'。"

《仰瞻》　　　　《短歌行》[1]　　　　文帝詞六解

　　仰瞻帷幕，俯察几筵。其物如故，其人不存。一解神靈倏忽，棄我遐遷。靡瞻靡恃，泣涕連連。二解呦呦游鹿，銜草鳴麑。翩翩飛鳥，挾子巢棲。三解我獨孤煢，懷此百離。憂心孔疚，莫我能知。四解人亦有言，憂令人老。嗟我白髮，生一何早。五解長吟永嘆，懷我聖考。曰仁者壽，胡不是保。六解

　　[1]《短歌行》：《樂府詩集》卷三〇："《古今樂録》曰：'王僧虔《技録》云：《短歌行》《仰瞻》一曲，魏氏遺令，使節朔奏樂，魏文製此辭，自撫箏和歌。歌者云"貴官彈箏"，貴官即魏文也。此曲聲制最美，辭不可入宴樂。'《樂府解題》曰：'《短歌行》，魏武帝"對酒當歌，人生幾何"，晋陸機"置酒高堂，悲歌臨觴"，皆言當及時爲樂也。'"

《別日》　　　　《燕歌行》　　　　文帝詞六解

　　別日何易會日難，山川悠遠路漫漫。一解鬱陶思君未敢言，寄書浮雲往不還。二解涕零雨面毀形顏，誰能懷憂獨不嘆。三解耿耿伏枕不能眠，披衣出戶步東西。四解展詩清歌聊自寬，樂往哀來摧心肝。悲風清厲秋氣寒，羅帷徐動經秦軒。五解仰戴星月觀雲間，飛鳥晨鳴，聲氣可憐，留連顧懷不自存。六解

《對酒》　　　　《短歌行》　　　武帝詞六解

　　對酒當歌，人生幾何！譬如朝露，去日苦多。一解
慨當以慷，憂思難忘。以何解愁，唯有“杜康”。二解
青青子衿，悠悠我心。但爲君故，沈吟至今。三解明明
如月，何時可掇。憂從中來，不可斷絕。四解呦呦鹿鳴，
食野之苹。我有嘉賓，鼓瑟吹笙。五解山不厭高，水不
厭深。周公吐哺，天下歸心。六解

清調[1]

《晨上》　　　　《秋胡行》[2]　　　武帝詞

　　晨上散關山，此道當何難！晨上散關山，此道當何
難！牛頓不起，車墮谷間。坐槃石之上，彈五弦之琴，
作爲清角韻，意中迷煩。歌以言志，晨上散關山。一解
有何三老公，卒來在我傍。有何三老公，卒來在我傍。
員撥被裘，似非恒人。謂卿云何，困苦以自怨，徨徨所
欲，來到此間。歌以言志，有何三老公。二解我居崑崙
山，所謂者真人。我居崑崙山，所謂者真人。道深有可
得。名山歷觀，遨游八極。枕石漱流飲泉。沈吟不決，
遂上升天。歌以言志，我居崑崙山。三解去去不可追，
長恨相牽攀。去去不可追，長恨相牽攀。夜夜安得寐，
惆悵以自憐。正而不譎，辭賦依因。經傳所過，西來所
傳。歌以言志，去去不可追。四解又本：晨＝上＝散＝關＝
山＝，[3]此＝道＝當＝何＝難＝。有＝何＝三＝老＝公＝，卒＝來＝在＝
傍＝。我＝居＝我＝崑崙＝崑＝山＝，所＝謂＝真＝人＝，去＝不＝可＝
追＝，長＝相＝牽＝攀＝。

　　[1]清調：《樂府詩集》卷三三引《古今樂録》曰：“王僧虔

《技録》，清調有六曲：一《苦寒行》，二《豫章行》，三《董逃行》，四《相逢狭路間行》，五《塘上行》，六《秋胡行》……其器有笙、笛、（下聲弄、高弄、遊弄）、篪、節、琴、瑟、箏、琵琶八種。歌弦四弦。”

[2]《秋胡行》：《樂府詩集》卷三六：“《西京雜記》曰：‘魯人秋胡，娶妻三月，而遊宦三年，休還家。其婦採桑於郊。胡至郊而不識其妻也，見而悦之，乃遺黄金一鎰。妻曰：“妾有夫，遊宦不返。幽閨獨處，三年于兹，未有被辱於今日也。”採桑不顧，胡慚而退。至家，問：“妻何在？”曰：“行採桑於郊，未返。”既歸還，乃向所挑之婦也，夫妻並慚。妻赴沂水而死。’《列女傳》曰：‘魯秋潔婦者，魯秋胡之妻也。既納之五日去，而宦於陳，五年乃歸。未至其家，見路傍有美婦人，方採桑而説之。下車謂曰：“力田不如逢豐年，力桑不如見國卿。今吾有金，願以與夫人。”婦曰：“採桑力作，紡績織紝以供衣食，奉二親養。夫子已矣，不願人之金。”秋胡遂去。歸至家，奉金遺母，使人呼其婦。婦至，乃嚮採桑者也。婦汙其行，去而東走，自投於河而死。’《樂府解題》曰：‘後人哀而賦之，爲《秋胡行》。若魏文帝辭云：“堯任舜禹，當復何爲。”亦題曰《秋胡行》。’《廣題》曰：‘曹植《秋胡行》，但歌魏德，而不取秋胡事，與文帝之辭同也’。”

[3]＝：《陔餘叢考》卷六：“凡重字，下者可作二畫，始於《石鼓文》，重字皆二畫也。後人襲之，因作二點，今併作一點者。”《讀史札記》云：“古人凡重句，於每字下作＝。”《歷代樂志律志校釋》：“凡一句以上於每字下作＝者，其讀法猶音樂中之複奏。如本節讀法，爲自‘晨上散關山……相牽攀’通體複一遍，非每句一複也。又如下一曲《苦寒行》武帝詞，在同一句中有幾字複，有幾字不複。依《魏武帝集》録其首二解爲例，以見讀法：北上太行山，艱哉何巍巍！太行山（北上二字不複），艱哉何巍巍！羊腸坂詰屈，車輪爲之摧（此二句不複）。樹木何蕭瑟！北風聲正悲。何蕭瑟！（樹木二字不複）北風聲正悲。熊罷對我蹲，虎豹夾

道啼。（此二句不複）以下各解同。惟末解首句首二字亦有重複記號（＝），與以前各解不同，故'擔囊'句應全句複一遍，非僅複'行取薪'三字，此其不同處。又如蒲生一曲五解，則每解之首句複，餘不複。"

《北上》　　　《苦寒行》[1]　　　武帝詞六解

北上太＝行＝山＝，艱＝哉＝何＝巍＝巍＝。羊腸坂詰屈，車輪爲之摧。一解樹木何蕭＝瑟＝，北＝風＝聲＝正＝悲＝。熊羆對我蹲，虎豹夾道啼。二解谿谷少＝人＝民＝，雪＝落＝何＝霏＝霏＝。延頸長嘆息，遠行多所懷。三解我心何＝怫＝鬱＝，思＝欲＝一＝東＝歸＝。水深橋梁絶，中道正裴回。四解迷惑失＝徑＝路＝，暝＝無＝所＝宿＝棲＝。行行日以遠，人馬同時飢。五解擔＝囊＝行＝取＝薪＝，斧＝冰＝持＝作＝糜＝。悲彼《東山詩》，悠悠使我哀。六解

　　[1]《苦寒行》：《文選》卷二七《苦寒行》李善注："《歌録》曰：《苦寒行》，古辭。"

《願登》　　　《秋胡行》　　　武帝詞五解

願＝登＝泰＝華＝山＝，神＝人＝共＝遠＝游＝。經歷崑崙山，到蓬萊。飄飄八極，與神人俱。思得神藥，萬歲爲期。歌以言志，願登泰華山。一解天＝地＝何＝長＝久＝，人＝道＝居＝之＝短＝。世言伯陽，殊不知老，赤松王喬，亦云得道。得之未聞，庶以壽考。歌以言志，天地何長久！二解明＝明＝日＝月＝光＝，

何＝所＝不＝光＝昭＝。二儀合聖化，貴者獨人不。萬國率土，莫非王臣。仁義爲名，禮樂爲榮。歌以言志，明明日月光。三解四＝時＝更＝逝＝去＝，晝＝夜＝以＝成＝歲＝。大人先天，而天弗違。不戚年往，世憂不治。存亡有命，慮之爲蚩。歌以言志，四時更逝去。四解戚＝戚＝欲＝何＝念＝，歡＝笑＝意＝所＝之＝。盛壯智惠，殊不再來。愛時進趣，將以惠誰。氾氾放逸，亦同何爲。歌以言志，戚戚欲何念？五解

《上謁》　　　　　　《董桃行》[1]　　　　　古詞五解

　　吾欲上謁從高山，山頭危嶮大難。遙望五嶽端，黄金爲闕，班璘。但見芝草，葉落紛紛。一解百鳥集，來如煙。山獸紛綸，麟辟邪其端。鵾雞聲鳴，但見山獸援戲相拘攀。二解小復前行玉堂，未心懷流還。傳教出門來，門外人何求？所言欲從聖道，求一得命延。三解教敕凡吏受言，采取神藥若木端。白兔長跪擣藥蝦蟆丸，奉上陛下一玉柈，服此藥可得即仙。四解服爾神藥，無不歡喜。陛下長生老壽，四面肅肅稽首，天神擁護左右，陛下長與天相保守。五解

　　[1]《董桃行》：《樂府詩集》卷三四：“崔豹《古今注》曰：‘《董逃歌》，後漢游童所作也。終有董卓作亂，卒以逃亡。後人習之爲歌章，樂府奏之以爲儆誡焉。’《續漢書·五行志》曰：‘靈帝中平中，京都歌曰：“承樂世，董逃，遊四郭，董逃。蒙天恩，董逃，帶金紫，董逃。行謝恩，董逃，整車騎，董逃。垂欲發，董逃，與中辭，董逃。出西門，董逃，瞻宮殿，董逃。望京城，董逃，日夜絶，董逃，心摧傷，董逃。”案“董”謂董卓也。言欲跋

扈，縱有殘暴，終歸逃竄，至於滅族也。'《風俗通》曰：'卓以《董逃》之歌，主爲己發，太禁絕之。'楊阜《董卓傳》曰：'卓改《董逃》爲"董安"。'《樂府解題》曰：'古詞云"吾欲上謁從高山，山頭危險大難。"言五岳之上，皆以黄金爲宫闕，而多靈獸仙草，可以求長生不死之術，令天神擁護君上以壽考也。若陸機"和風習習薄林"，謝靈運"春虹散彩銀河"，但言節物芳華，可及時行樂，無使徂齡坐徙而已。晋傅玄有《歷九秋篇》十二章，具叙夫婦別離之思，亦題云《董逃行》，未詳。'"

《蒲生》　　　　《塘上行》[1]　　　武帝詞五解[2]

蒲＝生＝我＝池＝中＝，其葉何離離。傍能行儀儀，莫能緩自知。衆口鑠黄金，使君生別離。一解念＝君＝去＝我＝時＝，獨愁常苦悲。想見君顔色，感結傷心脾。今悉夜夜愁不寐。二解莫＝用＝豪＝賢＝故＝，棄捐素所愛；莫用魚肉貴，棄捐葱與薤；莫用麻枲賤，棄捐菅與蒯。三解倍＝恩＝者＝苦＝栝＝，蹶船常苦没。教君安息定，慎莫致倉卒。念與君一共離別，亦當何時共坐復相對。四解出＝亦＝復＝苦＝愁＝，入亦復苦愁。邊地多悲風，樹木何蕭蕭。今日樂相樂，延年壽千秋。五解

[1]《塘上行》：《樂府詩集》卷三五："《鄴都故事》曰：'魏文帝甄皇后，中山無極人。袁紹據鄴，與中子熙娶后爲妻。後太祖破紹，文帝時爲太子，遂以后爲夫人。后爲郭皇后所譖，文帝賜死後宫。臨終爲詩曰："蒲生我池中，緑葉何離離。豈無兼葭艾，與君生別離。莫以賢豪故，棄捐素所愛。莫以麻枲賤，棄捐菅與蒯。莫以魚肉賤，棄捐葱與薤"。'《歌録》曰：'《塘上行》，古辭。或

云甄皇后造。'《樂府解題》曰:'前志云:晋樂奏魏武帝《蒲生篇》,而諸集録皆言其詞文帝甄后所作,嘆以讒訴見棄,猶幸得新好,不遺故惡焉。若晋陸機"江蘺生幽渚",言婦人衰老失寵,行於塘上而爲此歌,與古辭同意。'"

　　[2]武帝詞:中華本校勘記云:"《玉臺新詠》、《藝文類聚》四一謂甄后所作。"

《悠悠》　　　　　《苦寒行》　　　　明帝詞五解[1]

　　悠=悠=發=洛=都=,并=我=征=東=行=。征行彌二旬,屯吹龍陂城。一解顧觀故=壘=處=,皇=祖=之=所=營=。屋室若平昔,棟宇無邪傾。二解奈何我=皇=祖=,潛=德=隱=聖=形=。雖没而不朽,書貴垂休名。三解光光我=皇=祖=,軒=燿=同=其=榮=。遺化布四海,八表以肅清。四解雖有吳=蜀=寇=,春=秋=足=燿=兵。徒悲我皇祖,不永享百齡。賦詩以寫懷,伏軾淚霑纓。五解

　　[1]明帝:即曹叡。《三國志》卷三有紀。

瑟調[1]

《朝日》　　　　　《善哉行》　　　　文帝詞五解

　　朝日樂相樂,酣飲不知醉。悲弦激新聲,長笛吐清氣。一解弦歌感人腸,四坐皆歡説。寥寥高堂上,涼風入我室。二解持滿如不盈,有德者能卒。君子多苦心,所愁不但一。三解慊慊下白屋,吐握不可失。衆賓飽滿歸,主人苦不悉。四解比翼翔雲漢,羅者安所羈。沖静

得自然，榮華何足爲。五解

[1]瑟調：《樂府詩集》卷三六："《古今樂録》曰：'王僧虔《技録》，瑟調曲有《善哉行》《隴西行》《折楊柳行》《西門行》《東門行》《東西門行》《却東西門行》《順東西門行》《飲馬行》《上留田行》《新城安樂宮行》《婦病行》《孤子生行》《放歌行》《大牆上蒿行》《野田黃爵行》《釣竿行》《臨高臺行》《長安城西行》《武舍之中行》《雁門太守行》《艷歌何嘗行》《艷歌福鍾行》《艷歌雙鴻行》《煌煌京洛行》《帝王所居行》《門有車馬客行》《牆上難用趨行》《日重光行》《蜀道難行》《櫂歌行》《有所思行》《蒲坂行》《採梨橘行》《白楊行》《胡無人行》《青龍行》《公無渡河行》。'……其器有笙、笛、節、琴、瑟、箏、琵琶七種，歌弦六部。張永《録》云：'未歌之前有七部，弦又在弄後。晋、宋、齊止四器也。'"

《上山》　　　　　《善哉行》　　　　　文帝詞六解

上山采薇，薄莫苦饑。溪谷多風，霜露沾衣。一解野雉群雊，猿猴相追。還望故鄉，鬱何壘壘。二解高山有崖，林木有支。憂來無方，人莫之知。三解人生若寄，多憂何爲。今我不樂，歲月其馳。四解湯湯川流，中有行舟。隨波轉薄，有似客游。五解策我良馬，被我輕裘。載馳載驅，聊以忘憂。六解

《朝游》　　　　　《善哉行》　　　　　文帝詞五解

朝游高臺觀，夕宴華池陰。大酋奉甘醪，狩人獻嘉禽。一解齊倡發東舞，秦箏奏西音。有客從南來，爲我彈清琴。二解五音紛繁會，拊者激微吟。淫魚乘波聽，蜿躍自浮沈。三解飛鳥翻翔舞，悲鳴集北林。樂極哀情

來，憀亮摧肝心。四解清角豈不妙，德薄所不任。大哉
子野言，弭弦且自禁。五解

《古公》　　　　《善哉行》　　　　武帝詞七解

　　古公亶甫，積德垂仁。思弘一道，哲王於豳。一解
太伯仲雍，王德之仁。行施百世，斷髮文身。二解伯夷
叔齊，古之遺賢。讓國不用，餓殂首山。三解智哉山甫，
相彼宣王。何用杜伯，累我聖賢。四解齊桓之霸，賴得
仲父。後任豎刁，蟲流出戶。五解晏子平仲，積德兼仁。
與世沈德，未必思命。六解仲尼之世，王國爲君。隨制
飲酒，揚波使官。七解

《自惜》　　　　《善哉行》　　　　武帝詞六解

　　自惜身薄祜，夙賤罹孤苦。既無三徙教，不聞過庭
語。一解其窮如抽裂，自以思所怙。雖懷一介志，是時
其能與。二解守窮者貧賤，惋嘆淚如雨。泣涕於悲夫，
乞活安能覿。三解我願於天窮，琅邪傾側左。雖欲竭忠
誠，欣公歸其楚。四解快人曰爲嘆，抱情不得叙。顯行
天教人，誰知莫不緒。五解我願何時隨，此嘆亦難處。
今我將何照於光耀，釋銜不如雨。六解

《我徂》　　　　《善哉行》　　　　明帝詞八解

　　我徂我征，伐彼蠻虜。練師簡卒，爰正其旅。一解
輕舟竟川，初鴻依浦。桓桓猛毅，如羆如虎。二解發砲
若雷，吐氣成雨。旄旍指麾，進退應矩。三解百馬齊轡，
御由造父。休休六軍，咸同斯武。四解兼塗星邁，亮茲
行阻。行行日遠，西背京許。五解游弗淹旬，遂屆揚土。
奔寇震懼，莫敢當御。六解虎臣列將，怫鬱充怒。淮泗

肅清，奮揚微所。七解運德燿威，惟鎮惟撫。反旆言歸，告入皇祖。八解

《赫赫》　　　　　《善哉行》　　　　明帝詞四解

赫赫大魏，王師徂征。冒暑討亂，振燿威靈。一解汎舟黃河，隨波潺湲。通渠回越，行路綿綿。二解采旄蔽日，旗旒翳天。淫魚瀺灂，游戲深淵。三解唯塘泊，從如流。不爲單，握揚楚。心惆悵，歌《采薇》。心綿綿，在淮肥。願君速捷蚤旋歸。四解

《來日》　　　　　《善哉行》　　　　古詞六解

來日大難，口燥脣乾。今日相樂，皆當喜歡。一解經歷名山，芝草翻翻。仙人王喬，奉藥一丸。二解自惜袖短，內手知寒。慚無靈輒，以報趙宣。三解月沒參橫，北斗闌干。親交在門，饑不及餐。四解歡日尚少，戚日苦多。以何忘憂，彈箏酒歌。五解淮南八公，要道不煩。參駕六龍，游戲雲端。六解

大曲[1]

《東門》　　　　　《東門行》[2]　　　古詞四解

出東門，不顧歸；來入門，悵欲悲。盎中無斗儲，還視桁上無縣衣。一解拔劍出門去，兒女牽衣啼。它家但願富貴，賤妾與君共餔糜。二解共餔糜，上用倉浪天故，下爲黃口小兒。今時清廉，難犯教言，君復自愛莫爲非。三解今時清廉，難犯教言，君復自愛莫爲非。行！吾去爲遲，平慎行，望吾歸。四解

[1]大曲：漢魏至唐宋間，在伎樂基礎上發展起來的多段大型

歌舞音樂。其特點是歌、舞、器樂並用，具有特定的大套結構形式。漢魏間的歌舞大曲，相和大曲、清商大曲，分別在相和歌、清商曲的發展階段中，已經具備艷、趨、亂，或和送等結構。其唱、奏、歌舞程序和演出情況，於《樂府詩集》所引張永《元嘉正聲技録》、王僧虔《大明三年宴樂技録》的佚文中，可略見梗概。漢魏間的大曲已按宮調分類，稱爲三調，另有楚調。隋唐以後，上述大曲以新的面目融入清樂的大曲。《樂府詩集》卷二六："諸調曲皆有辭、有聲，而大曲又有艷，有趨、有亂。辭者其歌詩也，聲者若羊吾夷伊那何之類也，艷在曲之前，趨與亂在曲之後，亦猶吳聲西曲前有和，後有送也。又大曲十五曲，沈約並列於瑟調。今依張永《元嘉正聲技録》分於諸調，又別叙大曲於其後。唯《滿歌行》一曲，諸調不載，故附見於大曲之下。其曲調先後，亦準《技録》爲次云。"

[2]《東門行》：《文選》卷二八《東門行》李善注："《歌録》曰：《日出東門行》，古辭也。"《樂府詩集》卷三七："《古今樂録》曰：'王僧虔《技録》云："《東門行》歌古《東門》一篇，今不歌。"'《樂府解題》曰：'古詞云："出東門，不顧歸。入門悵欲悲。"言士有貧不安其居者，拔劍將去，妻子牽衣留之，願共餔糜，不求富貴。且曰"今時清，不可爲非"也。若宋鮑照"傷禽惡弦驚"，但傷離別而已。'"

《西山》　　　　《折楊柳行》[1]　　　　文帝詞四解

西山一何高，高高殊無極。上有兩仙僮，不飲亦不食。與我一丸藥，光耀有五色。一解服藥四五日，身體生羽翼。輕舉乘浮雲，倏忽行萬億。流覽觀四海，芒芒非所識。二解彭祖稱七百，悠悠安可原。老聃適西戎，于今竟不還。王喬假虛詞，赤松垂空言。三解達人識真

偽，愚夫好妄傳。追念往古事，憒憒千萬端。百家多迂怪，聖道我所觀。四解

[1]《折楊柳行》：《樂府詩集》卷三七引《古今樂録》曰："王僧虔《技録》云：《折楊柳行》歌，文帝《西山》、古《默默》二篇，今不歌。"

《羅敷》 　　　《艷歌羅敷行》[1] 　　　古詞三解

日出東南隅，照我秦氏樓。秦氏有好女，自名爲羅敷。羅敷喜蠶桑，采桑城南隅。青絲爲籠係，桂枝爲籠鉤。頭上倭墮髻，耳中明月珠。緗綺爲下帬，紫綺爲上襦。行者見羅敷，下擔捋髭須。少年見羅敷，脱帽著帩頭。耕者忘其犁，鋤者忘其鋤。來歸相怒怨，但坐觀羅敷。一解使君從南來，五馬立踟躕。使君遣吏往，問是誰家姝？秦氏有好女，自名爲羅敷。羅敷年幾何？二十尚不足，十五頗有餘。使君謝羅敷，寧可共載不？羅敷前置詞，使君一何愚！使君自有婦，羅敷自有夫。二解東方千餘騎，夫壻居上頭。何用識夫壻？白馬從驪駒。青絲繫馬尾，黃金絡馬頭。腰中鹿盧劍，可直千萬餘。十五府小史，二十朝大夫，三十侍中郎，四十專城居。爲人潔白皙，鬑鬑頗有須。盈盈公府步，冉冉府中趨。坐中數千人，皆言夫壻殊。三解。前有艷詞曲，後有趨。

[1]《艷歌羅敷行》：《樂府詩集》卷二八："一曰《艷歌羅敷行》。《古今樂録》曰：'《陌上桑》歌瑟調。古辭《艷歌羅敷行》《日出東南隅篇》。'崔豹《古今注》曰：'《陌上桑》者，出秦氏女

子。秦氏，邯鄲人有女名羅敷，爲邑人千乘王仁妻。王仁後爲趙王家令。羅敷出採桑於陌上，趙王登臺見而悦之，因置酒欲奪焉。羅敷巧彈箏，乃作《陌上桑》之歌以自明，趙王乃止。'《樂府解題》曰：'古辭言羅敷採桑，爲使君所邀，盛誇其夫爲侍中郎以拒之。'與前説不同。若陸機'扶桑昇朝暉'，但歌美人好合，與古詞始同而末異。又有《採桑》，亦出於此。"

《西門》　　　　　《西門行》[1]　　　　　古詞六解

出西門，步念之。今日不作樂，當待何時。一解夫爲樂，爲樂當及時。何能坐愁怫鬱，當復待來兹。二解飲醇酒，炙肥牛。請呼心所歡，可用解愁憂。三解人生不滿百，常懷千歲憂。晝短而夜長，何不秉燭游。四解自＝非＝仙＝人＝王＝子＝喬＝，計＝會＝壽＝命＝難＝與＝期＝。五解人壽非金石，年命安可期；貪財愛惜費，但爲後世嗤。六解。一本"燭游"後"行去之，如雲除，弊車羸馬爲自推"，無"自非"以下四十八字。

[1]《西門行》：《樂府詩集》卷三七："《古今樂録》曰：'王僧虔《技録》：《西門行》歌古《西門》一篇，今不傳。'《樂府解題》曰：'古辭云"出西門，步念之"。始言醇酒肥牛，及時爲樂，次言"人生不滿百，常懷千歲憂，晝短苦夜長，何不秉燭遊"。終言貪財惜費，爲後世所嗤。又有《順東西門行》，爲三、七言，亦傷時顧陰，有類於此。'"

《默默》　　　　　《折楊柳行》　　　　　古詞四解

默默施行違，厥罰隨事來。末喜殺龍逢，桀放於鳴條。一解祖伊言不用，紂頭縣白旄。指鹿用爲馬，胡亥以喪軀。二解夫差臨命絕，乃云負子胥。戎王納女樂，以亡其由余。璧馬禍及虢，二國俱爲墟。三解三夫成市虎，慈母投杼趨。卞和之刖足，接予歸草廬。四解

《園桃》　　　《煌煌京洛行》[1]　　　文帝詞五解

　　夭夭園桃，無子空長。虛美難假，偏輪不行。一解淮陰五刑，鳥得弓藏。保身全名，獨有子房。大憤不收，褒衣無帶；多言寡誠，祇令事敗。二解蘇秦之說，六國以亡。傾側賣主，車裂固當。賢矣陳軫，忠而有謀，楚懷不從，禍卒不救。三解禍夫吳起，智小謀大，西河何健，伏尸何劣。四解嗟彼郭生，古之雅人，智矣燕昭，可謂得臣。峩峩仲連，齊之高士；北辭千金，東蹈滄海。五解

　　[1]《煌煌京洛行》：《樂府詩集》卷三九："《古今樂錄》曰：'王僧虔《技錄》云：《煌煌京洛行》，歌文帝《園桃》一篇。'《樂府解題》曰：'晉樂奏文帝"夭夭園桃，無子空長"，言虛美者多敗。又有韓信高鳥盡，良弓藏，子房保身全名，蘇秦傾側賣主，陳軫忠而有謀，楚懷不納，郭生古之雅人，燕昭臣之，吳起知小謀大及魯仲連高士，不受千金等語。若宋鮑照"鳳樓十二重"，梁戴暠"欲知佳麗地"，始則盛稱京洛之美，終言君恩歇薄，有怨曠沉淪之嘆。'"

《白鵠》　　　《艷歌何嘗》一曰《飛鵠行》[1]　　　古詞四解

　　飛來雙白鵠，乃從西北來。十十五五，羅列成行。一解妻卒被病，行不能相隨。五里一反顧，六里一裴回。二解吾欲銜汝去，口噤不能開；吾欲負汝去，毛羽何摧

頹。三解樂哉新相知，憂來生別離。躇躊顧群侶，淚下不自知。四解念與君離別，氣結不能言。各各重自愛，道遠歸還難。妾當守空房，閉門下重關。若生當相見，亡者會黃泉。今日樂相樂，延年萬歲期。"念與"下爲趨曲，前有艷。

[1]《艷歌何嘗》：《樂府詩集》卷三九："《古今樂録》曰：'王僧虔《技録》云：《艷歌何嘗行》，歌文帝《何嘗》《古白鵠》二篇。'《樂府解題》曰：'古辭云"飛來雙白鵠，乃從西北來"。言雌病雄不能負之而去，"五里一反顧，六里一徘徊"。雖遇新相知，終傷生別離也。又有古辭云"何嘗快獨無憂"，不復爲後人所擬。"鵠"一作"鶴"。'"

《碣石》   《步出夏門行》[1]   武帝詞四解

雲行雨步，超越九江之皋，臨觀異同。心意懷游豫，不知當復何從。經過至我碣石，心惆悵我東海。"雲行"至此爲艷。東臨碣石，以觀滄海。水何淡淡，山島竦峙。樹木叢生，百草豐茂。秋風蕭瑟，洪濤湧起。日月之行，若出其中；星漢粲爛，若出其裏。幸甚至哉！歌以詠志。   《觀滄海》一解

孟冬十月，北風裴回。天氣肅清，繁霜霏霏。鶤雞晨鳴，鴻雁南飛，鷙鳥潛藏，[2]熊羆窟棲。錢鎛停置，農收積場。逆旅整設，[3]以通賈商。幸甚至哉！歌以詠志。   《冬十月》二解

鄉土不同，河朔隆寒。流澌浮漂，舟船行難。錐不入地，蘴藾深奧。水竭不流，冰堅可蹈。士隱者貧，勇

俠輕非。心常嘆怨，戚戚多悲。幸甚至哉！歌以詠志。

《河朔寒》三解

神龜雖壽，猶有竟時；騰蛇乘霧，終爲土灰。驥老伏櫪，志在千里；烈士暮年，壯心不已。盈縮之期，不但在天；養怡之福，可得永年。幸甚至哉！歌以詠志。

《神龜雖壽》四解

[1]《步出夏門行》：《樂府詩集》卷三七：“《隴西行》，一曰《步出夏門行》。《樂府解題》曰：‘古辭云“天上何所有，歷歷種白榆”。始言婦有容色，能應門承賓。次言善於主饋，終言送迎有禮。此篇出諸集，不入《樂志》。若梁簡文“隴西〔四〕戰地”，但言辛苦征戰，佳人怨思而已。’王僧虔《技録》云：‘《隴西行》歌武帝《碣石》、文帝《夏門》二篇。’《通典》曰：‘秦置隴西郡，以居隴坻之西爲名。後魏兼置渭州。《禹貢》曰：“導渭自鳥鼠同穴，”即其地也。’今首陽山亦在焉。”

[2]鷙鳥潛藏：“鷙”各本並作“蟄”，中華本據本書《樂志四》、《樂府詩集》卷三七改。

[3]逆旅整設：“整”各本並作“正”，中華本據本書《樂志四》，《晋書·樂志下》，《樂府詩集》卷三七、五四改。

《何嘗》　　　《艷歌何嘗行》　　　古詞五解

何嘗快獨無憂？但當飲醇酒，炙肥牛。一解長兄爲二千石，中兄被貂裘。二解小弟雖無官爵，鞍馬馸馸，往來王侯長者遊。三解但當在王侯殿上，快獨摴蒲六博，對坐彈碁。四解男兒居世，各當努力；蹙迫日暮，殊不久留。五解少小相觸抵，寒苦常相隨，忿恚安足諍，吾中道與卿共別離。約身奉事君，禮節不可虧。上慚滄浪之天，下顧黃口小兒。奈何復老心皇皇，獨悲誰能知。
"少小"下爲趨曲，前爲艷。

《置酒》　　《野田黃雀行》《空侯引》亦用此曲。[1]
東阿王詞四解

　　置酒高殿上，親交從我游。中厨辦豐膳，烹羊宰肥
牛。秦箏何慷慨，齊瑟和且柔。一解陽阿奏奇舞，京洛
出名謳。樂飲過三爵，緩帶傾庶羞，主稱千金壽，賓奉
萬年酬。二解久要不可忘，薄終義所尤。謙謙君子德，
磬折欲何求。盛時不再來，百年忽我遒。三解驚風飄白
日，光景馳西流。生存華屋處，零落歸山丘。先民誰不
死，知命復何憂！四解

　　[1]《野田黃雀行》：《樂府詩集》卷三九："《古今樂録》曰：
'王僧虔《技録》有《野田黃雀行》，今不歌。'《樂府解題》曰：
'晉樂奏東阿王"置酒高殿上"，始言豐膳樂飲，盛賓主之獻酬。
中言歡極而悲，嗟盛時不再。終言歸於知命而無憂也。'《空侯引》
亦用此曲。按漢鼓吹鐃歌亦有《黃雀行》，不知與此同否？"

《爲樂》[1]　　《滿歌行》[2]　　　　古詞四解[3]

　　爲樂未幾時，遭世險巇，逢此百離；伶丁荼毒，愁
懣難支。遥望辰極，天曉月移。憂來闐心，誰當我知。
一解戚戚多思慮，耿耿不寧。禍福無形，唯念古人，遜
位躬耕。遂我所願，以兹自寧。自鄙山樓，守此一榮。
二解莫秋冽風起。西蹈滄海，心不能安。攬衣起瞻夜，
北斗闌干。星漢照我，去去自無它。奉事二親，勞心可
言。三解窮達天所爲，智者不愁，多爲少憂。安貧樂正

道，師彼莊周。遺名者貴，子熙同巇。往者二賢，名垂千秋。四解飲酒歌舞，不樂何須！善哉照觀日月，日月馳驅。轗軻世間，何有何無！貪財惜費，此一何愚！命如鑿石見火，居世竟能幾時？但當歡樂自娛，盡心極所熙怡。安善養君德性，百年保此期頤。"飲酒"下爲趨。

[1]《爲樂》：《樂府詩集》卷四三引《樂府解題》曰："古辭云'爲樂未幾時，遭時嶮巇'。其始言逢此百罹，零丁荼毒。古人遜位躬耕，遂我所願。次言窮達天命，智者不憂。莊周遺名，名垂千載。終言命如鑿石見火，宜自娛以頤養，保此百年也。"

[2]《滿歌行》：《樂府正義》卷九："《滿歌》，《懣歌》也。胸懷憤懣，因而作歌。晋樂所奏古辭，'零丁荼毒，愁懣難支'，以此爲《懣歌》也。"

[3]古詞四解：各本並脱"古詞"二字，中華本據前後文例及《樂府詩集》卷四三補。"四解"二字，舊在上"滿歌行"三字下，今亦移"古詞"後。

《夏門》　　《步出夏門行》一曰《隴西行》　　明帝詞二解

步出夏門，東登首陽山。嗟哉夷叔，仲尼稱賢。君子退讓，小人爭先；惟斯二子，于今稱傳。林鍾受謝，節改時遷。日月不居，誰得久存。善哉殊復善，弦歌樂情。一解商風夕起，悲彼秋蟬，變形易色，隨風東西。乃眷西顧，雲霧相連，丹霞蔽日，采虹帶天。弱水潺潺，落葉翩翩，孤禽失群，悲鳴其間。善哉殊復善，悲鳴在其間。二解朝游清泠，日莫嗟歸。"朝游"上爲艷。蹙迫日莫，烏鵲南飛。繞樹三匝，何枝可依。卒逢風雨，樹折枝摧。雄來驚雌，雌獨愁棲。夜失群侶，悲鳴裴回。芃芃荆棘，葛生綿綿。感彼風人，惆悵自憐。月盈則沖，華不再繁；古來之説，嗟哉一言。“蹙迫”下爲趨。

《王者布大化》　　　《櫂歌行》[1]　　　明帝詞五解

王者布大化，配乾稽后祇。陽育則陰殺，晷景應度移。一解文德以時振，武功伐不隨。重華儛干戚，有苗服從嬀。二解蠢爾吳蜀虜，馮江樓山阻。哀哀王士民，瞻仰靡依怙。三解皇上悼愍斯，宿昔奮天怒。發我許昌宮，列舟于長浦。四解翌日乘波揚，棹歌悲且凉。大常拂白日，旗幟紛設張。五解將抗旌與鉞，燿威於彼方。伐罪以弔民，清我東南疆。“將抗”下爲趨。

[1]《櫂歌行》：《樂府詩集》卷四〇：“《古今樂録》曰：‘王僧虔《技録》云：《櫂歌行》歌明帝《王者布大化》一篇，或云左延年作，今不歌。梁簡文帝在東宮更製歌，少異此也。’《樂府解題》曰：‘晋樂奏魏明帝辭云“王者布大化”，備言平吳之勳。若晋陸機“遲遲春欲暮”，梁簡文帝“妾住在湘川”，但言乘舟鼓櫂而已。’”

《洛陽行》　　　《雁門太守行》[1]　　　古詞八解

孝和帝在時，洛陽令王君，本自益州廣漢民，少行宦，學通五經論。一解明知法令，歷世衣冠。從温補洛陽令，治行致賢，擁護百姓，子養萬民。二解外行猛政，内懷慈仁。文武備具，料民富貧，移惡子姓名，五篇著里端。三解傷殺人，比伍同罪對門。禁鑼矛八尺，捕輕薄少年，加笞決罪，詣馬市論。四解無妄發賦，念在理

冤，敕吏正獄，不得苛煩。財用錢三十，買繩禮竿。五
解賢哉賢哉！我縣王君。臣吏衣冠，奉事皇帝。功曹主
簿，皆得其人。六解臨部居職，不敢行恩。清身苦體，
夙夜勞勤。治有能名，遠近所聞。七解天年不遂，奄就
奄昏。爲君作祠，安陽亭西。欲令後世，莫不稱傳。
八解

[1]《雁門太守行》：《樂府正義》卷八："按古辭咏雁門太守
者不傳，此以樂府舊題《雁門太守行》咏洛陽令也，與用《秦女
休行》咏龐烈婦者同。若改用《龐烈婦行》，則是自爲樂府新題，
非復舊制矣。凡擬樂府有與古題全不對者，類用此例，但當以類相
從，不須切泥其事。"《樂府詩集》卷三九："《古今樂錄》曰：'王
僧虔《技錄》云：《雁門太守行》歌《古洛陽》令一篇。'《後漢
書》曰：'王渙，字稚子，廣漢郪人也。父順，安定太守。渙少好
俠，尚氣力，晚改節敦儒學，習書讀律，略通大義。後舉茂才，除
溫令。討擊姦猾，境內清夷，商人露宿於道。其有放牛者，輒云，
以屬稚子，終無侵犯。在溫三年，遷兗州刺史。繩正部郡，威風大
行。後坐考妖言不實論，歲餘徵拜侍御史。永元十五年，還爲洛陽
令。政平訟理，發擿姦伏，京師稱嘆，以爲有神算。元興元年病
卒。百姓咨嗟，男女老壯相與致奠醊，以千數。及喪西歸，經弘
農，民庶皆設槃案於路，吏問其故，咸言平常持米到洛，爲卒司所
抄，恒亡其半。自王君在事，不見侵枉，故來報恩。其政化懷物如
此。民思其德，爲立祠安陽亭西。每食輒弦歌而薦之。永嘉二年，
鄧太后詔嘉其節義，而以子石爲郎中。延熹中，桓帝事黃老道，悉
毀諸旁祀，唯存卓茂與渙祠焉。'《樂府解題》曰：'按古歌詞，歷
述渙本末，與傳合。而曰《雁門太守行》，所未詳。若梁簡文帝
"輕霜中夜下"，備言邊城征戰之思，皇甫規雁門之問，蓋據題爲
之也。'"

《白頭吟》[1]　　　與《櫂歌》同調[2]　　　古詞五解

晴如山上雲，[3]皎若雲間月。聞君有兩意，故來相決絕。一解平生共城中，何嘗斗酒會。今日斗酒會，明旦溝水頭。蹀躞御溝上，溝水東西流。二解郭東亦有樵，郭西亦有樵。兩樵相推與，無親爲誰驕？三解淒淒重淒淒，嫁娶亦不啼；願得一心人，白頭不相離。四解[4]竹竿何嫋嫋，魚尾何離簁，男兒欲相知，何用錢刀爲？齕如五馬噉萁，川上高士嬉。今日相對樂，延年萬歲期。五解。[5]一本云：詞曰上有"紫羅咄咄奈何"。

[1]《白頭吟》：《樂府詩集》卷四一："《古今樂録》：'王僧虔《技録》曰：《白頭吟行》歌古《皚如山上雪》篇。'《西京雜記》曰：'司馬相如將聘茂陵人女爲妾，卓文君作《白頭吟》以自絕，相如乃止。'《樂府解題》曰：'古辭云"皚如山上雪，皎若雲間月"。又云"願得一心人，白頭不相離"。始言良人有兩意，故來與之相決絕。次言別於溝水之上，叙其本情。終言男兒重意氣，何用於錢刀。若宋鮑照"直如朱絲繩"，陳張正見"平生懷直道"，唐虞世南"氣如幽徑蘭"，皆自傷清直芬馥，而遭鑠金玷玉之謗，君恩似薄，與古文近焉。'一說云：《白頭吟》疾人相知，以新間舊，不能至於白首，故以爲名。唐元稹又有《決絕詞》，亦出於此。"

[2]與《櫂歌》同調：《樂府詩集》卷四三："按王僧虔《技録》：'《櫂歌行》在瑟調，《白頭吟》在楚調。'而沈約云同調，未知孰是。"

[3]晴如山上雲：中華本校勘記云："'雲'局本、《玉臺新詠》、《御覽》一二、《樂府詩集》四一作'雪'。'晴'《玉臺新

詠》、《樂府詩集》四一作'皑',《御覽》一二作'皓'。"

　　[4]四解：各本並脫去，中華本據《樂府詩集》卷四一補。

　　[5]五解：各本並脫去，中華本據《樂府詩集》卷四一補。

楚調怨詩[1]

《明月》　　　　　　東阿王詞七解[2]

　　明月照高樓，流光正裴回。上有愁思婦，悲嘆有餘哀。一解借問嘆者誰？自云客子妻。夫行踰十載，賤妾常獨棲。二解念君過於渴，思君劇於饑。君爲高山柏，妾爲濁水泥。[3]三解北風行蕭蕭，烈烈入吾耳。心中念故人，淚墮不能止。四解沈浮各異路，會合當何諧？願作東北風，吹我入君懷。五解君懷常不開，賤妾當何依。恩情中道絕，流止任東西。六解我欲竟此曲，此曲悲且長。今日樂相樂，別後莫相忘！七解

　　[1]楚調：漢代的相和三調之外另有楚調、側調，但兩者的音階結構均不見於史籍記載。《樂府詩集》卷四一："《古今樂録》曰：'王僧虔《技録》：楚調曲有《白頭吟行》《泰山吟行》《梁甫吟行》《東武琵琶吟行》《怨詩行》。其器有笙、笛弄、節、琴、箏、琵琶、瑟七種。'張永《録》云：'未歌之前，有一部弦，又在弄後，又有但曲七曲：《廣陵散》《黃老彈飛引》《大胡笳鳴》《小胡笳鳴》《鵾雞游弦》《流楚》《窈窕》。並琴、箏、笙、筑之曲，王《録》所無也。其《廣陵散》一曲，今不傳。'"

　　[2]東阿王：即曹植。《三國志》卷一九有傳。

　　[3]君爲高山柏，妾爲濁水泥：中華本校勘記云："《文選》二三、《玉臺新詠》、《藝文類聚》三二作'君若清路塵，妾若濁水泥'。"

宋書　卷二二

志第十二

樂四

漢《鞞舞歌》五篇：[1]
　《關東有賢女》
　《章和二年中》
　《樂久長》
　《四方皇》
　《殿前生桂樹》
魏《鞞舞歌》五篇：
　《明明魏皇帝》
　《太和有聖帝》
　《魏曆長》
　《天生烝民》
　《爲君既不易》

[1]《鞞舞歌》：《南齊書·樂志》："舞曲，皆古辭雅音，稱述

功德，宴享所奏。傅玄歌辭云：'獲罪於天，北徙朔方，墳墓誰掃，超若流光。'如此十餘小曲，名爲舞曲，疑非宴樂之辭。然舞曲總名起此矣。"《樂府詩集》卷五三："雜舞者，《公莫》《巴渝》《槃舞》《鞞舞》《鐸舞》《拂舞》《白紵》之類是也。始皆出自方俗，後寖陳於殿庭。蓋自周有縵樂散樂，秦漢因之增廣，宴會所奏，率非雅舞。漢、魏已後，並以鞞、鐸、巾、拂四舞，用之宴饗。宋武帝大明中，亦以鞞拂雜舞合之。鐘石施於廟庭，朝會用樂，則兼奏之。明帝時，又有西傖羌胡雜舞，後魏、北齊，亦皆參以胡戎伎，自此諸舞彌盛矣。隋牛弘亦請存四舞，宴會則與雜伎同設，於西涼前奏之，而去其所持鞞拂等。按此雖非正樂，亦皆前代舊聲。故成公綏賦云：'鞞鐸舞庭，八音並陳。'梁武帝報沈約云，'鞞、鐸、巾、拂，古之遺風'是也。"

魏陳思王《鼙舞歌》五篇
《聖皇篇》　　當《章和二年中》

　　聖皇應曆數，正康帝道休。九州咸賓服，威德洞八幽。三公奏諸公，不得久淹留。蕃位任至重，舊章咸率由。侍臣省文奏，陛下體仁慈。沈吟有愛戀，不忍聽可之。迫有官典憲，不得顧恩私。諸王當就國，璽綬何纍纍。便時舍外殿，宮省寂無人。主上增顧念，皇母懷苦辛。何以爲贈賜，傾府竭寶珍。文錢百億萬，采帛若煙雲。乘輿服御物，錦羅與金銀。龍旗垂九旒，羽蓋參斑輪。諸王自計念，無功荷厚德。思一效筋力，糜軀以報國。鴻臚擁節衛，副使隨經營。貴戚並出送，夾道交輜軿。車服齊整設，轙曄燿天精。武騎衛前後，鼓吹簫笳聲。祖道魏東門，淚下霑冠纓。扳蓋因内顧，俛仰慕同生。行行將日莫，何時還闕庭。車輪爲裴回，四馬躊躇鳴。路人尚酸鼻，何況骨肉情。

《靈芝篇》　　當《殿前生桂樹》

　　靈芝生玉地，朱草被洛濱。榮華相晃燿，光采曄若神。古時有虞舜，父母頑且嚚。盡孝於田隴，烝烝不違仁。伯瑜年七十，采衣以娛親，慈母笞不痛，歔欷涕沾巾。[1]丁蘭少失母，自傷蚤孤煢，刻木當嚴親，朝夕致三牲。暴子見陵侮，犯罪以亡形，丈人爲泣血，免庈全其名。董永遭家貧，父老財無遺。舉假以供養，傭作致甘肥。責家填門至，不知何用歸。天靈感至德，神女爲秉機。歲月不安居，烏乎我皇考！生我既已晚，棄我何期蚤！《蓼莪》誰所興，念之令人老。退詠《南風》詩，灑淚滿襜抱。　　　亂曰：聖皇君四海，德教朝夕宣。萬國咸禮讓，百姓家肅虔。庠序不失儀，孝悌處中田。戶有曾閔子，比屋皆仁賢。鬢齠無夭齒，黃髮盡其年。陛下三萬歲，慈母亦復然。

　　[1]伯瑜：據殿本《考證》："伯瑜，一本作伯俞。按《困學紀聞》引陳思王此二語，云，人但知老萊子之事，而不知伯瑜。顧老萊子、伯瑜是否兩人，亦無可考也。"《說苑》卷三記其事云："伯俞有過，其母笞之，泣。其母曰：'他日笞子，未嘗見泣，今泣，何也？'對曰：'他日俞得罪，笞嘗痛；今母之力衰，不能使痛，是以泣也。'"未載"彩衣娛親"事。

《大魏篇》　　當《漢吉昌》

　　大魏應靈符，天祿方甫始。聖德致泰和，神明爲驅使。左右宜供養，中殿宜皇子。陛下長壽考，群臣拜賀咸説喜。積善有餘慶，榮禄固天常。衆善填門至，臣子蒙福祥。無患及陽遂，輔翼我聖皇。衆吉咸集會，凶邪姦惡並滅亡。黃鵠游殿前，神鼎周四阿。玉馬充乘輿，芝蓋樹九華。白虎戲西除，舍利從辟邪。騏驎躡足舞，鳳凰拊翼歌。豐年大置酒，玉尊列廣庭。樂飲過三爵，朱顏暴己形。式宴不違禮，君臣歌《鹿鳴》。樂人舞鼙鼓，百官雷抃贊若驚。儲禮如江海，積善若陵山。皇嗣繁且熾，孫子列曾玄。群臣咸稱萬歲，陛下長樂壽年！御酒停未飲，貴戚跪東厢。侍人承顏色，奉進金玉觴。此酒亦真酒，福禄當聖皇。陛下臨軒笑，左右咸歡康。杯來一何遲，群僚以次行。賞賜累千億，百官並富昌。

《精微篇》　　　當《關東有賢女》[1]

精微爛金石，至心動神明。杞妻哭死夫，[2]梁山爲之傾。子丹西質秦，[3]烏白馬角生。鄒衍囚燕市，繁霜爲夏零。[4]關東有賢女，自字蘇來卿。壯年報父仇，身没垂功名。[5]女休逢赦書，白刃幾在頸。[6]俱上列仙籍，去死獨就生。太倉令有罪，遠徵當就拘。自悲居無男，禍至無與俱。緹縈痛父言，荷擔西上書。榮桓北闕下，泣淚何漣如。乞得并姊弟，没身贖父軀。漢文感其義，肉刑法用除。其父得以免，辨義在列圖。多男亦何爲，一女足成居。簡子南渡河，津吏廢舟船。執法將加刑，女娟擁櫂前。“妾父聞君來，將涉不測淵。畏懼風波起，禱祝祭名川。備禮饗神祇，爲君求福先。不勝醻祀誠，至令犯罰艱。君必欲加誅，乞使知罪愆。妾願以身代”，至誠感蒼天。國君高其義，其父用赦原。河激奏中流，簡子知其賢。歸媵爲夫人，榮寵超後先。辯女解父命，何況健少年。黄初發和氣，明堂德教施。治道致太平，禮樂風俗移。刑錯民無枉，怨女復何爲。聖皇長壽考，景福常來儀。

[1]《關東有賢女》：中華本校勘記云："'關東'各本並作'關中'。按本卷首列漢《鼙舞歌》作'關東有賢女'，不作'關中有賢女'，今改正。"

[2]杞：即杞梁。春秋時齊國大夫，名殖。齊莊公四年（前550），齊襲莒，杞梁與華周進抵莒郊，被俘而死，其妻孟姜迎喪於郊。莊公使人往郊吊，孟姜認爲違禮，莊公於是親自往吊其家。傳說孟姜哭夫十天，城便崩塌，投淄水死。

[3]子丹：即燕太子丹。戰國末年燕王喜的太子。曾在秦國作爲人質，後逃歸。因患秦軍逼境，燕王喜二十八年（前227），派荆軻入秦刺秦王，不中。次年秦軍攻破燕國，逃奔遼東，被燕王喜斬首獻給秦國。《論衡·感虛》云："燕太子丹朝於秦，不得去，從秦王求歸。秦王執留之，與之誓曰：'使日再中，天雨粟，令烏白頭，馬生角，厨門木象生肉足，乃得歸。'當此之時，天地祐之，日爲再中，天雨粟，烏白頭，馬生角，厨門木象生肉足。秦王以爲聖，乃歸之。"

[4]鄒羨囚燕市，繁霜爲夏零：《後漢書》卷五七《劉瑜傳》注引《淮南子》說："鄒衍事燕惠王，盡忠。左右譖之，王繫之，仰天而哭，五月天爲之下霜。"鄒羨，人名。即鄒衍。又作"騶衍"。鄒羨爲本書作者沈約避梁武帝蕭衍諱改。戰國時齊國人，陰陽家的代表人物。歷游魏、燕、趙等國，受到諸侯"尊禮"。提出"五德終始"說和"大九州"說。《漢書·藝文志》著録《鄒子》四十九篇、《鄒子終始》五十六篇，皆不傳。

[5]關東有賢女，自字蘇來卿：黄節《曹子建詩注》云："《古

今樂録》曰：'漢曲五篇，一曰《關東有賢女》，其辭已亡。'朱乾《樂府正義》曰：'此云關東有賢女，自字蘇來卿。知漢曲爲蘇來卿而作也。'又曰：'詩言女休逢赦書，知來卿之不遇赦矣。故下用倶字及獨字。'節按：蘇來卿事，書傳多闕載。李白《東海有勇婦》篇又作蘇子卿，可知載籍無考，唐時已然矣。"

[6]女休逢赦書，白刃幾在頸：《樂府詩集》卷六一《秦女休行》："左延年辭，大略言女休爲燕王婦，爲宗報讎，殺人都市，雖被囚繫，終以赦宥，得寬刑戮也。晋傅玄云'龐氏有烈婦'，亦言殺人報怨，以烈義稱，與古辭義同而事異。"

《孟冬篇》　　當《狡兔》

孟冬十月，陰氣厲清。武官誡田，講旅統兵。元龜襲吉，元光著明。蚩尤躑路，風弭雨停。乘輿啓行，鸞鳴幽軋。虎賁采騎，飛象珥鶡。鍾鼓鏗鏘，簫管嘈喝。萬騎齊鑣，千乘等蓋。夷山填谷，平林滌藪。張羅萬里，盡其飛走。翟翟狡兔，揚白跳翰。獵以青骹，掩以修竿。韓盧宋鵲，呈才騁足。噬不盡絺，牽麋掎鹿。魏氏發機，養基撫弦。都盧尋高，搜索猴猨。慶忌孟賁，蹈谷超巒。張目決眥，髮怒穿冠。頓熊扼虎，蹴豹搏貙。氣有餘勢，負象而趨。獲車既盈，日側樂終。罷役解徒，大饗離宮。　　亂曰：聖皇臨飛軒，論功校獵徒。死禽積如京，流血成溝渠。明詔大勞賜，太官供有無。走馬行酒醴，驅車布肉魚。鳴鼓舉觴爵，鍾擊位無餘。[1]絶網縱麟麚，弛罩出鳳雛。收功在羽校，威靈振鬼區。陛下長歡樂，永世合天符。

[1]鍾擊位無餘：中華本校勘記云："《曹植集》作'擊鐘醵無餘'。"

晋《鼙舞歌》五篇

《洪業篇》　　《鼙舞歌》，當魏曲《明明魏皇帝》，古曲《關東有賢女》。

宣文創洪業，盛德在泰始。聖皇應靈符，受命君四海。萬國何所樂，上有明天子。唐堯禪帝位，虞舜惟恭己。恭己正南面，道化與時移。大赦盪萌漸，文教被黃支。[1]象天則地，體無爲。聰明配日月，神聖參兩儀。雖有三凶類，靜言無所施。象天則地，體無爲。稷契並佐命，伊呂升王臣。蘭芷登朝肆，下無失宿民。聲發響自應，表立景來附。虓虎從羈制，潛龍升天路。備物立成器，變通極其數。百事以時叙，萬機有常度。訓之以克讓，納之以忠恕。群下仰清風，海外同歡慕。象天則地，化雲布。昔日貴雕飾，今尚儉與素。昔日多纖介，今去情與故。象天則地，化雲布。濟濟大朝士，夙夜綜萬機。萬機無廢理，明明降疇咨。臣譬列星景，君配朝日暉。事業並通濟，功烈何巍巍。五帝繼三皇，三王世所歸。聖德應期運，天地不能違。仰之彌已高，猶天不可階。將復御龍氏，鳳皇在庭棲。

[1]黃支：國名。即黃支國。在今印度南境康契普臘姆。《漢書·地理志下》："自夫甘都盧國船行可二月餘，有黃支國，民俗略與珠厓相類。其州廣大，戶口多，多異物，自武帝以來皆獻見。"

《天命篇》　　　　《鼙舞歌》，當魏曲《太和有聖帝》，古曲《章和二年中》。

　　聖祖受天命，應期輔魏皇。入則綜萬機，出則征四方。朝廷無遺理，方表寧且康。道隆舜臣堯，積德踰太王。孟度阻窮險，造亂天一隅。神兵出不意，奉命致天誅。赦善戮有罪，元惡宗爲虛。威風震勁蜀，武烈憎強吳。諸葛不知命，肆逆亂天常。擁徒十餘萬，數來寇邊疆。我皇邁神武，秉鉞鎮雍涼。亮乃畏天威，未戰先仆僵。盈虛自然運，時變固多難。東征陵海表，萬里梟賊淵。受遺齊七政，曹爽又滔天。群凶受誅殛，百祿咸來臻。黃華應福始，王淩爲禍先。

《景皇帝》　　　　《鼙舞歌》，當魏曲《魏曆長》，古曲《樂久長》。

　　景皇帝，聰明命世生，盛德參天地。帝王道，[1] 創基既已難，繼世亦未易。外則夏侯玄，內則張與李，三凶稱逆，亂帝紀。從天行誅，窮其姦宄。遏將御其漸，潛謀不得起，罪人咸伏辜，威風震萬里。平衡綜萬機，萬機無不理。召陵桓不君，內外何紛紛，眾小便成群。蒙昧恣心，治亂不分。叡聖獨斷，濟武常以文。從天惟廢立，掃霓披浮雲。雲霓既已闢，清和未幾間。羽檄首尾至，變起東南蕃。儉欽爲長蛇，外則馮吳蠻。萬國紛騷擾，戚戚天下懼不安。神武御六軍，我皇秉鉞征。儉欽起壽春，前鋒據項城。[2] 出其不意，並縱奇兵。奇兵誠難御，廟勝實難支。兩軍不期遇，敵退計無施。虎騎惟武進，大戰沙陽陂。欽乃亡魂走，奔虜若雲披。天恩赦有罪，東土放鯨鯢。

[1]帝王道：中華本校勘記云："'道'下《晋書·樂志》有
'大'字，是。"

[2]前鋒據項城："城"各本並作"成"，中華本據《晋書·樂
志下》、《樂府詩集》卷五三改。

《大晋篇》　　《鼙舞歌》，當魏曲《天生烝民》，古曲
《四方皇》。

赫赫大晋，於穆文皇。蕩蕩巍巍，道邁陶唐。世稱
三皇五帝，及今重其光。九德克明，文既顯，武又章。
恩弘六合，兼濟萬方。内舉元凱，朝政以綱。外簡虎
臣，時惟鷹揚。靡從不懷，逆命斯亡。仁配春日，威踰
秋霜。濟濟多士，同兹蘭芳。唐虞至治，四凶滔天。致
討儉欽，罔不肅虔。化感海外，海外來賓。獻其聲樂，
並稱妾臣。西蜀猾夏，僭號方域。命將致討，委國稽
服。吳人放命，馮海阻江。飛書告諭，響應來同。先王
建萬國，九服爲蕃衛。亡秦壞諸侯，序胙不二世。歷代
不能復，忽踰五百歲。我皇邁聖德，應期創典制。分土
五等，蕃國正封界。莘莘文武佐，千秋邁嘉會。洪業溢
區内，仁風翔海外。

《明君篇》　　《鼙舞歌》，當魏曲《爲君既不易》，古
曲《殿前生桂樹》。

明君御四海，聽鑑盡物情。顧望有譴罰，竭忠身必
榮。蘭茝出荒野，萬里升紫庭。茨草穢堂階，掃截不得
生。能否莫相蒙，百官正其名。恭己慎有爲，有爲無不

成。闇君不自信，群下執異端。正直罷譖潤，姦臣奪其權。雖欲盡忠誠，結舌不敢言。結舌亦何憚，盡忠爲身患。清流豈不潔，飛塵濁其源。歧路令人迷，未遠勝不還。忠臣立君朝，正色不顧身。邪正不並存，譬若胡與秦。秦胡有合時，邪正各異津。忠臣遇明君，乾乾惟日新。群目統在綱，衆星拱北辰。設令遭闇主，斥退爲凡民。雖薄供時用，白茅猶可珍。冰霜晝夜結，蘭桂摧爲薪。邪臣多端變，用心何委曲。便辟從情指，動隨君所欲。偷安樂目前，不問清與濁。積僞罔時主，養交以持祿。言行恒相違，難屬甚谿谷。昧死射乾没，覺露則滅族。

右五篇《鼙舞歌行》。

《鐸舞》歌詩二篇

《聖人制禮樂篇》[1]

昔皇文武邪　彌彌舍善　誰吾時吾　行許帝道　銜來治路萬邪　治路萬邪　赫赫意黃運道吾　治路萬邪善道明邪金邪　善道　明邪金邪帝邪　近帝武武邪邪聖皇八音　偶邪尊來　聖皇八音　及來義邪同邪　烏及來義邪　善草供國吾　咄等邪烏　近帝邪武邪　近帝武邪武邪　應節合用　武邪尊邪　應節合用　酒期義邪同邪　酒期義邪善草供國吾　咄等邪烏　近帝邪武邪　近帝武武邪邪　下音足木　上爲鼓義邪　應衆義邪　樂邪邪延否　已邪烏已禮祥　咄等邪烏　素女有絶其聖烏烏武邪

[1]《聖人制禮樂篇》：《樂府詩集》卷五四引《古今樂録》：

"古《鐸舞曲》有《聖人制禮樂》一篇，聲辭雜寫，不復可辨，相傳如此。"

《雲門篇》　　《鐸舞歌行》，當魏《太和時》。

黄《雲門》，唐《咸池》，虞《韶舞》，夏《夏》殷《濩》。[1]列代有五，振鐸鳴金，近《大武》。清歌發倡，形爲主。[2]聲和八音，協律吕。身不虚動，手不徒舉。應節合度，周其叙。時奏宫商，雜之以徵羽。下屬衆目，上從鍾鼓。樂以移風，與德禮相輔，安有失其所。

右二篇《鐸舞歌行》。

[1]夏《夏》殷《濩》：各本不叠"夏"字，中華本據《南齊書·樂志》、《樂府詩集》卷五四補。

[2]形爲主："形"各本及《樂府詩集》卷五四作"刑"，中華本據《南齊書·樂志》改。

《拂舞》歌詩五篇[1]
《白鳩篇》

翩翩白鳩，再飛再鳴。懷我君德，來集君庭。白雀呈瑞，素羽明鮮。翔庭舞翼，以應仁乾。交交鳴鳩，或丹或黄。樂我君惠，振羽來翔。東壁餘光，魚在江湖。惠而不費，敬我微軀。策我良駟，習我驅馳。與君周旋，樂道亡飢。[2]我心虚静，我志霑濡。彈琴鼓瑟，聊以自娱。陵雲登臺，浮游太清。扳龍附鳳，日望身輕。

《樂府解題》

[1]《拂舞》歌詩五篇:《樂府詩集》卷五四引《樂府解題》:"讀其辭,除《白鳩》一曲,餘並非吴歌,未知所起也。"

[2]樂道亡飢:"飢"各本並作"餘",中華本據《晋書·樂志下》、《樂府詩集》卷五四改。

《濟濟篇》

暢飛暢舞,氣流芳。追念三五大綺黄。去失有,時可行。去來同時此未央。時冉冉,近桑榆。但當飲酒爲歡娱。衰老逝,有何期。多憂耿耿内懷思。淵池廣,魚獨希。願得黄浦衆所依。恩感人,世無比。悲歌具舞無極已。

《獨禄篇》

獨禄獨禄,水深泥濁。泥濁尚可,水深殺我。雍雍雙雁,游戲田畔。我欲射雁,念子孤散。翩翩浮萍,得風遥輕。我心何合,與之同并。空牀低帷,誰知無人。夜衣錦繡,誰別僞真。刀鳴削中,倚牀無施。父冤不報,欲活何爲。猛虎班班,游戲山間。虎欲囓人,不避豪賢。

《碣石篇》[1]

東臨碣石,以觀滄海。水何澹澹,山島竦峙。樹木叢生,百草豐茂。秋風蕭瑟,洪波湧起。日月之行,若出其中。星漢粲爛,若出其裏。幸甚至哉!歌以詠志。

《觀滄海》

孟冬十月,北風裴回。天氣肅清,繁霜霏霏。鵾雞晨鳴,雁過南飛。鷙鳥潛藏,熊羆窟棲。錢鎛停置,農收積場。逆旅整設,以通賈商。幸甚至哉!歌以詠志。

《冬十月》

郷土不同，河朔隆寒。流澌浮漂，舟船行難。錐不入地，豐籟深奧，水竭不流，冰堅可蹈。士隱者貧，勇俠輕非。心常嘆怨，戚戚多悲。幸甚至哉！歌以詠志。

《土不同》

神龜雖壽，猶有竟時；騰蛇乘霧，終爲土灰。老驥伏櫪，志在千里；烈士莫年，壯心不已。盈縮之期，不但在天；養怡之福，可得永年。幸甚至哉！歌以詠志。

《龜雖壽》

[1]《碣石篇》：本書《樂志三》所載《碣石篇》爲《步出夏門行》調，此則爲《拂舞歌》調，辭同調不同。

《淮南王篇》[1]

淮南王，自言尊，百尺高樓與天連。後園鑿井銀作牀，金瓶素綆汲寒漿。汲寒漿，飲少年。少年窈窕何能賢？揚聲悲歌音絕天。我欲度河河無梁，願化雙黃鵠，還故鄉。還故鄉，入故里。徘徊故鄉，苦身不已。[2]繁舞寄聲無不泰，徘徊桑梓遊天外。

右五篇《拂舞行》。[3]

《杯槃舞》歌詩一篇

晉世寧，四海平，普天安樂永大寧。四海安，天下歡，樂治興隆舞杯槃。舞杯槃，何翩翩，舉坐翻覆壽萬年。天與日，終與一，左回右轉不相失。箏笛悲，酒舞疲，心中慷慨可健兒。樽酒甘，絲竹清，願令諸君醉復醒。醉復醒，時合同，四坐歡樂皆言工。絲竹音，可不聽，亦舞此槃左右輕。自相當，合坐歡樂人命長。人命長，當結友，千秋萬歲皆老壽。

右《杯槃舞歌行》。

[1]《淮南王篇》：《樂府詩集》卷五四引崔豹《古今注》曰："《淮南王》，淮南小山之所作也。淮南王服食求仙，遍禮方士，遂與八公相攜俱去，莫知所往。小山之徒，思戀不已，乃作《淮南王曲》焉。"引班固《漢武帝故事》曰："淮南王安好神仙，招方術之士，能爲雲雨。百姓傳云：'淮南王得天子，壽無極。'帝心惡之，使覘王，云：'能致仙人，與共遊處，變化無常，又能隱形飛行，服氣不食。'帝聞而喜，欲受其道，王不肯傳。帝怒，將誅焉。王知之，出令與群臣，因不知所之。"引《樂府解題》曰："古詞云：'淮南王，自言尊。'實言安仙去。"

[2]苦身不已：各本並脫"苦"字，中華本據《晉書·樂志下》、《樂府詩集》卷五四補。

[3]《拂舞行》：中華本校勘記云："據前後文例，'拂舞'下當脫一'歌'字。"

《巾舞》歌詩一篇

吾不見公莫時吾何嬰公來嬰姥時吾哺聲何爲茂時爲來嬰當思吾明月之上轉起吾何嬰土來嬰轉去吾哺聲何爲土轉南來嬰當去吾城上羊下食草吾何嬰下來吾食草吾哺聲汝何三年針縮何來嬰吾亦老吾平平門淫涕下吾何嬰何來嬰涕下吾哺聲昔結吾馬客來嬰吾當行吾度四州洛四海吾何嬰海何來嬰海何來嬰四海吾哺聲熇西馬頭香來嬰吾洛道吾治五丈度汲水吾噫邪哺誰當求兒母何意零邪錢健步哺誰當吾求兒母何吾哺聲三針一發交時還弩心意何零

意弩心遥來嬰弩心哺聲復相頭巾意何零何邪相哺頭巾相
吾來嬰頭巾母何何吾復來推排意何零相哺推相來嬰推非
母何吾復車輪意何零子以邪相哺轉輪吾來嬰轉母何吾使
君去時意何零子以邪使君去時使來嬰去時母何吾思君去
時意何零子以邪思君去時思來嬰吾去時母何何吾吾

　　　右《公莫巾舞歌行》。
《白紵舞》歌詩三篇[1]

　　高舉兩手白鵠翔。輕軀徐起何洋洋。凝停善睞容儀
光。宛若龍轉乍低昂。隨世而變誠無方。如推若引留且
行。宋世方昌樂未央。舞以盡神安可忘。愛之遺誰贈佳
人。質如輕雲色如銀。袍以光軀巾拂塵。制以爲袍餘作
巾。四坐歡樂胡可陳。清歌徐舞降祇神。

　　　右一篇。

[1]《白紵舞》歌詩三篇：中華本校勘記云："《樂府詩集》五
五亦有此篇，通篇上下兩句對換，讀之文義似較《宋書·樂志》
爲長。"

　　雙袂齊舉鸞鳳翔。羅裾飄飄昭儀光。趨步生姿進流
芳。鳴弦清歌及三陽。人生世間如電過。樂時每少苦日
多。幸及良辰曜春花。齊倡獻舞趙女歌。羲和馳景逝不
停。春露未晞嚴霜零。百草凋索花落英。蟋蟀吟牖寒蟬
鳴。百年之命忽若傾。蚤知迅速秉燭行。東造扶桑游紫
庭。西至崑崙戲曾城。

　　　右一篇。
陽春白日風花香。趨步明玉舞瑤璫。聲發金石媚笙

簧。羅袿徐轉紅袖揚。清歌流響繞鳳梁。如矜若思凝且翔。轉眄遺精艷輝光。將流將引雙雁翔。歡來何晚意何長。明君御世永歌倡。

　　　　右一篇。《白紵》舊新合三篇。

宋泰始歌舞曲詞

《皇業頌》歌自堯至楚元王、高祖，世世載聖德。明帝造

　　皇業沿德建，帝運資勳融。胤唐重盛軌，胄楚載休風。堯帝兆深祥，元王衍遐慶。積善傳上業，祚福啓英聖。哀數隨金禄，登曆昌水命。[1] 維宋垂光烈，世美流舞咏。

　　[1]哀數隨金禄，登曆昌水命：按本書《律曆志上》，史臣論五德，晋爲金德，宋爲水德。此處上句指晋，下句指宋。

《聖祖頌》

　　聖祖惟高德，積勳代晋曆。永建享鴻基，萬古盛音册。叡文纘宸馭，廣運崇帝聲。衍德被仁祉，留化洽民靈。孝建締孝業，允協天人謀。宇内齊政軌，宙表燭威流。鍾管騰列聖，彝銘賁重猷。

《明君大雅》　　　虞龢造

　　明君應乾數，撥亂紐頹基。民慶來蘇日，國頌《薰風》詩。天步或暫難，列蕃扇迷愿。[1] 廟勝敷九伐，[2] 神謨洞七德。文教洗昏俗，武誼清禒埏。英勳冠帝則，萬壽永衍天。

　　[1]列蕃扇迷愿：指泰始初晋安王子勛、安陸王子綏、尋陽王

子房、臨海王子頊、邵陵王子元、永嘉王子仁、始安王子真、淮南王子孟、南平王子産、廬陵王子興反朝廷事。

[2]廟勝敷九伐："九伐"各本並作"九代"，中華本據《樂府詩集》卷五六改。

《通國風》　　明帝造

開寶業，資賢昌。謨明盛，弼諧光。烈武惟略，景王勳。[1]南康華容，[2]變政文。猛績爰著，有左軍。[3]三王到氏，[4]文武贊。丞相作輔，[5]屬伊旦。沈柳宗侯，[6]皆殄亂。泰始開運，超百王。司徒驃騎，勳德康。[7]江安謀效，殷誠彰。[8]劉沈承規，[9]功名揚。慶歸我后，祚無疆。

[1]烈武惟略，景王勳：指臨川烈武王劉道規和長沙景王劉道憐。

[2]南康華容：指南康郡王劉穆之、華容縣公王弘。

[3]左軍：指贈左將軍王鎮惡。

[4]三王到氏：指王華、王曇首、王敬弘和到彥之。

[5]丞相作輔：指贈丞相江夏文王劉義恭。

[6]沈柳宗侯：指沈慶之、柳元景和宗愨。

[7]司徒驃騎：指司徒始安王劉休仁、驃騎將軍晋平王劉休佑。

[8]江安謀效，殷誠彰：指江安侯王景文和殷孝祖。

[9]劉沈承規：指劉勔和沈攸之。

《天符頌》　　明帝造

天符革運，世誕英皇。在館神炫，既壯龍驤。六鍾集表，四緯駢光。於穆配天，永休厥祥。

《明德頌》　　明帝造

　　明德孚教，幽符麗紀。山鼎見奇，醴液涵祉。鸑鷟
燿儀，騶虞游趾。福延億祚，慶流萬祀。

《帝圖頌》

　　帝圖凝遠，瑞美昭宣。濟流月鏡，鹿毳霜鮮。甘露
降和，花雪表年。孝德載衍，芳風永傳。

《龍躍大雅》

　　龍躍式符，玉燿蕃宮。葳淹豫野，璽屬嬪中。江波
澈映，石柏開文。觀毓花藥，樓凝景雲。白烏三獲，甘
液再呈。嘉秫表沃，連理協成。德充動物，道積通神。
宋業允大，靈瑞方臻。

《淮祥風》

　　淮祥應，賢彥生。翼贊中興，致太平。

《宋世大雅》　　虞龢造

　　宋世寧，在泰始。醉酒歡，飽德喜。萬國朝，上壽
酒。帝同天，惟長久。

《治兵大雅》　　明帝造

　　王命治兵，有征無戰。巾拂以净，醜類革面。王儀
振旅，載戢在辰。中虛巾拂，四表静塵。

《白紵篇大雅》　　　明帝造

　　在心曰志發言詩，聲成于文被管絲。手舞足蹈欣泰
時，移風易俗王化基。琴角揮韻白雲舒，《簫韶》協音
神鳳來。拊擊和節詠在初，章曲乍畢情有餘。文同軌壹
道德行，國靖民和禮樂成。四縣庭響美勲英，八列陛倡
貴人聲。舞飾麗華樂容工，羅裳皎日袂隨風。金翠列煇

蕙麝豐，淑姿委體允帝衷。

漢鼓吹鐃歌十八曲[1]

《朱鷺曲》[2]

　　朱鷺，魚以鳥路訾邪。鷺何食，食茄下。不之食，不以吐，將以問誅一作諫者。

《思悲翁曲》

　　思悲翁，唐思，奪我美人侵以遇，悲翁也，但我思。蓬首一作蟊狗，逐狡兔，食交君，梟子五。梟母六，[3]拉沓高飛莫安宿。

　　[1]漢鼓吹鐃歌十八曲：《樂府詩集》卷一六引《古今樂録》曰："漢鼓吹鐃歌十八曲，字多訛誤。一曰《朱鷺》，二曰《思悲翁》，三曰《艾如張》，四曰《上之回》，五曰《擁離》，六曰《戰城南》，七曰《巫山高》，八曰《上陵》，九曰《將進酒》，十曰《君馬黄》，十一曰《芳樹》，十二曰《有所思》，十三曰《雉子斑》，十四曰《聖人出》，十五曰《上邪》，十六曰《臨高臺》，十七曰《遠如期》，十八曰《石留》。又有《務成》《玄雲》《黄爵》《釣竿》，亦漢曲也。其辭亡。或云：漢鐃歌二十一無《釣竿》，《擁離》亦曰《翁離》。"《滄浪詩話·考證》："古詞之不可讀者莫如《巾舞》歌，文義漫不可解，又古《將進酒》'芳樹石留豫章行'等篇，皆使人讀之茫然。又《朱鷺》'稚子班艾如'、張思'悲翁上之回'等，祇二三句可解，豈非歲久文字舛訛而然耶？"

　　[2]《朱鷺曲》：《隋書·音樂志下》："一曰建鼓，夏后氏加四足，謂之足鼓。殷人柱貫之，謂之楹鼓。周人懸之，謂之懸鼓。近代相承，植而貫之，謂之建鼓。蓋殷所作也。又棲翔鷺於其上，不知何代所加。或曰，鵠也，取其聲揚而遠聞。或曰，鷺，鼓精也。越王勾踐擊大鼓於雷門以厭吳。晉時移於建康，有雙鷺咷鼓而飛入

雲。或曰，皆非也。《詩》云：‘振振鷺，鷺于飛。鼓咽咽，醉言歸。’古之君子，悲周道之衰，頌聲之輟，飾鼓以鷺，存其風流。未知孰是。”

[3]梟母六：古時博戲樗蒲的兩種勝采名。母爲梟，最勝；六爲盧，次之。

《艾如張曲》[1]

艾而張羅，夷於何。[2] 行成之，四時和。山出黃雀亦有羅，雀以高飛奈雀何？爲此倚欲，誰肯礙室。

[1]《艾如張曲》：《樂府詩集》卷一六：“艾與刈同，《說文》曰：‘芟草也。’如讀爲而，猶《春秋》曰‘星隕如雨’也。古詞曰：‘艾而張羅。’又曰：‘雀以高飛奈雀何？’《穀梁傳》曰：‘艾蘭以爲防，置旃以爲轅門。’謂因蒐狩以習武事也。蘭，香草也，言艾草以爲田之大防是也。”

[2]夷於何：爲聲字。

《上之回曲》[1]

上之回，所中益。夏將至，行將北。以承甘泉宮，寒暑德。游石關，望諸國，月支臣，[2] 匈奴服。令從百官疾驅馳，千秋萬歲樂無極。

[1]《上之回曲》：《樂府詩集》卷一六：“《漢書》曰：‘孝文十四年，匈奴入朝那蕭關，遂至彭陽。使騎兵入燒回中宮，候騎至雍甘泉。’回中地在安定，其中有宮也。《武帝紀》曰：‘元封四年冬十月，行幸雍，祠五畤。通回中道，遂北出蕭關。’吳兢《樂府解題》曰：‘漢武通回中道，後數出遊幸焉。’”

[2]月支：古族名。即月氏。秦漢之際，游牧於敦煌、祁連間。

《翁離曲》

擁離趾中，可築室，何用葺之蕙用蘭。擁離趾中。

《戰城南曲》

戰城南，死郭北，野死不葬烏可食。爲我謂烏，且爲客豪，野死諒不葬，腐肉安能去子逃？水深激激，蒲葦冥冥。梟騎戰鬪死，駑馬裴回鳴。梁築室，何以南？梁何北？禾黍而穫君何食？願爲忠臣安可得？思子良臣，良臣誠可思，朝行出攻，莫不夜歸。

《巫山高曲》[1]

巫山高，高以大；淮水深，難以逝。我欲東歸，害梁不爲。我集無高，曳水何梁。湯湯回回，臨水遠望。泣下霑衣，遠道之人心思歸。謂之何？

[1]《巫山高曲》：《樂府詩集》卷一六引《樂府解題》曰："古詞言，江淮水深，無梁可度，臨水遠望，思歸而已。若齊王融'想像巫山高'，梁范雲'巫山高不極'，雜以陽臺神女之事，無復遠望思歸之意也。"

《上陵曲》[1]

上陵何美美，下津風以寒。問客從何來，言從水中央。桂樹爲君船，青絲爲君笮，木蘭爲君櫂，黃金錯其間。滄海之雀赤翅鴻，白雁隨，[2]山林乍開乍合，曾不知日月明。醴泉之水，光澤何蔚蔚。[3]芝爲車，龍爲馬。覽遨游，四海外。甘露初二年，芝生銅池中，仙人下來飲，延壽千萬歲。

[1]《上陵曲》：《樂府詩集》卷一六：“《古今樂録》曰：‘漢章帝元和中，有宗廟食舉六曲，加《重來》《上陵》二曲，爲《上陵》食舉。’《續漢書·禮儀志》曰：‘正月上丁祠南郊，次北郊、明堂、高廟、世祖廟，謂之五供。禮畢，以次上陵。西都舊有上陵。東都之儀，太官上食，太常樂奏食舉。’按古詞大略言神仙事，不知與食舉曲同否。宋何承天《上陵者篇》曰：‘上陵者相追攀。’但言升高望遠、傷時怨嘆而已。”

[2]白雁隨：《漢書·郊祀志下》：“宣帝即位，由武帝正統興，故立三年，尊孝武廟爲世宗，行所巡狩郡國皆立廟。告祠世宗廟日，有白鶴集後庭。以立世宗廟告祠孝昭寢，有鴈五色集殿前。西河築世宗廟，神光興於殿旁，有鳥如白鶴，前赤後青。神光又興於房中，如燭狀。廣川國世宗廟殿上有鐘音，門户大開，夜有光，殿上盡明。上乃下詔赦天下。”

[3]醴泉之水，光澤何蔚蔚：《漢書》卷八《宣帝紀》：“二年春正月，立皇子囂爲定陶王。詔曰：‘乃者鳳皇甘露降集，黃龍登興，醴泉滂流，枯槁榮茂，神光並見，咸受禎祥。其赦天下。’”

《將進酒曲》[1]

將進酒，乘太白。辨加哉，詩審搏。放故歌，心所作。同陰氣，詩悉索。使禹良工，觀者苦。

[1]《將進酒曲》：《樂府詩集》卷一六：“古詞曰：‘將進酒，乘大白。’大略以飲酒放歌爲言。宋何承天《將進酒篇》曰：‘將進酒，慶三朝。備繁禮，薦嘉肴。’則言朝會進酒，且以濡首荒志爲戒。若梁昭明太子云‘洛陽輕薄子’，但叙游樂飲酒而已。”

《君馬黃歌》

君馬黃，臣馬蒼，三馬同逐臣馬良。易之有驪蔡有
赭，美人歸以南，駕車馳馬。美人傷我心！佳人歸以
北，駕車馳馬。佳人安終極！

《芳樹曲》

芳樹，日月君亂，如於風。芳樹不上無心。溫而
鵠，三而爲行。臨蘭池，心中懷我悵。心不可匡，目不
可顧，妬人之子愁殺人。君有它心，樂不可禁。王將何
似？如孫如魚乎？悲矣！

《有所思曲》

有所思，乃在大海南。何用問遺君，雙珠瑇瑁簪，
用玉紹繚之。聞君有它心，拉雜摧燒之！摧燒之，當風
揚其灰。從今以往，勿復相思！相思與君絕。雞鳴狗
吠，兄嫂當知之。妃呼豨！[1] 秋風肅肅晨風颸，東方須
臾高知之。

[1]妃呼豨：爲聲字。

《雉子曲》

雉子，班如此，之于雉梁，無以吾翁孺。雉子，知
得雉子高飛止，黃鵠蜚之以千里，[1] 王可思。雄來蜚從
雌，視子趨一雉。雉子車大駕馬滕，被王送行所中，堯
芊蜚從王孫行。

[1]千里：中華本校勘記云：“‘千里’兩字，三朝本、《樂府
詩集》一六作‘重’一字，本注云：‘一作千里。’今從北監本、

毛本、殿本、局本作‘千里’。”

《聖人出曲》

聖人出，陰陽和。美人出，游九河。佳人來，騑離哉何。駕六飛龍四時和。君之臣明護不道，美人哉，宜天子。免甘星筮樂甫始，美人子，含四海。

《上邪曲》

上邪，我欲與君相知。長命無絶衰。山無陵，江水爲竭，冬雷震震夏雨雪，天地合，乃敢與君絶。

《臨高臺曲》[1]

臨高臺以軒，下有清水清且寒。江有香草目以蘭，黃鵠高飛離哉翻。關弓射鵠，令我主壽萬年。收中吾。[2]

[1]《臨高臺曲》：《樂府詩集》卷一六：“《樂府解題》曰：‘古詞言：“臨高臺，下見清水中有黃鵠飛翻，關弓射之，令我主萬年。”若齊謝朓“千里常思歸”，但言臨望傷情而已。’宋何承天《臨高臺篇》曰：‘臨高臺，望天衢，飄然輕舉凌太虛。’則言超帝鄉而會瑶臺也。”

[2]收中吾：疑爲聲字。

《遠如期曲》[1]

遠如期，益如壽，處天左側，大樂，萬歲與天無極。雅樂陳，佳哉紛，單于自歸，動如驚心。虞心大佳，萬人還來，謁者引，鄉殿陳，累世未嘗聞之。增壽萬年亦誠哉！

　　[1]《遠如期曲》：《樂府詩集》卷一六："一曰《遠期》。《宋書・樂志》有《晚芝曲》，沈約言舊史云'詰不可解'，疑是漢《遠期曲》也。《古今樂錄》曰：'漢太樂食舉曲有《遠期》，至魏省之。'"

《石留曲》

　　石留涼陽涼石水流爲沙錫以微河爲香向始穌冷將風陽北逝肯無敢與于楊心邪懷蘭志金安薄北方開留離蘭

魏鼓吹曲十二篇[1]　　繆襲造[2]

漢第一曲《朱鷺》，今第一曲《初之平》，[3]言魏也。

　　初之平，義兵征。神武奮，金鼓鳴。邁武德，揚洪名。漢室微，社稷傾。皇道失，桓與靈。閹宦熾，群雄爭。邊韓起，亂金城。[4]中國擾，無紀經。赫武皇，起旗旌。麾天下，天下平。濟九州，九州寧。創武功，武功成。越五帝，邈三王。興禮樂，定紀綱。普日月，齊暉光。

　　　　右《初之平曲》凡三十句，句三字。

　　[1]魏鼓吹曲十二篇：《晉書・樂志下》："及魏受命，改其十二曲，使繆襲爲詞，述以功德代漢。"

　　[2]繆襲：人名。字熙伯，東海蘭陵（今山東蒼山縣）人。官至尚書、光祿勳。多有撰述，其《魏鼓吹曲》十二首，大都爲歌頌曹操功業之作。原有集，已失傳。《三國志》卷二一有附傳。

　　[3]《初之平》：中華本校勘記云："《古今樂錄》作'初之平'，同《宋書・樂志》。《晉書・樂志》、《樂府詩集》一八作'楚之平'。"

[4]邊韓起，亂金城：《三國志》卷一《魏書·武帝紀》："金城邊章、韓遂殺刺史郡守以叛，衆十餘萬，天下騷動。"

漢第二曲《思悲翁》，今第二曲《戰滎陽》，言曹公也。

戰滎陽，汴水陂。戎士憤怒，貫甲馳。陳未成，退徐榮，二萬騎，塹壘平。戎馬傷，六軍驚，勢不集，衆幾傾。白日沒，時晦冥，顧中牟，心屏營。同盟疑，計無成，賴我武皇，萬國寧。

右《戰滎陽曲》凡二十句，其十八句句三字，二句句四字。

漢第三曲《艾如張》，今第三曲《獲呂布》，言曹公東圍臨淮，生擒呂布也。

獲呂布，戮陳宮。芟夷鯨鯢，驅騁群雄。囊括天下，運掌中。

右《獲呂布曲》凡六句，其三句句三字，三句句四字。

漢第四曲《上之回》，今第四曲《克官渡》，言曹公與袁紹戰，破之於官渡也。

克紹官渡，由白馬。僵屍流血，被原野。賊衆如犬羊，王師尚寡。沙塠傍，風飛揚。轉戰不利，士卒傷。今日不勝，後何望！土山地道，不可當。卒勝大捷，震冀方。屠城破邑，神武遂章。[1]

右《克官渡曲》凡十八句，其八句句三字，一句句五字，九句句四字。

[1]"克紹官渡"至"神武遂章"：事見《三國志》卷一《魏

書·武帝紀》。

漢第五曲《翁離》，今第五曲《舊邦》，言曹公勝袁紹於官渡，還譙收藏士卒死亡也。

舊邦蕭條，心傷悲。孤魂翩翩，當何依。游士戀故，涕如摧。兵起事大，令願違。博求親戚，在者誰。立廟置後，魂來歸。

右《舊邦曲》凡十二句，其六句句三字，六句句四字。

漢第六曲《戰城南》，今第六曲《定武功》，言曹公初破鄴，武功之定，始乎此也。

定武功，濟黃河。河水湯湯，且莫有橫流波。袁氏欲衰，兄弟尋干戈。決漳水，水流滂沱。嗟城中如流魚，誰能復顧室家！計窮慮盡，求來連和。和不時，心中憂戚。賊衆內潰，君臣奔北。拔鄴城，奄有魏國。[1]王業艱難，覽觀古今，可爲長嘆。

右《定武功曲》凡二十一句，其五句句三字，三句句六字，十二句句四字，一句五字。

[1]“定武功”至“奄有魏國”：事見《三國志》卷一《魏書·武帝紀》。

漢第七曲《巫山高》，今第七曲《屠柳城》，言曹公越北塞，歷白檀，破三郡烏桓於柳城也。

屠柳城，功誠難。越度隴塞，路漫漫。北踰岡平，[1]但聞悲風正酸。蹋頓授首，遂登白狼山。神武慹海外，永無北顧患。[2]

　　　　右《屠柳城曲》凡十句，其三句句三字，三句句四字，三句句五字，一句六字。

　　[1]北踰岡平：中華本校勘記云："按《三國志·魏志·武帝紀》載曹操北征三郡烏丸，引軍出盧龍塞，經'白檀、歷平岡，涉鮮卑庭，東指柳城'。則此'岡平'當作'平岡'。"
　　[2]"但聞悲風"至"永無北顧患"：事見《三國志》卷一《魏書·武帝紀》。

漢第八曲《上陵》，今第八曲《平南荆》，言曹公南平荆州也。

　　南荆何遼遼，江漢濁不清。菁茅久不貢，王師赫南征。劉琮據襄陽，賊備屯樊城。六軍廬新野，金鼓震天庭。劉子面縛至，武皇許其成。許與其成，撫其民。陶陶江漢間，普爲大魏臣。大魏臣，向風思自新。思自新，齊功古人。在昔虞與唐，大魏得與均。多選忠義士，爲喉脣。天下一定，萬世無風塵。[1]

　　　　　右《平南荆曲》凡二十四句，共十七句句五字，四句句三字，三句句四字。

　　[1]《平南荆》所言與史實嚴重不合，但魏人爲歌頌其先祖功德，雖極其誇張，也無可厚非。

漢第九曲《將進酒》，今第九曲《平關中》，言曹公征馬超，定關中也。

平關中，路向潼。濟濁水，立高墉。鬭韓馬，離群凶。選驍騎，縱兩翼，虜崩潰，級萬億。

右《平關中曲》凡十句，句三字。

漢第十曲《有所思》，今第十曲《應帝期》，言曹文帝以聖德受命，應運期也。

應帝期，於昭我文皇，曆數承天序，龍飛自許昌。聰明昭四表，恩德動遐方。星辰爲垂燿，日月爲重光。河洛吐符瑞，草木挺嘉祥。麒麟步郊野，黃龍游津梁。白虎依山林，鳳凰鳴高岡。考圖定篇籍，功配上古羲皇。羲皇無遺文，仁聖相因循。期運三千歲，一生聖明君。堯授舜萬國，萬國皆附親。四門爲穆穆，教化常如神。大魏興盛，與之爲鄰。

右《應帝期曲》凡二十六句，其一句三字，二句四字，二十二句句五字，一句六字。

漢第十一曲《芳樹》，今第十一曲《邕熙》，言魏氏臨其國，君臣邕穆，庶績咸熙也。

邕熙，君臣合德，天下治。隆帝道，獲瑞寶，頌聲並作，洋洋浩浩。吉日臨高堂，置酒列名倡。歌聲一何紆餘，雜笙簧。八音諧，有紀綱。子孫永建萬國，壽考樂無央。

右《邕熙曲》凡十五句，其六句句三字，三句句四字，一句二字，三句句五字，二句句六字。

漢第十二曲《上邪》，今第十二曲《太和》，言魏明帝繼體承統，太和改元，德澤流布。

惟太和元年，皇帝踐阼，聖且仁，德澤爲流布。災蝗一時爲絕息，上天時雨露。五穀溢田疇，四民相率遵軌度。事務澄清，天下獄訟察以情。元首明，魏家如此，那得不太平？

右《太和曲》凡十三句，其二句句三字，五句句五字，三句句四字，三句句七字。

晋鼓吹歌曲二十二篇[1]　　傅玄作

《靈之祥》　　古《朱鷺行》

《靈之祥》，言宣皇帝之佐魏，猶虞舜之事堯也。既有石瑞之徵，又能用武以誅孟度之逆命也。[2]

靈之祥，石瑞章。旌金德，出西方。天命降，授宣皇。應期運，時龍驤。繼大舜，佐陶唐。贊武文，建帝綱。孟氏叛，據南疆。追有扈，亂五常。吳寇勁，蜀虜強。交誓盟，連遐荒。宣赫怒，奮鷹揚。震乾威，燿電光。陵九天，陷石城。梟逆命，拯有生。萬國安，四海寧。

[1]晋鼓吹歌曲二十二篇：《晋書·樂志下》：“及武帝受禪，乃令傅玄製爲二十二篇，亦述以功德代魏。”

[2]孟度：中華本校勘記云：“《晋書·樂志》、《元龜》五六六作‘孟達’。按孟達字子度，蜀將降魏，後又叛魏，爲司馬懿所攻殺。事見《三國志·魏志·明帝紀》及《蜀志·劉封傳》。本卷晋《鼙舞歌·天命篇》亦作‘孟度阻窮險’。”

《宣受命》　　古《思悲翁行》

《宣受命》，言宣皇帝禦諸葛亮，養威重，運神兵，亮震怖而死。

宣受命，應天機。風雲時動，神龍飛。禦葛亮，鎮雍涼。邊境安，民夷康。務節事，勤定傾。覽英雄，保持盈。淵穆穆，赫明明。沖而泰，天之經。養威重，運神兵。亮乃震死，天下寧。

《征遼東》　　古《艾而張行》[1]

《征遼東》，言宣皇帝陵大海之表，討滅公孫淵而梟其首也。

征遼東，敵失據。威靈邁日域，淵既授首，群逆破膽，咸震怖。朔北響應，海表景附。武功赫赫，德雲布。

[1]《艾而張行》：中華本校勘記云：“‘艾而張’上漢鼓吹作《艾如張》。”

《宣輔政》　　古《上之回行》

《宣輔政》，言宣皇帝聖道深遠，撥亂反正，網羅文武之才，以定二儀之序也。

宣皇輔政，[1]聖烈深。撥亂反正，從天心。網羅文武才，慎厥所生。所生賢，遺教施，安上治民，化風移。肇創帝基，洪業垂。於鑠明明，時赫戲。功濟萬世，定二儀。定二儀，雲澤雨施，海外風馳。

[1]宣皇輔政：“政”各本並作“正”，中華本據《晉書·樂志下》、《樂府詩集》卷一九改。

《時運多難》[1]　　古《擁離行》

《時運》，言宣皇帝致討吳方，有征無戰也。

時運多難，道教痛。天地變化，有盈虛。蠢爾吳
蠻，虎視江湖。我皇赫斯，致天誅。有征無戰，弭其
圖。天威橫被，震東隅。

[1]《時運多難》：各本並脱“難”字，中華本據《晋書·樂
志下》、《樂府詩集》卷一九補。

《景龍飛》　　古《戰城南行》

《景龍飛》，言景帝克明威教，賞從夷逆，祚隆無
疆，崇此洪基也。

景龍飛，御天威。聰鑑玄察，[1]動與神明協機。從
之者顯，逆之者滅夷。文教敷，武功巍。普被四海，萬
邦望風，莫不來綏。聖德潛斷，先天弗違。弗違祥，享
世永長。猛以致寬，道化光。赫明明，祚隆無疆。帝績
惟期，有命既集，崇此洪基。

[1]聰鑑玄察：“察”各本並作“發”，中華本據《晋書·樂志
下》、《樂府詩集》卷一九改。

《平玉衡》　　古《巫山高行》

《平玉衡》，言景皇帝一萬國之殊風，齊四海之乖
心，禮賢養士，而纂洪業也。

平玉衡，糾姦回。萬國殊風，四海乖。禮賢養士，
羈御英雄思心齊。纂戎洪業，崇皇階。品物咸亨，聖敬
日躋。聰鑑盡下情，明明綜天機。

《文皇統百揆》　　古《上陵行》

《百揆》，言文皇帝始統百揆，用人有序，以敷泰平之化也。

文皇統百揆，繼天理萬方。武將鎮四宇，英佐盈朝堂。謀言協秋蘭，清風發其芳。洪澤所漸潤，礫石爲珪璋。大道侔五帝，盛德踰三王。咸光大，上參天與地，至化無內外。無內外，六合並康乂。並康乂，遘兹嘉會。在昔羲與農，大晉德斯邁。鎮征及諸州，爲蕃衛。功濟四海，洪烈流萬世。

《因時運》　　古《將進酒行》

《因時運》，言文皇帝因時運變，聖謀潛施，解長蛇之交，離群桀之黨，以武濟文，審其大計，以邁其德也。因時運，聖策施。長蛇交解，群桀離。勢窮奔吳，虎騎厲。惟武進，審大計。時邁其德，清一世。

《惟庸蜀》　　古《有所思行》

《惟庸蜀》，言文皇帝既平萬乘之蜀，封建萬國，復五等之爵也。

惟庸蜀，僭號天一隅。劉備逆帝命，禪亮承其餘。擁衆數十萬，闚隙乘我虛。驛騎進羽檄，天下不遑居。姜維屢寇邊，隴上爲荒墟。文皇愍斯民，歷世受罪辜。外謨蕃屏臣，內謀衆士夫。爪牙應指授，腹心獻良圖。良圖協成文，大興百萬軍。雷鼓震地起，猛勢陵浮雲。逋虜畏天誅，面縛造壘門。萬里同風教，逆命稱妄臣。光建五等，紀綱天人。

《天序》　　古《芳樹行》

　　《天序》，言聖皇應曆受禪，弘濟大化，用人各盡其才也。

　　天序，應曆受禪，承靈祜。御群龍，勒螭虎。弘濟大化，英儁作輔。明明統萬機，赫赫鎮四方。咎繇稷契之儔，協蘭芳。禮王臣，覆兆民。化之如天與地，誰敢愛其身。

《大晋承運期》　　古《上邪行》

　　《大晋承運期》，言聖皇應籙受圖，化象神明也。

　　大晋承運期，德隆聖皇。時清晏，白日垂光。應籙圖，陟帝位，繼天正玉衡，化行象神明。至哉道隆虞與唐。元首敷洪化，百僚股肱並忠良，民大康。隆隆赫赫，福祚盈無疆。

　　《金靈運》　　古《君馬黃行》

　　《靈運》，言聖皇踐阼，致敬宗廟，而孝道施於天下也。

　　金靈運，天符發。聖徵見，參日月。惟我皇，體神聖。受魏禪，應天命。皇之興，靈有徵。登大麓，御萬乘。皇之輔，若虓虎。爪牙奮，莫之禦。皇之佐，贊清化。百事理，萬邦賀。神祇應，嘉瑞章。恭享祀，薦先皇。樂時奏，磬管鏘。鼓淵淵，鍾喤喤。奠尊俎，實玉觴。神歆饗，咸說康。宴孫子，祐無疆。大孝烝烝，德教被萬方。

《於穆我皇》　　古《雉子行》

　　《於穆》，言聖皇受命，德合神明也。

　　於穆我皇，盛德聖且明。受禪君世，光濟群生。普天率土，莫不來庭。顒顒六合內，望風仰泰清。萬國雍雍，興頌聲。大化洽，地平而天成。七政齊，玉衡惟平。峨峨佐命，濟濟群英。夙夜乾乾，萬機是經。雖治興，匪荒寧。謙道光，沖不盈。天地合德，日月同榮。赫赫煌煌，燿幽冥。三光克從，於顯天垂景星。龍鳳臻，甘露宵零。肅神祇，祇上靈。萬物欣戴，自天效其成。

《仲春振旅》　　古《聖人出行》

《仲春》，言大晉申文武之教，田獵以時也。

仲春振旅，大致民，武教於時日新。師執提，工執鼓，坐作從，節有序，盛矣允文允武。蒐田表禡，申法誓，遂圍禁，獻社祭，允矣時明國制。文武並用，禮之經，列車如戰，大教明，古今誰能去兵。大晉繼天，濟群生。

《夏苗田》　　古《臨高臺行》

《苗田》，言大晉田狩從時，爲苗除害也。

夏苗田，運將徂，軍國異容，文武殊。乃命群吏，選車徒，辯其名號，贊契書。王軍啓八門，行同上帝居。時路建大麾，雲旗翳紫虛。百官象其事，疾則疾，徐則徐。回衡旋軫，罷陳敝車。獻禽享祠，烝烝配有虞。惟大晉，德參兩儀，化雲敷。

《仲秋獮田》　　古《遠期行》

《仲秋》，言大晉雖有文德，不廢武事，從時以殺伐也。

仲秋獮田，金德常剛。涼風清且厲，凝露結爲霜。

白虎司辰，蒼隼時鷹揚。鷹揚猶周尚父，從天以殺伐。春秋時叙，雷霆震威燿，進退由鉦鼓。致禽祀祊，羽毛之用充軍府。赫赫大晉德，芬烈陵三五，敷化以文，雖治不廢武。光宅四海，永享天之祜。

《從天道》　　古《石留行》

《從天道》，言仲冬大閲，用武修文，大晉之德配天也。

從天道，握神契。三時亦講武事，冬大閲。鳴鐲振鼓鐸，旌旗象虹霓。文制其中，武不窮武，動軍誓衆，禮成而義舉。三驅以崇仁，進止不失其序。兵卒練，將如虎。惟虓虎，氣陵青雲。解圍三面，殺不殄群。偃旌麾，班六軍。獻享烝，修典文。嘉大晉，德配天。禄報功，爵俟賢。饗燕樂，受兹百禄，嘉萬年。

《唐堯》　　古《務成行》古曲亡

《唐堯》，言聖皇陟帝位，德化光四表也。

唐堯咨務成，謙謙德所興。積漸終光大，履霜致堅冰。神明道自然，河海猶可凝。舜禹統百揆，元凱以次升。禪讓應天曆，睿聖世相承。我皇陟帝位，平衡正準繩。德化四表，[1]祥氣見其徵。興王坐俟旦，亡主恬自矜。致遠由近始，覆簣成山陵。披圖按先籍，有其證靈液。[2]

[1]德化四表：中華本校勘記云：“三朝本作‘德化四表’。北監本、毛本、殿本、局本、《晉書·樂志》、《樂府詩集》一九作‘德化飛四表’。”

[2]靈液：中華本校勘記云：“各本並脱‘液’字，據《晉

書·樂志》、《樂府詩集》一九改。殿本《考證》云：‘按原文當有“液”字，後人疑此二句韻不諧，故去一“液”字，以“靈”字合於上文繩、徵、矜、陵等字爲一韻。不知古人詩歌，凡今庚、青部之字，皆不與蒸部同用，若存此“液”字，則與上句“籍”字別爲一韻，更合也。’”

《玄雲》　　古《玄雲行》古曲亡

《玄雲》，言聖皇用人，各盡其材也。

玄雲起山嶽，祥氣萬里會。龍飛何蜿蜿，鳳翔何翩翩。昔在唐虞朝，時見青雲際。今親遊方國，[1]流光溢天外。鶴鳴在後園，清音隨風邁。成湯隆顯命，伊摯來如飛。周文獵渭濱，遂載呂望歸。符合如影響，先天天弗違。耰耕綜地綱，解褐衿天維。元功配二主，芬馨世所稀。我皇叙群才，洪烈何巍巍。桓桓征四表，濟濟理萬機。神化感無方，髦才盈帝畿。丕顯惟昧旦，日新孔所咨。茂哉聖明德，日月同光輝。

[1]今親遊方國：中華本校勘記云：“‘方’《樂府詩集》一九作‘萬’。本注云：‘一作方’。”

《伯益》　　古《黃爵行》古曲亡

《伯益》，言赤烏衛書，有周以興；今聖皇受命，神雀來也。

伯益佐舜禹，職掌山與川。德侔十六相，[1]思心入無間。智理周萬物，下知眾鳥言。黃雀應清化，翔集何翩翩。和鳴棲庭樹，徘徊雲日間。夏桀爲無道，密網施山阿。酷祝振纖網，當奈黄雀何。殷湯崇天德，去其三面羅。[2]逍遥群飛來，鳴聲乃復和。朱雀作南宿，鳳皇統羽群。赤鳥銜書至，天命瑞周文。神雀今來遊，爲我受命君。嘉祥致天和，膏澤降青雲。蘭風發芳氣，闔世同其芬。

[1]十六相：《左傳》文公十八年：“昔高陽氏有才子八人，蒼舒、隤敳、檮戭、大臨、龙降、庭堅、仲容、叔達，齊、聖、廣、淵、明、允、篤、誠，天下之民謂之八愷。高辛氏有才子八人，伯奮、仲堪、叔獻、季仲、伯虎、仲熊、叔豹、季貍，忠、肅、共、懿、宣、慈、惠、和，天下之民謂之八元。此十六族也，世濟其美，不隕其名。以至於堯，堯不能舉。舜臣堯，舉八愷，使主后土，以揆百事，莫不時序，地平天成。舉八元，使布五教于四方，父義、母慈、兄友、弟共、子孝，内平、外成……是以堯崩而天下如一，同心戴舜，以爲天子，以其舉十六相，去四凶也。”

[2]殷湯崇天德，去其三面羅：《史記》卷三《殷本紀》：“湯出，見野張網四面，祝曰：‘自天下四方皆入吾網。’湯曰：‘嘻，盡之矣！’乃去其三面，祝曰：‘欲左，左。欲右，右。不用命，乃入吾網。’諸侯聞之，曰：‘湯德至矣，及禽獸。’”

《釣竿》[1]　　古《釣竿行》漢《鐃歌》二十二無《釣竿》。

《釣竿》，言聖皇德配堯、舜，又有吕望之佐以濟大功致太平也。

釣竿何冉冉，甘餌芳且鮮。臨川運思心，微綸沈九淵。太公寶此術，乃在靈秘篇。機變隨物移，精妙貫未然。游魚驚著釣，潛龍飛庆天。庆天安所至，撫翼翔太清。太清一何異，兩儀出渾成。玉衡正三辰，造化賦群

形。退願輔聖君，與神合其靈。我君弘遠略，天人不足
并。天人初并時，昧昧何茫茫。日月有徵兆，文象興二
皇。蚩尤亂生民，黃帝用兵征萬方。逮夏禹而德衰，三
代不及虞與唐。我皇聖德配堯舜，受禪即阼享天祥。率
土蒙祐，靡不肅，庶事康。庶事康，穆穆明明。荷百
禄，保無極，永泰平。

[1]《釣竿》：《樂府詩集》卷一八引崔豹《古今注》：“《釣
竿》者，伯常子避仇河濱爲漁者，其妻思之而作也。每至河側輒歌
之。後司馬相如作《釣竿詩》，遂傳爲樂曲。”

吳鼓吹曲十二篇[1]　　韋昭造[2]

《炎精缺》者，言漢室衰，武烈皇帝奮迅猛志，[3]念在匡
救，然而王迹始乎此也。漢曲有《朱鷺》，此篇當之。
第一。

　　炎精缺，漢道微。皇綱弛，政德違。衆姦熾，民罔
依。赫武烈，越龍飛。陟天衢，燿靈威。鳴雷鼓，抗電
麾。撫乾衡，鎮地機。厲虎旅，騁熊羆。發神聽，吐英
奇。張角破，邊韓羈。宛潁平，南土綏。神武章，渥澤
施。金聲震，仁風馳。顯高門，啓皇基。統罔極，垂
將來。

　　　　右《炎精缺曲》凡三十句，句三字。

[1]吳鼓吹曲十二篇：《晉書·樂志下》：“是時吳亦使韋昭制
十二曲名，以述功德受命。
[2]韋昭：人名。字弘嗣，吳郡雲陽（今江蘇丹陽市）人。嘗

承令作《博弈論》，爲時所稱。注《孝經》《論語》《國語》等。
《三國志》卷六五有傳。

　　[3]武烈皇帝：即孫堅。字文臺，吳郡富春人。孫權稱帝後，
追諡其爲武烈皇帝。《三國志》卷四六有傳。

《漢之季》者，武烈皇帝悼漢之微，痛卓之亂，興兵奮
擊，功蓋海內也。漢曲有《思悲翁》，此篇當之。第二。

　　漢之季，董卓亂。桓桓武烈，應時運。義兵興，雲
旗建。厲六師，羅八陳。飛鳴鏑，接白刃。輕騎發，介
士奮。醜虜震，使衆散。劫漢主，遷西館。雄豪怒，元
惡債。赫赫皇祖，功名聞。

　　　　右《漢之季曲》凡二十句，其十八句句三字，
二句句四字。

《攄武師》者，言大皇帝卒武烈之業而奮征也。[1]漢曲有
《艾如張》，此篇當之。第三。

　　攄武師，斬黃祖。肅夷凶族，革平西夏。炎炎大
烈，震天下。

　　　　右《攄武師曲》凡六句，其三句句三字，三句
句四字。

　　[1]大皇帝：吳主孫權的諡號。

《烏林》者，言曹操既破荆州，從流東下，欲來爭鋒。
大皇帝命將周瑜逆擊之於烏林而破走也。漢曲有《上之
回》，此篇當之。第四。

　　曹操北伐，拔柳城。乘勝席卷，遂南征。劉氏不

睦，八郡震驚。[1]眾既降，操屠荊。舟車十萬，揚風聲。議者狐疑，慮無成。賴我大皇，發聖明。虎臣雄烈，周與程。破操烏林，顯章功名。

　　　　右《伐烏林曲》凡十八句，其十句句四字，八句句三字。

　　[1]八郡：中華本校勘記云：“‘八郡’各本並作‘八都’，據《樂府詩集》一八改。按後漢荊州所屬七郡，南陽、南郡、江夏、零陵、桂陽、武陵、長沙。劉表據荊州，又分南郡枝江以西立臨江郡，故此曰八郡。”

《秋風》者，言大皇帝說以使民，民忘其死。漢曲有《擁離》，此篇當之。第五。

　　秋風揚沙塵，寒露霑衣裳。角弓持弦急，鳩鳥化爲鷹。邊垂飛羽檄，寇賊侵界疆。跨馬披介胄，慷慨懷悲傷。辭親向長路，安知存與亡。窮達固有分，志士思立功。邀之戰場，身逸獲高賞，身沒有遺封。

　　　　右《秋風曲》凡十五句，其十四句句五字，一句四字。

《克皖城》者，言曹操志圖并兼，而令朱光爲廬江太守。上親征光，破之於皖城也。漢曲有《戰城南》，此篇當之。第六。

　　克滅皖城，遏寇賊。惡此凶孽，阻姦慝。王師赫征，眾傾覆。除穢去暴，戢兵革。民得就農，邊境息。誅君弔臣，昭至德。

　　　　右《克皖城曲》凡十二句，其六句句三字，六句句四字。

《關背德》者，言蜀將關羽背棄吳德，心懷不軌。大皇帝引師浮江而禽之也。漢曲有《巫山高》，此篇當之。第七。

關背德，作鴟張。割我邑城，圖不祥。稱兵北伐，圍樊襄陽。嗟臂大於股，將受其殃。巍巍吳聖主，叡德與玄通。與玄通，親任呂蒙。泛舟洪氾池，泝涉長江。神武一何桓桓！聲烈正與風翔。歷撫江安城，大據郢邦。虜羽授首，百蠻咸來同，盛哉無比隆。

右《關背德曲》凡二十一句，其八句句四字，二句句六字，七句句五字，四句句三字。

《通荊門》者，言大皇帝與蜀交好齊盟，中有關羽自失之愆，戎蠻樂亂，生變作患，蜀疑其眩，吳惡其詐，乃大治兵，終復初好也。漢曲有《上陵》，此篇當之。第八。

荊門限巫山，高峻與雲連。蠻夷阻其險，歷世懷不賓。漢王據蜀郡，崇好結和親。乖微中情疑，讒夫亂其間。大皇赫斯怒，虎臣勇氣震。蕩滌幽藪，討不恭。觀兵揚炎燿，厲鋒整封疆。整封疆，闡揚威武容。功赫戲，洪烈炳章。邈矣帝皇世，聖吳同厥風。荒裔望清化，化恢弘。煌煌大吳，延祚永未央。

右《通荊門曲》凡二十四句，其十七句句五字，四句句三字，三句句四字。

《章洪德》者，言大皇帝章其大德，而遠方來附也。漢曲有《將進酒》，此篇當之。第九。

章洪德，邁威神。感殊風，懷遠鄰。平南裔，齊海濱。越裳貢，扶南臣。珍貨充庭，所見日新。

右《章洪德曲》凡十句，其八句句三字，二句句四字。

《從曆數》者，言大皇帝從籙圖之符，而建大號也。漢曲有《有所思》，此篇當之。第十。

從曆數，於穆我皇帝。聖哲受之天，神明表奇異。建號創皇基，聰叡協神思。德澤浸及昆蟲，浩蕩越前代。三光顯精燿，陰陽稱至治。肉角步郊畛，鳳凰棲靈囿。神龜游沼池，圖讖摹文字。黃龍覿鱗，符祥日月記。覽往以察今，我皇多噳事。上欽昊天象，下副萬姓意。光被彌蒼生，家户蒙惠賚。風教肅以平，頌聲章嘉喜。大吳興隆，綽有餘裕。

右《從曆數曲》凡二十六句，其一句句三字，三句句四字，二十二句句五字，一句六字。

《承天命》者，言上以聖德踐位，道化至盛也。[1]漢曲有《芳樹》，此篇當之。第十一。

承天命，於昭聖德。三精垂象，符靈表德。巨石立，九穗植。龍金其鱗，烏赤其色。輿人歌，億夫嘆息。超龍升，襲帝服。躬淳懿，體玄默。夙興臨朝，勞謙日昃。易簡以崇仁，放遠讒與慝。舉賢才，親近有德。均田疇，茂稼穡。審法令，定品式。考功能，明黜陟。人思自盡，惟心與力。家國治，王道直。思我帝皇，壽萬億。長保天祿，祚無極。

右《承天命曲》凡三十四句，其十九句句三

字，二句句五字，十三句句四字。

[1]道化至盛也："盛"字上，各本並有"德"字，中華本據《樂府詩集》卷一八、《元龜》卷五六五刪。

《玄化》者，言上修文訓武，則天而行，仁澤流洽，天下喜樂也。漢曲有《上邪》，此篇當之。第十二。

玄化象以天，陛下聖真。張皇綱，率道以安民。惠澤宣流而雲布，上下睦親。君臣酺宴樂，激發弦歌揚妙新。修文籌廟勝，須時備駕巡洛津。康哉泰，四海歡忻，越與三五鄰。

右《玄化曲》凡十三句，其五句句五字，二句句三字，三句句四字，三句句七字。

今鼓吹鐃歌詞樂人以音聲相傳，訓詁不可復解。[1]

大竭夜烏自云何來堂吾來聲烏奚姑悟姑尊盧聖子黃尊來餭清嬰烏白日爲隨來郭吾微令吾

應龍夜烏由道何來直子爲烏奚如悟姑尊盧雞子聽烏虎行爲來明吾微令吾

詩則夜烏道禄何來黑洛道烏奚悟如尊爾尊盧起黃華烏伯遼爲國日忠雨令吾

伯遼夜烏若國何來日忠雨烏奚如悟姑尊盧面道康尊録龍永烏赫赫福胙夜音微令吾

右四解，《上邪曲》。

[1]訓詁不可復解：《樂府詩集》卷一九引《古今樂録》："沈約云：'樂人以音聲相傳，訓詁不可復解。凡古樂録，皆大字是辭，

細字是聲，聲辭合寫，故致然爾。'"本書卷一一一《志序》："又案今鼓吹鐃歌，雖有章曲，樂人傳習，口相師祖，所務者聲，不先訓以義。今樂府鐃歌，校漢、魏舊曲，曲名時同，文字永異，尋文求義，無一可了。不知今之鐃章，何代曲也。"

幾令吾幾令諸韓亂發正令吾

幾令吾諸韓從聽心令吾若里洛何來韓微令吾

尊盧忌盧文盧子路子路爲路雞如文盧炯烏諸胙微令吾

幾令諸韓或公隨令吾

幾令吾幾諸或言隨令吾黑洛何來諸韓微令吾

尊盧安成隨來免路路子爲吾路奚如文盧炯烏諸胙微令吾

　　右九解，《晚芝曲》。[1]漢曲有《遠期》，疑是。

幾令吾呼曆舍居執來隨咄武子邪令烏衘針相風其右其右

幾令吾呼群議破葫執來隨吾咄武子邪令烏今烏今臕入海相風及後

幾令吾呼無公赫吾執來隨吾咄武子邪令烏無公赫吾娵立諸布始布

　　右三解，《艾如張曲》。

[1]右九解，《晚芝曲》：中華本校勘記云："'曲'字各本並作'田'，據《樂府詩集》一九改。又按《晚芝曲》九解，《宋志》惟收六解，尚漏三解。九解《樂府詩集》一九全載。"

鼓吹鐃歌十五篇[1]　　　　何承天義熙中私造

《朱路篇》

朱路揚和鸞，翠蓋燿金華。玄牡飾樊纓，流旌拂飛霞。雄戟闖曠塗，班劍翼高車。三軍且莫喧，聽我奏鐃歌。清鞞驚短簫，朗鼓節鳴笳。人心惟愷豫，茲音亮且和。輕風起紅塵，渟瀾發微波。逸韻騰天路，頹響結城阿。仁聲被八表，威震振九遐。嗟嗟介胄士，勗哉念皇家。

[1]鼓吹鐃歌十五篇：《樂府詩集》卷一九："按此諸曲皆承天私作，疑未嘗被於歌也。雖有漢曲舊名，大抵別增新意，故其義與古辭考之多不合云。"

《思悲公篇》

思悲公，懷袞衣。東國何悲，公西歸。公西歸，流二叔，幼主既悟，偃禾復。偃禾復，聖志申。營都新邑，從斯民。從斯民，德惟明。制禮作樂，興頌聲。興頌聲，致嘉祥。鳴鳳爰集，萬國康。萬國康，猶弗已。握髮吐餐，下群士。惟我君，繼伊周。親覿盛世，復何求。

《雍離篇》

雍士多離心，荊民懷怨情。二凶不量德，構難稱其兵。王人銜朝命，正辭糾不庭。上宰宣九伐，萬里舉長旌。樓船掩江濆，駟介飛重英。歸德戒後夫，賈勇尚先鳴。逆徒既不濟，愚智亦相傾。霜鋒未及染，鄴鄗忽已清。西川無潛鱗，北渚有奔鯨。凌威致天府，一戰夷三城。江漢被美化，宇宙歌太平。惟我東郡民，曾是深推誠。

《戰城南篇》

戰城南，衡黃塵。丹旌電烻，鼓雷震。劼敵猛，戎馬殷。橫陳亘野，若屯雲。仗大從，[1] 應三靈。義之所感，士忘生。長劍擊，繁弱鳴。飛鏑炫晃，亂奔星。虎騎躍，華眊旋。朱火延起，騰飛煙。驍雄斬，高旗搴。長角浮叫，響清天。夷群寇，殄逆徒。餘黎霑惠，詠來蘇。奏愷樂，歸皇都。班爵獻俘，邦國娛。

[1]仗大從：中華本校勘記云："'從'《樂府詩集》一九作'順'。蓋何承天原作'順'，沈約爲梁武帝父蕭順之諱改。"

《巫山高篇》

巫山高，三峽峻。青壁千尋，深谷萬仞。崇巖冠靈，林冥冥。山禽夜響，晨猿相和鳴。洪波迅洑，載逝載停。悽悽商旅之客，懷苦情。在昔陽九，皇綱微。李氏竊命，宣武燿靈威。蠢爾逆縱，復踐亂機。王旅薄伐，傳首來至京師。古之爲國，惟德是貴。力戰而虛民，[1] 鮮不顛墜。矧乃叛戾，伊胡能遂。咨爾巴子，無放肆。

[1]虛民：中華本校勘記云："'虛'局本、《樂府詩集》一九作'虐'。"

《上陵者篇》

上陵者，相追攀。被服纖麗，振綺紈。攜童幼，升崇巒。南望城闕，鬱槃桓。王公第，通衢端。高甍華屋，列朱軒。臨濬谷，掇秋蘭。士女悠奕，映隰原。指營丘，感牛山。爽鳩既没，景君嘆。嗟歲聿，游不還。[1]志氣衰沮，玄鬢斑。野莽宿，墳土乾。顧此纍纍，中心酸。生必死，亦何怨。取樂今日，展情歡。

[1]游不還：中華本校勘記云：“‘游’《樂府詩集》一九作‘逝’。”

《將進酒篇》

將進酒，慶三朝。備繁禮，薦嘉肴。榮枯換，霜霧交。緩春帶，命朋僚。車等旗，馬齊鑣。懷温克，樂林濠。士失志，愠情勞。思旨酒，寄游邀。敗德人，甘醇醪。耽長夜，或淫妖。興屢舞，屬哇謡。形傞傞，聲號呶。首既濡，志亦荒。性命夭，國家亡。嗟後生，節酣觴。匪酒辜，孰爲殃。

《君馬篇》

君馬麗且閑，揚鑣騰逸姿。駿足躡流景，高步追輕飛。冉冉六轡柔，奕奕金華暉。輕霄翼羽蓋，長風靡淑旂。願爲范氏驅，雍容步中畿。豈效詭遇子，馳騁趣危機。鉛陵策良駟，造父爲之悲。不怨吳坂峻，但恨伯樂稀。赦彼岐山盜，實濟韓原師。奈何漢魏主，縱情營所私。疲民甘藜藿，厩馬患盈肥。人畜貿厥養，蒼生將焉歸。

《芳樹篇》

芳樹生北庭，豐隆正裴徊。翠穎陵冬秀，紅葩迎春開。佳人閑幽室，惠心婉以諧。蘭房掩綺幌，綠草被長階。日夕游雲際，歸禽命同棲。皓月盈素景，凉風拂中閨。哀弦理虛堂，要妙清且悽。嘯歌流激楚，[1]傷此碩人懷。梁塵集丹帷，微飈揚羅袿。豈怨嘉時莫，徒惜良願乖。

[1]激楚：《漢書》卷五七上《司馬相如傳上》：“鄢郢繽紛，《激楚》《結風》。”注：“郭璞曰：‘《激楚》，歌曲也。’師古曰：‘《結風》，亦曲名也。’”

《有所思篇》

有所思，思昔人。曾閔二子，善養親。和顏色，奉晨昏。至誠烝烝，通明神。鄒孟軻，爲齊卿。稱身受祿，不貪榮。道不用，獨擁楹。三徙既誶，禮義明。飛鳥集，猛獸附。功成事畢，乃更娶。哀我生，遘凶旻。幼罹荼毒，備艱辛。慈顏絕，見無因。長懷永思，託丘墳。

《雉子游原澤篇》

雉子游原澤，幼懷耿介心。飲啄雖勤苦，不願棲園林。古有避世士，抗志清霄岑。浩然寄卜肆，揮櫂通川陰。消搖風塵外，散髮撫鳴琴。卿相非所眄，何況於千金。功名豈不美，寵辱亦相尋。冰炭結六府，憂虞纏胸襟。當世須大度，量己不克任。三復泉流誡，自驚良已深。

《上邪篇》

上邪下難正，衆枉不可矯。音和響必清，端影緣直表。大化揚仁風，齊人猶偃草。聖王既已没，誰能弘至道。開春湛柔露，代終肅嚴霜。承平貴孔孟，政敝侯申商。孝公明賞罰，六世猶克昌。李斯肆濫刑，秦氏所以亡。漢宣隆中興，魏祖寧三方。譬彼針與石，效疾故稱良。《行葦》非不厚，悠悠何詎央。琴瑟時未調，[1]改弦當更張。刅乃治天下，此要安可忘。

[1]琴瑟時未調："未"各本作"永"，中華本據《樂府詩集》卷一九改。

《臨高臺篇》

臨高臺，望天衢。飄然輕舉，陵太虛。攜列子，超帝鄉。雲衣雨帶，乘風翔。肅龍駕，會瑶臺。清暉浮景，溢蓬萊。濟西海，濯沛盤。佇立雲岳，結幽蘭。馳迅風，遊炎州。願言桑梓，思舊遊。傾霄蓋，靡電旌。降彼天塗，頓窈冥。辭仙族，歸人群。懷忠抱義，奉明君。任窮達，隨所遭。何爲遠想，令心勞。

《遠期篇》

遠期千里客，肅駕候良辰。近命城郭友，具爾惟懿親。高門啓雙闈，長筵列嘉賓。中唐儛六佾，三廂羅樂人。簫管激悲音，羽毛揚華文。金石響高宇，絃歌動梁塵。修標多巧捷，丸劍亦入神。遷善自雅調，成化由清均。主人垂隆慶，群士樂亡身。願我聖明君，遐期保萬春。

《石流篇》

石上流水，湔湔其波。發源幽岫，永歸長河。瞻彼
逝者，歲月其偕。子在川上，惟以增懷。嗟我殷憂，載
勞瘵寐。遭此百罹，有志不遂。行年倏忽，長勤是嬰。
永言没世，悼兹無成。幸遇開泰，沐浴嘉運。緩帶安
寢，亦又何愠。古之爲仁，自求諸己。虛情遥慕，終於
徒已。

《聖人制禮樂》一篇，《巾舞歌》一篇，桉《景祐
廣樂記》言，[1]字訛謬，聲辭雜書。宋鼓吹鐃歌辭四篇，
舊史言，詁不可解。漢鼓吹鐃歌十八篇，按《古今樂
録》，皆聲、辭、艷相雜，不復可分。[2]

[1]桉《景祐廣樂記》言：中華本校勘記云：“‘景祐’各本並
作‘景祠’。按鄭樵《通志·藝文略》樂部著録《景祐廣樂記》八
十一卷。景祐，宋仁宗年號。今改正。”
[2]“字訛謬”至“不復可分”：此段識語爲後人校勘本書
所題。

宋書　卷二三

志第十三

天文一[1]

　　言天者有三家：一曰宣夜，[2]二曰蓋天，[3]三曰渾天。[4]而天之正體，經無前説。馬《書》、班《志》，又闕其文。漢靈帝議郎蔡邕於朔方上書曰：[5]“論天體者三家，宣夜之學，絕無師法。《周髀》術數具存，考驗天狀，多所違失。惟渾天僅得其情，今史官所用候臺銅儀，則其法也。立八尺圓體，而具天地之形，以正黄道，占察發斂，以行日月，以步五緯。精微深妙，百世不易之道也。官有其器而無本書，[6]前志亦闕而不論。本欲寢伏儀下，思惟微意，按度成數，以著篇章。罪惡無狀，投畀有北，灰滅雨絕，勢路無由。宜問群臣，下及巖穴，[7]知渾天之意者，使述其義。”時閹官用事，邕議不行。

　　[1]本書《天文志》四卷，初稿成於何承天之手，後經徐爰修改，最終由沈約定稿，收入其《宋書》之中。《後漢書》以前的

《天文志》《天官書》，均不載天文學理論和儀象，直至《宋志》纔開創了新的内容。《晋書·天文志》雖也有記述，但《晋志》寫作在後，且是在《宋志》基礎上改寫的。故開創之功當屬《宋志》。《宋志》與《晋志》的差别在於：《晋志》將論天和儀象分開記述，而《宋志》混在一起按時代記述。《晋志》祇記魏晋；《宋志》自魏晋到宋，起自魏文帝黄初三年（222），迄於宋順帝昇明元年（477）。本志四卷，用三卷半的篇幅記載了自三國至宋時期的各種異常天象。本志不載日食、隕石之事，而是歸入《五行志》，是沿襲前、後《漢書》的慣例。

[2]宣夜：此説認爲宇宙中普遍都是黑夜。宣，普遍之義。宣夜説在古代雖然没有得到推廣和發展，却是一種很有特色的宇宙學説。英國科學史家李約瑟在其《中國科學技術史》（科學出版社1975年版，第115頁。）一書中稱贊説：“這種宇宙觀的開明進步，同希臘的任何説法相比，的確都毫不遜色……中國這種在無限的空間中飄浮著稀疏的天體的看法，要比歐洲的水晶球概念先進得多。雖然漢學家們傾向於認爲宣夜説不曾起作用，然而它對中國天文學思想所起的作用實在比表面上看來要大一些。”

[3]蓋天：西漢以前，論天中最爲古老、樸素流行的學説。其代表作爲《周髀算經》，也稱《周髀》。蓋天説有第一蓋天説、第二蓋天説和周髀家説等分支學説，相互間也有差異。

[4]渾天：相當於希臘以地球爲中心的球面運動觀念。渾天説的代表作爲《靈憲》《渾天儀圖説》。

[5]漢靈帝：即劉宏。《後漢書》卷八有紀。　蔡邕：人名。字伯喈，東漢陳留圉（治今河南尉氏縣圉村，一説在今河南杞縣圉鎮）人（參見朱紹侯《蔡邕故里探源》，《中原文化研究》2019年第1期）。《後漢書》卷六〇下有傳。　朔方：郡名。治所在今内蒙古杭錦旗。

[6]官有其器而無本書：中華本校勘記云：“各本並奪‘其’字，據《晋書·天文志》補。”今從之。

[7]巖穴：即巖穴之士。指民間有才能的隱士。

漢末，吳人陸績善天文，[1]始推渾天意。王蕃者，廬江人，[2]吳時爲中常侍，善數術，傳劉洪《乾象曆》。[3]依《乾象法》而制渾儀，立論考度曰：[4]

[1]陸績：人名。字公紀，三國吳吳郡吳（今江蘇蘇州市）人。《三國志》卷五七有傳。

[2]王蕃：人名。字永元，三國吳廬江人。《三國志》卷六五有傳。　廬江：郡名。治所在今安徽廬江縣。

[3]劉洪：人名。字元卓，東漢泰山蒙陰（今山東蒙陰縣）人。事見《續漢書·律曆志中》。

[4]即王蕃《渾天象説》一文。

前儒舊説，天地之體，狀如鳥卵，天包地外，猶殼之裏黄也。周旋無端，其形渾渾然，故曰渾天也。周天三百六十五度五百八十九分度之百四十五，半露地上，半在地下。其二端謂之南極、北極。北極出地三十六度，南極入地亦三十六度，兩極相去一百八十二度半强。繞北極徑七十二度，常見不隱，謂之上規；繞南極七十二度，常隱不見，謂之下規。赤道帶天之紘，去兩極各九十一度少强。[1]

[1]少强：唐代以前，使用十二時辰或十二方位記時，爲了記載得詳細準確，往往附有更細的分單位，即將一個基本單位分成四份，以“少”“半”“太”來表示。少爲1/4，半爲1/2，太爲3/4。

若嫌此分法粗略，再將1/4等份分成三份，以"强""弱"進行區別。實際是將一個基本單位分成十二等份，其名稱及相互之間的關係見下表：

十二分單位相互之間的關係

强	弱少	少	少强	半弱	半	半强	太弱	太	太强	弱	一辰
1/12	2/12	3/12	4/12	5/12	6/12	7/12	8/12	9/12	10/12	11/12	12/12

　　黄道，日之所行也。半在赤道外，半在赤道内。與赤道東交於角五少弱，西交於奎十四少强。其出赤道外極遠者，去赤道二十四度，斗二十一度是也。其入赤道内極遠者，亦二十四度，井二十五度是也。

　　日南至在斗二十一度，去極百一十五度少强是也。日最南，去極最遠，故景最長。黄道斗二十一度，出辰入申，[1] 故日亦出辰入申。日晝行地上百四十六度强，故日短；夜行地下二百一十九度少弱，故夜長。自南至之後，日去極稍近，故景稍短。日晝行地上度稍多，故日稍長；夜行地下度稍少，故夜稍短。日所在度稍北，故日稍北，以至於夏至，日在井二十五度，去極六十七度少强，是日最北，去極最近，景最短。黄道井二十五度，出寅入戌，故日亦出寅入戌。日晝行地上二百一十九度少弱，故日長；夜行地下百四十六度强，故夜短，自夏至之後，日去極稍遠，故景稍長。日晝行地上度稍少，故日稍短；夜行地下度稍多，故夜稍長。

日所在度稍南，故日出入稍南，以至於南至而復初焉。斗二十一，井二十五，南北相覺四十八度。[2]

[1]出辰入申：中國古代將地上的方位劃分爲十二等份，以十二辰表示。如圖一（見卷末圖一），圖中子午卯酉分別爲正北、南、東、西。

[2]南北相覺四十八度：指日行黃道內外，在冬、夏至各距赤道二十四度，故曰南北相距四十八度。覺，直對的距離。

春分，日在奎十四少強；秋分，日在角五少弱。此黃、赤二道之交中也。去極俱九十一度少強，南北處斗二十一、井二十五之中，故景居二至長短之中。奎十四、角五，出卯入酉，故日亦出卯入酉。日晝行地上，夜行地下，俱百八十二度半強。[1]故日見之漏五十刻，不見之漏五十刻，謂之晝夜同。夫天之晝夜，以日出入爲分；人之晝夜，以昏明爲限。日未出二刻半而明，日已入二刻半而昏，故損夜五刻以益晝，是以春秋分之漏晝五十五刻。[2]

[1]俱百八十二度半強：中華本校勘記云：“各本皆無‘二’字，今從局本。”今從之。

[2]春秋分之漏晝五十五刻：春秋分時，晝夜相等，各爲五十刻，但若從昏明時刻計算，日落後二刻半爲昏，日出前二刻半爲明，故五十刻各相加二刻半，爲五十五刻。

三光之行，不必有常，[1]術家以算求之，各有同異，故諸家曆法參差不齊。《洛書甄燿度》《春秋考異郵》皆云：周天一百七萬一千里，一度爲二千九百三十二里七十一步二尺七寸四分四百八十七分分之三百六十二。陸績云：天東西南北徑三十五萬七千里，此言周三徑一也。考之徑一不奄周三，[2]率周百四十二而徑四十五，則天徑三十三萬九千四百一里一百二十二步三尺二寸一分七十一分分之九。[3]

[1]三光之行，不必有常：三光的行度，並不嚴格地按照正常的行度運行。三光，日月星。星主要指五大行星。

[2]徑一不奄周三：天周之長，不衹等於直徑的三倍。

[3]則天徑三十三萬九千四百一里一百二十二步三尺二寸一分七十一分分之九：中華本校勘記云："各本並作'三十二萬九千四百一里一百二十二步二尺二寸一分七十一分分之十'，據錢大昕《廿二史考異》說改正。"今從之。

《周禮》："日至之景，尺有五寸，謂之地中。"鄭衆說：[1]"土圭之長，尺有五寸，以夏至之日，立八尺之表，其景與土圭等，[2]謂之地中，今潁川陽城地也。"[3]鄭玄云：[4]"凡日景於地千里而差一寸，景尺有五寸者，南戴日下萬五千里也。"[5]以此推之，日當去其下地八萬里矣。[6]日邪射陽城，則天徑之半也。天體圓如彈丸，地處天之半，而陽城爲中，則日春秋冬夏，昏明晝夜，去陽城皆等，無盈縮矣。故知從日邪射陽城，爲天徑之半也。[7]

[1]鄭衆：人名。字仲師，東漢開封（今河南開封市）人。《後漢書》卷三六有附傳。

[2]其景與土圭等：夏至當日，於日中時在陽城，以八尺之表測量日影，日影的長度與土圭的長度相等。土圭，測量地中的標準器。土圭長度爲一尺五寸，正是出於上述實際情況的考慮。《周禮·冬官·玉人》曰：“土圭，尺有五寸，以致日，以土地。”用土圭測量日影和土地。土地即度量地域。古人認爲，地中夏至正午日影長一尺五寸，地中之南日影短，之北影長，偏東之地已過午中，偏西之地未到午中。由此可以從影長、早晚測量某地相對於地中的方位，反映出地理緯度的變化，即周人設想用土圭測日影的辦法來間接測量土地的範圍，辨正方位，確定邦國的地域。但當時以影差一寸、地差千里的假設是錯誤的。隋劉焯等人已認識到這種假設的錯誤。

[3]潁川：郡名。治所在今河南禹州市。　陽城：縣名。治所在今河南登封市告成鎮。元郭守敬在此建有登封測景臺，保留至今，是天文史上重要的文物古迹。

[4]鄭玄：人名。字康成，東漢北海高密（今山東高密市）人。《後漢書》卷三五有傳。

[5]南戴日下：戴日下，太陽戴在頭頂，即太陽正當頭頂的地方。在黃河、長江一帶的人看來，太陽永遠在南面，故曰南戴日下。

[6]日當去其下地八萬里：太陽距其正下方八萬里。《周髀算經》曰：“以勾爲首，以髀爲股，從髀至日下六萬里，而髀無影；從此以上至日，則八萬里。若求邪至日者，以日下爲勾，日高爲股，勾股各自乘，並而開方除之，得邪至日，從髀所旁至日所十萬里。”邪至日即斜向至日，即從陽城至日的距離爲十萬里，而日與地的垂直距離爲八萬里。古人的觀念也是在發展的，《晉書·天文志上》：“天中高於外衡冬至日之所在六萬里。北極下地高於外衡下地亦六萬里，外衡高於北極下地二萬里。天地隆高相從，日去地恒

八萬里。"（參見卷末圖二《周髀算經》中天徑之説示意圖）

［7］"日邪射陽城"至"爲天徑之半也"：此處未説日邪射陽城之距離是多少，衹説"地處天之半，而陽城爲中"，故"日邪射陽城，爲天徑之半"。這是一種假想，未得到科學證明。

> 以句股法言之，傍萬五千里，句也；立八萬里，股也；從日邪射陽城，弦也。以句股求弦法入之，得八萬一千三百九十四里三十步五尺三寸六分，天徑之半，而地上去天之數也。倍之，得十六萬二千七百八十八里六十一步四尺七寸二分，天徑之數也。以周率乘之，徑率約之，得五十一萬三千六百八十七里六十八步一尺八寸二分，周天之數也。[1]減《甄耀度》《考異郵》五十五萬七千三百一十二里有奇。一度凡千四百六里百二十四步六寸四分十萬七千五百六十五分分之萬九千三十九，減舊度千五百二十五里二百五十六步三尺三寸二十一萬五千一百三十分分之十六萬七百三十分。

［1］"以句股法言之"至"周天之數也"：各家所言天徑之數不同：《周髀算經》所用日邪射陽城爲十萬里，《晉書·天文志上》説日去地恒八萬里，此處載王蕃《渾天象説》八萬一千三百九十四里。（見卷末圖三王蕃天徑説）此處天徑之數八萬餘里，是句一萬五千里之平方加股八萬里之平方的和，再開方所得直角三角形斜邊之數。這幾個天徑之數都不合於科學的原因在於做了兩個錯誤的假設：一是南北相距千里，夏至日中影長差一寸；二是大地不是平直而是球形的。用周天之數除天徑之數，可得王蕃所用圓周率爲3.155，比實際值稍大。三千，中華本校勘記云："各本並作‘二

千’，據《晋書·天文志》改。”今從之。

黃赤二道，相與交錯，其間相去二十四度。以兩儀推之，二道俱三百六十五度有奇。是以知天體圓如彈丸。而陸績造渾象，其形如鳥卵，[1]然則黃道應長於赤道矣。績云天東西南北徑三十五萬七千里，然則績亦以天形正圓也。而渾象爲鳥卵，則爲自相違背。

[1]渾象，其形如鳥卵：鳥卵當成長圓形，不同於正圓。

古舊渾象以二分爲一度，凡周七尺三寸半分。張衡更制，以四分爲一度，凡周一丈四尺六寸。[1]蕃以古制局小，星辰稠概；衡器傷大，難可轉移。更制渾象，以三分爲一度，凡周天一丈九寸五分四分分之三也。

[1]張衡更制，以四分爲一度，凡周一丈四尺六寸：丁福林《校議》云：“‘一丈四尺六寸’，《晋書·天文志上》作‘一丈四尺六寸一分’。今考上文云：‘古舊渾 以二分爲一度，凡周七尺三寸半分。’今張衡改制，渾象倍之，以四分爲一度，則應以一丈四尺六寸一分爲準。《晋志》是也。此佚‘一分’二字。”張衡，人名。字平子，東漢南陽西鄂（今河南南陽市石橋鎮）人。《後漢書》卷五九有傳。

御史中丞何承天論渾象體曰：[1]“詳尋前説，因觀渾儀，研求其意，有以悟天形正圓，[2]而水周其下。言四方者，東曰暘谷，[3]日之所出，西至濛汜，[4]日之所入。莊子又云：'北溟之魚，化而爲鳥，將徙於南溟。'斯亦古之遺記，四方皆水證也。四方皆水，[5]謂之四海。凡五行相生，水生於金，[6]是故百川發源，皆自山出，由高趣下，歸注於海。[7]日爲陽精，光耀炎熾，一夜入水，所經燋竭，百川歸注，足於補復，故旱不爲減，浸不爲益。徑天之數，蕃説近之。"[8]

[1]何承天：人名。東海郯（今山東郯城縣）人。本書卷六四、《南史》卷三三有傳。

[2]悟天形正圓：針對王蕃天形狀如鳥卵而言，何承天認爲天形應成正圓。

[3]東曰暘谷：中華本校勘記云："各本並脱'曰'字，據《隋書·天文志》補。"今從之。暘谷，日出之處。《尚書·堯典》："分命羲仲，宅嵎夷，曰暘谷，寅賓出日。"孔穎達疏："日所出處，名曰暘明之谷。"

[4]濛汜：也作"蒙汜"，日落之處。《柳宗元集校注》卷四〇《祭文》："《楚辭·天問》：'出自湯谷，次於濛汜。'注云：'汜，水涯也。言日出東方湯谷之中，暮入西極濛水之涯也。'"

[5]四方皆水：地的四周都是水，地浮於水中。四方，即四周。

[6]水生於金：中華本校勘記云："各本並脱'水生'兩字，據《隋書·天文志》補。"今從之。

[7]歸注於海：中華本校勘記云："各本並作'歸於注海'，據《隋書·天文志》改。"今從之。

[8]徑天之數，蕃説近之：漢至南北朝時人們對天徑的認識不同，故何承天説："徑天之數，蕃説近之。"

太中大夫徐爰曰：[1]"渾儀之制，未詳厥始。[2]王蕃言'《虞書》稱"在琁璣玉衡，以齊七政"，則今渾天

儀日月五星是也。鄭玄説"動運爲機，持正爲衡，皆以
玉爲之。視其行度，觀受禪是非也"。[3]渾儀，羲和氏之
舊器，[4]歷代相傳，謂之機衡，其所由來，有原統矣。
而斯器設在候臺，史官禁密，學者寡得聞見，穿鑿之
徒，[5]不解機衡之意，見有七政之言，[6]因以爲北斗七
星，搆造虛文，託之讖緯，史遷、班固，猶尚惑之。[7]
鄭玄有贍雅高遠之才，沈靜精妙之思，超然獨見，改正
其説，聖人復出，不易斯言矣'。蕃之所云如此。夫候
審七曜，當以運行爲體，設器擬象，焉得定其盈縮，推
斯而言，未爲通論。設使唐、虞之世，已有渾儀，涉歷
三代，以爲定准，後世聿遵，孰敢非革。而三天之
儀，[8]紛然莫辯，至揚雄方難蓋通渾。張衡爲太史令，
乃鑄銅制範，衡傳云：'其作渾天儀，考步陰陽，最爲
詳密。'故知自衡以前，未有斯儀也。蕃又云：'渾天遭
秦之亂，師徒喪絶，而失其文，惟渾天儀尚在候臺。'
案既非舜之琁玉，又不載今儀所造，以緯書爲穿鑿，鄭
玄爲博實，偏信無據，未可承用。夫琁玉，貴美之名，
機衡，詳細之目，所以先儒以爲北斗七星，天綱運轉，
聖人仰觀俯察，以審時變焉。"

[1]徐爰：人名。字長玉，南琅邪開陽（今江蘇鎮江市、丹陽
市、常州市一帶）人。本書卷九四、《南史》卷七七有傳。

[2]厥始：起始。

[3]觀受禪是非：觀察受禪的吉凶。受禪，接受帝位禪讓。

[4]羲和氏：指羲氏與和氏，堯時掌管天地四時的官員。典出
《尚書·堯典》："乃命羲和，欽若昊天，曆象日月星辰，敬授

人時。”

　　[5]穿鑿之徒：指伏勝等人。

　　[6]七政：有兩解，一是日月五星，二是北斗七星。鄭玄主張前者，改正了穿鑿之徒的虛文假託。

　　[7]遷：人名。即司馬遷。字子長，西漢左馮翊夏陽（今陝西韓城縣市）人。《漢書》卷六二有傳。　班固：人名。字孟堅，東漢扶風安陵（今陝西咸陽市）人。《後漢書》卷四〇上有傳。

　　[8]三天之儀：觀察日月星辰三種天體的儀器。

　　史臣案：設器象，定其恒度，合之則吉，失之則凶，以之占察，[1]有何不可。渾文廢絕，故有宣、蓋之論，其術並疏，故後人莫述。揚雄《法言》云：[2]“或人問渾天於雄。雄曰：‘落下閎營之，鮮于妄人度之，耿中丞象之，[3]幾幾乎莫之違也。’”若問天形定體，渾儀疏密，則雄應以渾義答之。而舉此三人以對者，則知此三人制造渾儀，以圖晷緯。[4]問者蓋渾儀之疏密，非問渾儀之淺深也。以此而推，則西漢長安已有其器矣。將由喪亂亡失，故衡復鑄之乎？王蕃又記古渾儀尺度并張衡改制之文，則知斯器非衡始造明矣。衡所造渾儀，傳至魏、晉，中華覆敗，沈沒戎虜。績、蕃舊器，亦不復存。晉安帝義熙十四年，[5]高祖平長安，[6]得衡舊器，儀狀雖舉，不綴經星七曜。[7]

　　[1]設器象，定其恒度，合之則吉，失之則凶，以之占察：由此看來，古人製造渾象的一個重要目的是爲了判斷五星運行是否合度，借以定吉凶。

　　[2]揚雄：人名。字子雲，蜀郡成都（今四川成都市）人。

《漢書》卷八七有傳。

[3]落下閎：人名。字長公，西漢巴郡閬中（今四川閬中市）人。漢武帝年間被任命爲待詔太史，修訂《太初曆》。 鮮于妄人：人名。曾與落下閎共同修訂《太初曆》，餘事不詳。 耿中丞：即耿壽昌。西漢天文學家、數學家。曾建立常平倉，平抑糧價，修訂《九章算術》。著有《月行帛圖》《月行度》等天文學著作，今佚。

[4]以圖暑緯：用圖和暑畫出渾象上的赤緯綫。

[5]晋安帝：即司馬德宗。東晋河内温縣（今河南温縣）人。《晋書》卷一〇有紀。 義熙：晋安帝司馬德宗年號（405—418）。

[6]高祖：宋武帝劉裕廟號。

[7]“問者蓋渾儀之疏密”至“不綴經星七曜”：此即《隋書·天文志》所批評的何承天、徐爰各著宋史，咸以爲是張衡所造的渾象，祇是經星七曜不綴。但宋高祖從咸陽獲得的這件銅儀，上面有“元初六年史官丞南陽孔挺造”字樣，是一架銅渾儀。與張衡製造的水運渾象失之遠矣。

文帝元嘉十三年，[1]詔太史令錢樂之更鑄渾儀，[2]徑六尺八分少，周一丈八尺二寸六分少，地在天内，立黃赤二道，南北二極，規二十八宿、北斗、極星。五分爲一度。置日、月、五星於黃道之上。置立漏刻，以水轉儀，昏明中星，與天相應。十七年，又作小渾天，徑二尺二寸，周六尺六寸，以分爲一度，安二十八宿中外宫，以白黑珠及黃三色爲三家星，日月五星，悉居黃道。[3]

[1]文帝：即劉義隆。小字車兒，彭城（今江蘇徐州市）人。本書卷五有紀。 元嘉：宋文帝劉義隆年號（424—453）。

[2]錢樂之：人名。律曆學者。事見本卷及本書卷一二《律曆

志中》。

[3]"文帝元嘉十三年"至"悉居黄道"：南北朝以前，人們對渾儀、渾象是不加區分的。所言渾儀，均是指演示用的渾象。"以白黑珠及黄三色爲三家星"，《初學記》卷二七作"以白真珠及青黄三色珠爲三象星"，與本志所載三種珠的顏色有異。

蓋天之術，云出周公旦訪之殷商，蓋假託之説也。其書號曰《周髀》。髀者表也，周天之數也。其術云："天如覆蓋，地如覆盆。地中高而四隤，日月隨天轉運，隱地之高，以爲晝夜也。天地相去凡八萬里，天地之中，高於外衡六萬里，地上之高，高於天之外衡二萬里也。"或問蓋天於揚雄。揚雄曰："蓋哉！蓋哉！"難其八事。鄭玄又難其二事。爲蓋天之學者，不能通也。[1]劉向《五紀》説，[2]《夏曆》以爲列宿日月皆西移，列宿疾而日次之，月最遲。故日與列宿昏俱入西方；後九十一日，是宿在北方；又九十一日，是宿在東方；九十一日，在南方。此明日行遲於列宿也。月生三日，日入而月見西方；至十五日，日入而月見東方；將晦，日未出，乃見東方。以此明月行之遲於日，而皆西行也。向難之以《鴻範傳》曰：[3]"晦而月見西方，謂之朓。朓，疾也。朔而月見東方，謂之側匿。側匿，遲不敢進也。星辰西行，史官謂之逆行。"此三説，《夏曆》皆違之。迹其意，好異者之所作也。

[1]爲蓋天之學者，不能通也：指揚雄提出的難蓋天八事和鄭玄提出的難蓋天二事，主張蓋天説的學者都不能作出圓滿的回答。

[2]劉向：人名。字子政，西漢沛縣（今江蘇沛縣）人。《漢書》卷三六有附傳。

[3]《鴻範傳》：即《洪範五行傳》。是劉向闡釋《尚書·洪範》的著作。

晋成帝咸康中，[1]會稽虞喜造《安天論》，[2]以爲“天高窮於無窮，地深測於不測。地有居靜之體，天有常安之形。論其大體，當相覆冒，方則俱方，圓則俱圓，無方圓不同之義也”。[3]喜族祖河間太守聳又立《穹天論》云：[4]“天形穹隆，當如雞子幕，其際，周接四海之表，浮乎元氣之上。”而吳太常姚信造《昕天論》曰：[5]“嘗覽《漢書》云：冬至日在牽牛，去極遠；夏至日在東井，去極近。欲以推日之長短，信以太極處二十八宿之中央，雖有遠近，不能相倍。”今《昕天》之説，以爲“冬至極低，而天運近南，故日去人遠，而斗去人近，北天氣至，故冰寒也。夏至極起，而天運近北，而斗去人遠，[6]日去人近，南天氣至，故炎熱也。極之立時，[7]日行地中淺，故夜短，天去地高，故晝長也。極之低時，日行地中深，故夜長，天去地下淺，[8]故晝短也。然則天行寒依於渾，夏依於蓋也”。按此説應作“軒昂”之“軒”，[9]而作“昕”，所未詳也。凡三説皆好異之談，失之遠矣。

[1]晋成帝：即司馬衍。字世根，東晋河内温人。《晋書》卷七有紀。　咸康：晋成帝司馬衍年號（335—342）。

[2]會稽：郡名。治所在今浙江紹興市。　虞喜：人名。字仲

寧，東晉會稽餘姚（今浙江餘姚市）人。《晋書》卷九一有傳。
《安天論》：李約瑟很看重虞喜《安天論》，認爲它屬於宣夜學派。
見《中國科學技術史》中"天學"的宣夜説。

[3]無方圓不同之義也：中華本校勘記云："‘無方圓’三字，
各本並脱。據《晋書·天文志》《隋書·天文志》補。"今從之。

[4]喜族祖河間太守聳又立《穹天論》：中華本校勘記云：
"‘河間太守’，《晋書·天文志》《隋書·天文志》皆作‘河間相’。
張森楷《校勘記》云：‘作相是。《三國·吳志·虞翻傳》注亦云
聳入晋爲河間相。’"河間，郡國名。治所在今河北獻縣東南。聳，
人名。即虞聳。字世龍，西晋會稽餘姚人，虞翻之子。其所著《穹
天論》收錄於《全晋文》卷八二。

[5]姚信：人名。字元直（一説字德祐），三國吳吳興（今浙
江湖州市吳興區）人。天文學家。著有《士緯》《姚氏新書》《昕
天論》《誡子》等。

[6]而斗去人遠：中華本校勘記云："各本並脱‘而’字，據
《晋書·天文志》《隋書·天文志》補。"今從之。

[7]極之立時：即極高。丁福林《校議》云："《太平御覽》卷
一二三作‘極之高時’，與下文之‘極之低時’，對應成文。此
‘立’，乃‘高’之訛。點校本《晋書·天文志上》據以改‘立’
爲‘高’，是也。"極，北極。此段多處"極"字，均指北極。

[8]天去地下淺：丁福林《校議》云："《隋書·天文志上》。
《太平御覽》卷二作‘天去地下’，與上文之‘天去地高’，對應成
文。點校本《晋書·天文志下》據以删‘淺’字，疑是。"

[9]軒：高仰之義。按沈約的觀點，《昕天論》應作《軒天論》
纔切合文義。因爲《昕天論》的核心，是天極之高升。

　　凡天文經星，常宿中外官，前史已詳。今惟記魏文
帝黃初以來星變爲《天文志》，以續司馬彪云。[1]

[1]"凡天文經星"至"以續司馬彪云"：本書《天文志》僅載論天、儀象、星變三件事，無天文經星、中宮、二十八舍及中外星，無天漢起没、十二度次及州郡躔次，也無日食、隕石記載，内容較爲單一。中外官，原作"中外宮"，"宮"當爲"官"字之誤，今據《史記·天官書》改正。經星，指恒星。常宿，經常在位不變。中外官，中官指中宮，北極附近的星座，包括紫微垣、太微垣、天市垣三垣；外官包括二十八宿及黄道南北二十八宿以外諸星。即中外官實際包括星空中所見的一切恒星。司馬彪，人名。字紹統，西晋河内温人。《晋書》卷八二有傳。

魏文帝黄初三年九月甲辰，[1]客星見太微左掖門内。[2]占曰："客星出太微，國有兵喪。"十月，孫權叛命，[3]帝自南征，前驅臨江，破其將吕範等。[4]是後累有征役。七年五月，文帝崩。

[1]魏文帝：即曹丕。字子桓，三國魏沛國譙縣（今安徽亳州市）人。《三國志》卷二有紀。 黄初：三國魏文帝曹丕年號（220—226）。

[2]客星見太微：《開元占經》卷八三引石氏曰："客星入左掖門，出右掖門，其國有喪。"引《荆州占》曰："星正赤，入太微中，兵起。"《黄帝占》曰："客星出入太微，人主有憂，大臣爲謀，有反者，兵起宮中。"故本志占曰"國有兵喪"，其應在三年帝南征孫權，七年文帝崩。客星，偶然出現的星象的統稱，主要是指彗星、新星等。太微，星垣名。即太微垣。是三垣中的上垣，分布在紫微垣的西北脚，在北斗南方，横跨辰巳午三宮，約占天空六十三度的範圍。北自常陳，南至明堂，東自上台，西至上將，下臨翼軫角亢四宿。它包含二十個星座，正星七十八顆，增星一百顆，主要由垣牆十星和五帝座爲中心，成屏藩形狀。 左掖門：《開元占經》

卷六六引《黃帝占》曰："太微，天子之宮，西蕃四星，南北列。南端第一星爲上將，北間爲太陽西門，門北一星爲次將，北間爲中華西門，門北一星爲次相，北間爲太陰西門，北端一星爲上相。東蕃四星，南北列。南端第一星爲上相，北間爲太陽東門，門北一星爲次相，北間爲中華東門，門北一星爲次將，北間爲太陰東門，北端一星爲上將。南蕃兩星，東西列，其西星，爲右執法，其東星，爲左執法。爲廷尉尚書之象。兩執法之間，太微天廷端門也。右執法西間，爲右掖門。左執法之東，爲左掖門。"

［3］孫權：人名。三國吳吳郡富春（今浙江富陽市）人。《三國志》卷四七有傳。

［4］吕範：人名。字子衡，三國吳汝南細陽（今安徽太和縣）人。《三國志》卷五六有傳。

　　黄初四年三月癸卯，月犯心大星。[1]十二月丙子，月又犯心大星。占曰："心爲天王，王者惡之。"七年五月，文帝崩。

［1］黄初四年三月癸卯：中華本校勘記云："'三月癸卯'各本並作'二月癸卯'。按是年二月庚申朔，無癸卯，三月己丑朔，十五日癸卯。今據《三國志·魏志·文帝紀》《晉書·天文志》改。"今從之。　月犯心大星：《漢書·天文志》曰："月犯心星。占曰：'其國有憂，若有大喪。'"《開元占經》卷一三引《海中占》曰："月犯心中央星，人主惡之；犯其前星，太子惡之，及失位；犯其後星，庶子惡之，皆應以善事。"故占曰"王者惡之"，應在七年文帝崩。犯，兩星相距一度之内。但一定是光耀自下而上纔稱爲犯。心大星，心宿第二星，又稱大火星。心，即心宿。

　　黄初四年六月甲申，太白晝見。[1]五年十一月辛卯，[2]太白又畫見。案劉向《五紀論》曰：“太白少陰，弱，不得專行，故以巳未爲界，[3]不得經天而行。經天則晝見，其占爲兵，爲喪，爲不臣，爲更王。強國弱，小國強。”是時孫權受魏爵號，而稱兵距守。七年五月，文帝崩。八月，吳遂圍江夏，寇襄陽，魏江夏太守文聘固守得全。[4]大將軍司馬懿救襄陽，斬吳將張霸。[5]

[1]太白晝見：《開元占經》卷四六引石氏曰：“凡太白不經天。若經天，天下革政，民更主，是謂亂紀，人民流亡。”故占曰：“爲兵，爲喪，爲不臣，爲更王。”應在魏文帝崩，孫權稱兵拒守，吳圍江夏，寇襄陽。太白，即金星。

[2]五年十一月辛卯：中華本校勘記云：“‘十一月辛卯’《三國志·魏志·文帝紀》《晉書·天文志》作‘十月乙卯’。按是年十月庚戌朔，初六日乙卯。十一月庚辰朔，十二日辛卯。未知孰是。”

[3]以巳未爲界：金星爲內行星，它距太陽最大的角距離在45°至48°之間變化。若以日出、日落爲界，平均以春秋分日出、日落在正東卯、正西酉爲準，正常情況下早晨金星可在卯以南45°巳位見，傍晚可在酉以南45°未位見。越過這個界限，在科學上是不合理的。古代便以此爲占，晝見即經天，金星是不可能在中天見到的。

[4]江夏：郡名。時治石陽城，即今湖北漢川市。　襄陽：郡名。治所在今湖北襄陽市襄城區。　文聘：人名。字仲業，三國魏南陽宛（今河南南陽市）人。《三國志》卷一八有傳。

[5]司馬懿：人名。字仲達，三國魏河內溫人。《晉書》卷一有紀。　張霸：人名。本書、《三國志》均一見，所載事同，餘事不詳。

黃初四年十一月，月暈北斗。[1]占曰：“有大喪，赦天下。”七年五月，文帝崩，明帝即位，[2]大赦天下。

　[1]月暈北斗：《開元占經》卷一六引《郗萌占》曰：“月暈北斗，有大喪，赦天下。”應在黃初七年文帝崩，明帝即位，大赦天下。月暈，月亮周圍的大氣折射光現象。
　[2]明帝：即曹叡。字元仲，三國魏沛國譙人。《三國志》卷三有紀。

　黃初五年十月，歲星入太微，[1]逆行積百三十九日乃出，占曰：“五星入太微，從右入三十日以上，人主有大憂。”一曰：“有赦至。”七年五月，文帝崩，明帝即位，大赦天下。

　[1]歲星入太微：《開元占經》卷六六引郗萌曰：“太微之宮，天子帝廷。”引《春秋元命包》曰：“太微，權政所在。”天子和政權受到侵犯，天子和國家必不能安定。

　黃初六年五月十六日壬戌，熒惑入太微，[1]至二十六日壬申，與歲星相及，俱犯右執法，[2]至二十七日癸酉，乃出。占曰：“從右入三十日以上，人主有大憂。”又“日月五星犯左、右執法，大臣有憂”。[3]一曰：“執法者誅。金、火尤甚。”十一月，皇子東武陽王鑒薨。[4]七年正月，驃騎將軍曹洪免爲庶人。[5]四月，征南大將軍夏侯尚薨。[6]五月，文帝崩。《蜀記》稱：“明帝問黃權曰：[7]‘天下鼎立，何地爲正？’對曰：‘當驗天文。往熒惑守心，而文皇帝崩，吳、蜀無事，此其徵也。’”案三國史並無熒惑守心之文，宜是入太微。

［1］熒惑：火星。

［2］右執法：與左執法爲太微垣南門左右兩邊的執法官。

［3］日月五星犯左、右執法：丁福林《校議》云：“犯執法者，當爲月及五星，日無與焉。諸《志》所載甚明。‘日’，《晋書·天文志下》作‘曰’，是也。‘日’乃‘曰’形近之訛。”

［4］東武陽王：王爵名。王國在今山東莘縣。　鑒：人名。即曹鑒。魏文帝子，死後謚懷王，餘事不詳。

［5］曹洪：人名。字子廉，三國魏沛國譙人。《三國志》卷九有傳。

［6］征南大將軍：官名。將軍名號，位在四征將軍之上，多爲加官。二品。　夏侯尚：人名。字伯仁，三國魏沛國譙人。《三國志》卷九有傳。

［7］黃權：人名。字公衡，三國蜀巴西閬中（今四川閬中市）人。《三國志》卷四三有傳。

黃初六年十月乙未，有星孛于少微，歷軒轅。[1]案占，孛、彗異狀，其殃一也。爲兵喪除舊布新之象，餘災不盡，爲旱凶飢暴疾。長大見久災深，短小見速災淺。是時帝軍廣陵，[2]辛丑，親御甲胄，跨馬觀兵。明年五月，文帝崩。

［1］孛：無尾之彗星。彗星的出現也稱孛。　少微：共四星，在太微西。　軒轅：又稱權，共十七星。

［2］廣陵：郡名。治所在今江蘇揚州市西北蜀崗上。

魏明帝太和四年七月壬戌，[1]太白犯歲星。[2]占曰：“太白犯五星，有大兵。犯列宿，爲小兵。”五年三月，諸葛亮以大衆寇天水，遣大將軍司馬懿距退之。[3]

[1]魏明帝太和四年七月壬戌：中華本作"十一月壬戌"，其校勘記云："'十一月壬戌'《晉書·天文志》作'七月壬戌'。按是年七月丁未朔，十六日壬戌。十一月乙亥朔，無壬戌。《三國志·魏志·明帝紀》：'十一月，太白犯歲星。'月而不日，魏志此前有八月辛巳、乙未，十月乙卯、庚申，此下有十二月辛未、丙寅，則《晉志》作七月，必有誤。疑《宋志》作十一月本不誤，而壬戌日干支則有誤。"考是年十一月無壬戌，今據《晉志》改。太和，魏明帝曹叡年號（227—233）。

[2]太白：《開元占經》卷四五引巫咸曰："太白主兵革誅伐，正刑法。"太白發生凌犯，必有兵災。故占曰"太白犯五星，有大兵。犯列宿，爲小兵"，應在太和五年諸葛亮與司馬懿之戰。

[3]諸葛亮：人名。字孔明，三國蜀琅邪陽都（今山東沂南縣）人。《三國志》卷三五有傳。　天水：郡名。治所在今甘肅甘谷縣東。　遣大將軍司馬懿距退之：中華本校勘記云："各本並脫'之'字，據《永樂大典》七八五七補。"今從之。

太和五年五月，熒惑犯房。[1]占曰："房四星，股肱臣將相位也。月、五星犯、守之，將相有憂。"七月，車騎將軍張郃追諸葛亮，爲其所害。十二月，太尉華歆薨。[2]

[1]太和五年五月：中華本校勘記云："各本並奪'五月'之'五'字，據《晉書·天文志》補。"今從之。　熒惑犯房：《開元占經》卷三一引《荊州占》曰："熒惑守房……大臣凶。"引郗萌曰："熒惑出房北，主也；出其南，諸臣也。"應在張郃被殺，太尉華歆薨。房，即房宿。東方蒼龍七宿中的主星。

[2]華歆：人名。字子魚，三國魏平原高唐（今山東禹城市）人。《三國志》卷一三有傳。

太和五年十一月乙酉，月犯軒轅大星。[1]占曰：“女主憂。”十二月甲辰，月犯鎮星。[2]占曰：“女主當之。”六年三月乙亥，月又犯軒轅大星。青龍二年十一月乙丑，[3]月又犯鎮星。三年正月，太后郭氏崩。[4]

[1]月犯軒轅大星：《開元占經》卷一四引《海中占》曰：“月犯軒轅大星，女主當之。”應在郭太后崩。軒轅大星，即軒轅十四，獅子座α星。

[2]月犯鎮星：中華本校勘記云：“‘鎮星’《三國志·魏志·明帝紀》同。《晉書·天文志》作‘填星’。按鎮星填星實即一星。沈約修《宋志》，據各家之作，仍而不改，故或作填星，或作鎮星，前後參錯雜見。今並據百衲本，一仍其舊不改。”今從之。

[3]青龍：三國魏明帝曹叡年號（233—237）。　十一月乙丑：丁福林《校議》云：“《晉書·天文志中》《三國志·魏志·明帝紀》皆作‘十月乙丑’。考是年十一月壬午朔，無乙丑，十月壬子朔，乙丑爲十四日。則此或爲十月是也。”

[4]郭氏：即文德郭皇后。三國魏安平廣宗（今河北威縣）人，魏明帝曹叡生母。《三國志》卷五有傳。

太和六年十一月丙寅，太白晝見南斗，[1]遂歷八十餘日恒見。占曰：“吳有兵。”明年，孫權遣張彌等將兵萬人，錫授公孫淵爲燕王。[2]淵斬彌等，虜其衆。

[1]太白晝見南斗：太白主兵，《開元占經》卷六一引甘氏曰：“南斗主兵。”引石氏曰：“南斗魁第一星主吳。”故占曰“吳有

兵”。應在公孫淵斬吳將張彌。南斗，即斗宿。共六星，其形狀與北斗類似，六、五、四、一爲斗魁，二、三爲斗柄，斗柄指向西北。一、六爲斗口，向下。

[2]張彌：人名。三國吳人，任太常。《三國志》卷四七《吳書·吳主傳》所載其事與本書同，餘事不詳。 公孫淵：人名。三國魏遼東襄平（今遼寧遼陽市）人。魏遼東太守，景初元年（237）自立爲燕王，叛魏。次年，魏明帝遣司馬懿領軍討之，公孫淵兵敗被殺。 燕王：王爵名。孫權封公孫淵爵位，並無實際封土。

太和六年十一月丙寅，有星孛于翼，近太微上將星。占曰：“爲兵喪。”甘氏曰：“孛彗所當之國，是受其殃。”翼又楚分，孫權封略也。明年，權有遼東之敗。權又自向合肥新城，遣全琮征六安，皆不克而還。[1]又明年，諸葛亮入秦川，據渭南，[2]司馬懿距之。孫權遣陸議、諸葛瑾等屯江夏口，[3]孫韶、張承等向廣陵、淮陽，[4]權以大衆圍新城以應亮。於是帝自東征，權及諸將乃退。太和六年十二月，陳王植薨。[5]青龍元年夏，北海王蕤薨。[6]三年正月，太后郭氏崩。

[1]合肥新城：城名。在今安徽合肥市。 全琮：人名。字子璜，三國吳吳郡錢唐（今浙江杭州市）人。《三國志》卷六〇有傳。 六安：縣名。治所在今安徽六安市。 不克而還：中華本校勘記云：“‘而還’三朝本作‘不吾’，北監本、毛本、殿本、局本作‘下吳’，並誤。當是‘而還’二字之誤，今改正。”今從之。

[2]秦川：地區名。今陝西、甘肅秦嶺以北渭水平原一帶。渭南：渭水之南。《晉書》卷一《宣帝紀》云：“二年，亮又率衆十

餘萬出斜谷，壘于郿之渭水南原。"

[3]陸議：人名。即陸遜。字伯言，本名議，三國吳吳郡吳人。《三國志》卷五八有傳。　諸葛瑾：人名。字子瑜，琅邪陽都人。三國吳大臣。《三國志》卷五二有傳。　江夏口：地名。又名子夏口。在今湖北監利縣西，夏水入長江之口。

[4]孫韶：人名。字公禮，吳郡富春人。三國吳大臣。《三國志》卷五一有傳。　張承：人名。字仲嗣，彭城（今江蘇徐州市）人。三國吳大臣。《三國志》卷五二有傳。　淮陽：縣名。治所在今河南淮陽縣。《三國志》卷四七《吳書·吳主傳》云："夏五月，權遣陸遜、諸葛瑾等屯江夏、沔口，孫韶、張承等向廣陵、淮陽，權率大衆圍合肥新城。"各本並作"淮陽"，《通鑑》卷七二魏明帝青龍二年作"淮陰"。趙一清《三國志注補》云："淮陽後漢爲陳國，今開封府陳州，去廣陵甚遠，'淮陽'是'淮陰'之誤疑。"趙氏又云淮陰西漢屬臨淮郡，東漢屬下邳國，魏屬廣陵郡。故"淮陽"似"淮陰"之誤。淮陰，縣名。治所在今江蘇淮陰市楚州區西南甘羅城。

[5]太和六年十二月，陳王植薨：丁福林《校議》云："曹植之卒，《三國志·魏志·明帝紀》、《通鑑》卷七二皆記在太和六年十一月庚寅。考是年十一月癸亥朔，庚寅爲月之二十八日。潘眉《三國志考證》卷二云：'《宋志》在十二月，推十二月無庚寅，《魏志》是也。'此'十二'乃'十一'之訛。"陳王，王爵名。王國在今河南淮陽縣。植，人名。即曹植。字子建，三國魏沛國譙人。《三國志》卷一九有傳。

[6]北海王：王爵名。王國在今山東昌樂縣西。　蕤：人名。即曹蕤。《三國志》卷二〇有傳。

明帝青龍二年二月乙未，[1]太白犯熒惑。占曰："大兵起，有大戰。"是年四月，諸葛亮據渭南，吳亦起兵應之，魏東西奔命。九月，亮卒，軍退。將帥分爭，爲魏所破。案占，太白所犯在南，南國敗；在北，北國敗。此宜在熒惑南也。[2]

[1]二月乙未：丁福林《校議》云："《三國志·魏志·明帝紀》同。《晉書·天文志中》作'二月己未'。考是年二月丙辰朔，無乙未，初四日己未。此及《三國志》皆誤。"

[2]此宜在熒惑南：《開元占經》卷二一引《荆州占》曰："熒惑與太白相犯，大戰；太白在熒惑南，南國敗；在熒惑北，北國敗。"故曰"此宜在熒惑南也"。

　　青龍二年三月辛卯，月犯輿鬼。[1]輿鬼主斬殺。占曰："民多病，國有憂。又有大臣憂。"是年夏，大疫；冬，又大病。至三年春乃止。正月，太后郭氏崩。四年五月，司徒董昭薨。[2]

[1]月犯輿鬼：《開元占經》卷一三引《河圖帝覽嬉》曰："月犯鬼，大臣有誅，一曰國有憂。"應在夏大疫、郭太后崩、董昭薨。輿鬼，即鬼宿。共四星，中間一星曰"積尸"，一名"質"。

[2]董昭：人名。字公仁，三國魏濟陰定陶（今山東定陶縣）人。《三國志》卷一四有傳。

　　青龍二年五月丁亥，太白晝見，積三十餘日。以晷度推之，非秦、魏，則楚也。是時諸葛亮據渭南，司馬懿與相持。孫權寇合肥，又遣陸議、孫韶等入淮、沔，[1]帝親東征。蜀本秦地，則爲秦、晉及楚兵悉起應占。

青龍二年七月己巳，月犯楗閉。[2]占曰："天子崩，又爲火災。"三年七月，崇華殿災。[3]景初三年正月，明帝崩。[4]

[1]合肥：縣名。治所在今安徽合肥市。　淮：水名。即淮河。
沔：地名。即沔口。又名夏口、漢口。在今湖北武漢市原漢水入長江處。

[2]月犯楗閉：《開元占經》卷一五引《郗萌占》曰："月乘鍵閉星，大人憂。"又曰："天子崩。"應在明帝崩。楗閉，又作"鍵閉"，在房宿東北。

[3]崇華殿：宮殿名。位於魏都洛陽城內北宮中。在今河南洛陽市東北漢魏洛陽故城。

[4]景初：三國魏明帝曹叡年號（237—239）。

青龍二年十月戊寅，月犯太白。占曰："人君死，又爲兵。"景初元年七月，公孫淵叛。二年正月，遣司馬懿討之。三年正月，明帝崩。

蜀後主建興十二年，[1]諸葛亮帥大衆伐魏，屯于渭南。有長星赤而芒角，自東北，西南流，投亮營，三投再還，往大還小。占曰："兩軍相當，有大流星來走軍上及墜軍中者，皆破敗之徵也。"九月，亮卒于軍，焚營而退。群帥交惡，多相誅殘。

魏明帝青龍三年六月丁未，鎮星犯井鉞。四年閏四月乙巳，復犯。[2]戊戌，太白又犯。占曰："凡月五星犯井鉞，悉爲兵起。"一曰："斧鉞用，大臣誅。"景初元年，公孫淵叛，司馬懿討滅之。

[1]蜀後主：即劉禪。字公嗣，三國蜀涿郡涿縣（今河北涿州市）人。《三國志》卷三三有傳。　建興：三國蜀後主劉禪年號（223—237）。

[2]魏明帝青龍三年六月丁未，鎮星犯井鉞。四年閏四月乙巳，復犯：丁福林《校議》云：“魏明帝青龍三年六月戊申朔，無丁未；四年閏正月，乙巳爲朔日，非閏四月。《晋書·天文志下》作‘閏四月己巳’，亦非是。”鎮星犯井鉞，《開元占經》卷四二引郗萌曰：“填星出東井，兵起東北。”石氏曰：“填星入東井，大人憂。”又曰：“填星守井鉞，大臣有誅，斧鉞用，若兵起。”應在公孫淵叛滅。鎮星，即土星。井鉞，井宿附座鉞星。

　　青龍三年七月己丑，鎮星犯東井。[1]四年三月癸卯，在參，又還犯之。占曰：“填星入井，大人憂。行近距爲行陰，其占大水，五穀不成。”景初元年夏，大水，傷五穀。九月，皇后毛氏崩。[2]三年正月，明帝崩。

[1]東井：又名井宿。共八星，在參宿之東，故名。井宿爲南方的領頭星，又在黃道上，故曰天之南門。

[2]毛氏：即明悼毛皇后。三國魏河內（今河南武陟縣）人。《三國志》卷五有傳。

　　青龍三年十月壬申，太白晝見在尾，歷二百餘日恒見。占曰：“尾爲燕，燕臣强，有兵。”青龍四年三月己巳，太白與月俱加丙，晝見。月犯太白。景初元年七月辛卯，太白又晝見，積二百八十餘日。占悉同上。是時公孫淵自立爲燕王，署置百官，發兵距守，遣司馬懿討滅之。

青龍三年十二月戊辰，月犯鉤鈐。[1]占曰："王者憂。"景初三年正月，明帝崩。

[1]鉤鈐：共二星，在房北第一星東南，楗閉星的下方。

青龍四年五月壬寅，太白犯畢左股第一星。[1]占曰："畢爲邊兵，又主刑罰。"九月，涼州塞外胡阿畢師侵犯諸國，西域校尉張就討之，[2]斬首捕虜萬許人。

[1]太白犯畢左股第一星：左股第一星即畢宿宿五，近附耳星。《史記·天官書》曰："畢曰罕車，爲邊兵，主弋獵。"《開元占經》卷四九引郗萌曰："太白出入留舍畢不下，一國有憂，兵起北方。"又曰："太白入畢口，不出，民人走，有狄奪國。"引《黃帝占》曰："太白犯守畢左股，邊夷兵起，左將軍戰死。"應在涼州胡兵。

[2]涼州：治所在今甘肅武威市南。　阿畢師：人名。本書僅此一見，其事不詳。《三國志》不見此人。　西域校尉：官名。又稱護西域校尉，掌管西域諸國事務。三國魏置，五品。西晉沿置，治所在雍州（今陝西西安市）。東晉時廢置，安帝元興年間中又置，治所移至酉陽（今湖北鄂州市鄂城區）。北魏亦置，多以涼州地區軍事長官兼領，駐涼州。　張就：人名。本書僅此一見，其事不詳。《三國志》不見此人。

青龍四年七月甲寅，太白犯軒轅大星。占曰："女主憂。"景初元年，皇后毛氏崩。

青龍四年十月甲申，有星孛于大辰，長三尺。乙酉，又孛于東方。十一月己亥，彗星見，犯宦者天紀星。占曰："大辰爲天王，天下有喪。"劉向《五紀論》

曰:"《春秋》星孛于東方,不言宿者,不加宿也。"[1]宦者在天市爲中外有兵,天紀爲地震,孛彗主兵喪。景初元年六月,地震。九月,吳將朱然圍江夏,荊州刺史胡質擊走之。[2]皇后毛氏崩。二年正月,討公孫淵。三年正月,明帝崩。[3]

[1] "劉向《五紀論》"至"不加宿也":劉向引《春秋》説,觀測記録不載星孛於某宿,是因未測得它的入宿度。因與星宿的相對距離較遠,故未能觀測。由占語"大辰爲天王,天下有喪"推斷這顆彗星應在心宿範圍内。

[2]朱然:人名。字義封,三國吳丹陽故鄣(今江西吉安縣安城鎮)人。本姓施,朱治養子。《三國志》卷五六有傳。　荊州:三國魏治所在今河南南陽市。　胡質:人名。字文德,三國魏壽春(今安徽壽縣)人。《三國志》卷二七有傳。

[3] "青龍四年十月甲申"至"明帝崩":《開元占經》卷八九引《春秋感精符》曰:"孛星賊起,光入大辰者,將有陰謀,以邪犯正,與天子争勢。居位者大臣謀主,兩王並立。周分之異也。"大辰即心宿。應在吳將圍江夏,明帝崩。

魏明帝景初元年二月乙酉,月犯房第二星。占曰:"將相有憂。"七月,司徒陳矯薨。二年四月,司徒韓暨薨。[1]

景初元年十月丁未,月犯熒惑。占曰:"貴人死。"二年四月,司徒韓暨薨。八月,公孫淵滅。

景初二年二月癸丑,月犯心距星,[2]又犯中央大星。五月己亥,[3]又犯心距星及中央大星。閏月癸丑,月又犯心中央大星。按占,"大星爲天王,前爲太子,[4]後爲皇子。犯大星，王者惡之。犯前星，太子有憂。犯後星，庶子有憂。"三年正月，帝崩，太子立，卒見廢爲齊王。[5]正始四年，秦王詢薨。[6]

[1]陳矯：人名。字季弼，三國魏廣陵東陽（今江蘇盱眙縣東南）人。《三國志》卷二二有傳。　韓暨：人名。字公至，三國魏南陽堵陽（今河南方城縣）人。《三國志》卷二四有傳。

[2]二月癸丑：丁福林《校議》云："《三國志·魏明帝紀》同，《晉書·天文志下》作'二月己丑'。考是月壬戌朔，無癸丑，二十八日己丑。此及《三國志》皆誤。"　月犯心距星：月亮犯心宿的距星。二十八宿中的每一宿都設定一顆距星，相鄰兩宿之間的赤道距離，以赤道距星來表示。有關距星的詳細敘述可參潘鼐《中國恒星觀測史》（學林出版社 1989 年版）。

[3]五月己亥：丁福林《校議》云："景初二年五月辛卯朔，己亥爲初九日。《晉書·天文志下》及《三國志·魏志·明帝紀》記在是月乙亥，非是。此月無乙亥日。"

[4]太子：即曹芳。字蘭卿，三國魏沛國譙人。景初三年（239）明帝曹叡死後繼位，嘉平六年（254）被司馬師廢爲齊王。《三國志》卷四有紀。

[5]齊王：王爵名。王國在今山東淄博市。

[6]秦王：王爵名。王國所在不詳。　詢：人名。即曹詢。三國魏沛國譙人。明帝曹叡養子。事見《三國志》卷三《魏書·明帝紀》、卷四《魏書·齊王芳紀》。

景初二年八月彗星見張，長三尺，逆西行，[1]四十一日滅。占曰："爲兵喪。張，周分野，洛邑惡之。"[2]其十月，斬公孫淵。[3]明年正月，明帝崩。

[1]逆西行：幾乎所有行星，包括太陽、月亮，都自西向東在恒星背景上運動，爲順行。反之則爲逆行。

[2]張，周分野，洛邑惡之：按分野觀念，張宿對應東周之地，東周在洛邑。洛邑時爲魏都城，洛邑惡之即魏惡之。

[3]其十月，斬公孫淵：丁福林《校議》云：“《三國志·魏志·明帝紀》、《通鑑》卷七四皆記斬公孫淵在是年秋八月，此作‘十月’，非是。”

景初二年十月甲午，月犯箕。占曰：“軍將死。”正始元年四月，車騎將軍黃權薨。[1]

景初二年，司馬懿圍公孫淵於襄平。[2]八月丙寅夜，有大流星長數十丈，色白有芒鬣，[3]從首山北流墜襄平城東南。[4]占曰：“圍城而有流星來走城上及墜城中者破。”又曰：“星墜，當其下有戰場。”又曰：“凡星所墜，國易姓。”九月，淵突圍，走至星墜所被斬。屠城阬其衆。

[1]車騎將軍：官名。位低於驃騎將軍，高於諸名號將軍，多作爲軍府名號，加授大臣、重要州郡長官，無具體職掌。二品。

[2]襄平：縣名。治所在今遼寧遼陽市老城區。

[3]芒鬣：芒角。

[4]首山：山名。在今遼寧遼陽市西南十五里。

景初二年十月癸巳，客星見危。逆行在離宮北，騰蛇南。甲辰，犯宗星。[1]己酉滅。占曰：“客星所出有兵喪。虛危爲宗廟，又爲墳墓。客星近離宮，則宮中將有大喪，就先君於宗廟，皆王者崩殞之象也。”三年正月，明帝崩。正始二年五月，吳將朱然圍樊城，[2]司馬懿率眾距却之。

[1]宗星：在天市垣內。宗室之星。

[2]正始：三國魏齊王曹芳年號（240—249）。　樊城：城名。在今湖北襄陽市樊城區。

魏齊王正始元年四月戊午，月犯昴東頭第一星。[1]其年十月庚寅，月又犯昴北頭第四星。[2]占曰："犯昴，胡不安。"二年六月，鮮卑阿妙兒等寇西方，[3]燉煌太守王延斬之，[4]并二千餘級。三年，又斬鮮卑大帥及千餘級。

[1]魏齊王：即曹芳。字蘭卿，三國魏沛國譙人。《三國志》卷四有紀。

[2]月又犯昴：《史記·天官書》曰："昴曰髦頭，胡星也。"《開元占經》卷一三引石氏曰："月入昴中，胡王死。"引郤萌曰："月犯昴，其國有憂，將軍死，一曰胡不安。"故有此占，應在魏齊王正始三年斬鮮卑大帥等。

[3]鮮卑：古族名。中國古代北方游牧民族。《三國志》卷三〇有《鮮卑傳》、本書卷九六有《鮮卑吐谷渾傳》。　阿妙兒：人名。本書僅此一見，其事不詳。《三國志》不見此人。

[4]燉煌：郡名。治所在今甘肅敦煌市。　王延：人名。本書僅此一見，其事不詳。《三國志》不見此人。

正始元年十月乙酉，彗星見西方，在尾，[1]長三丈，拂牽牛，犯太白。十一月甲子，進犯羽林。占曰："尾爲燕，又爲吴，牛亦吴、越之分。太白爲上將，羽林中軍兵。吴、越有兵喪，中軍兵動。"二年五月，吴將全琮寇芍陂，[2]朱然圍樊城，諸葛瑾入沮中，吴太子登卒。[3]六月，司馬懿討諸葛恪於皖，[4]恪焚積聚，棄城走。三年，太尉滿寵薨。[5]

[1]彗星見西方，在尾：彗星在西方出現，在尾宿之中。

[2]芍陂：塘名。在今安徽壽縣南。爲春秋時期楚相孫叔敖主持修建的水利工程，引淠水流經白芍亭東與附近諸水匯聚成湖，故名。今安豐塘即其遺址。

[3]沮中：地區名。亦作柤中。一説在今湖北南漳縣、宜城市蠻河流域一帶，一説在今湖北沮河上游地區。　登：人名。即孫登。字子高，三國吴郡富春（今浙江富陽市）人，孫權長子。《三國志》卷五九有傳。

[4]諸葛恪：人名。字元遜，琅邪陽都人，諸葛瑾長子。三國吴大臣。《三國志》卷六四有傳。　皖：縣名。治所在今安徽潛山縣。

[5]滿寵：人名。字伯寧，三國魏山陽昌邑（今山東金鄉縣）人。《三國志》卷二六有傳。

正始二年九月癸酉，月犯輿鬼西北星。西北星主金。三年二月丁未，又犯西南星。西南星主布帛。占曰："有錢令。"一曰："大臣憂。"三年三月，太尉滿寵薨。四年正月，帝加元服，[1]賜群臣錢各有差。

[1]帝加元服：齊王芳十二歲舉行加冠禮。元服，又稱頭衣，即冠。

正始四年十月、十一月，月再犯井、鉞。是月，司馬懿討諸葛恪，恪棄城走。五年三月，曹爽征蜀。[1]

正始五年十一月癸巳，鎮星犯亢距星。占曰：“諸侯有失國者。”嘉平元年，[2]曹爽兄弟誅。

正始六年八月戊午，彗星見七星，[3]長二尺，色白。進至張，積二十三日滅。七年十一月癸亥，又見軫，長一尺，積百五十六日滅。九年三月，又見昴，長六尺，色青白，芒西南指。七月，又見翼，長二尺，進至軫，積四十二日滅。按占，“七星、張，周分野，翼、軫爲楚，昴爲趙、魏。彗所以除舊布新，主兵喪也。”嘉平元年，司馬懿誅曹爽兄弟及其黨與，皆夷族，京師嚴兵，實始翦魏。三年，誅楚王彪，又襲王淩於淮南。[4]淮南，東楚也。幽魏諸王于鄴。[5]

[1]曹爽：人名。字昭伯，三國魏沛國譙人。《三國志》卷九有傳。

[2]嘉平：三國魏齊王曹芳年號（249—254）。

[3]七星：即星宿。共七顆星。

[4]楚王：王爵名。王國在今安徽壽縣。　彪：人名。即曹彪。字朱虎，三國魏沛國譙人，曹操之子。《三國志》卷二〇有傳。王淩：人名。字彥雲，太原祁（今山西祁縣）人。《三國志》卷二八有傳。　淮南：郡名。治所在今安徽壽縣。

[5]幽魏諸王：司馬懿借同謀立楚王彪之故，囚禁魏王室同姓諸王。嘉平元年，王淩等謀立楚王彪，廢齊王芳。事泄，彪、淩等皆自殺。司馬懿由此進一步控制了朝中政權。　鄴：縣名。治所在今河北臨漳縣西南鄴鎮。

正始七年七月丁丑，月犯左角。[1]占曰："天下有兵，將軍死。"[2]九年正月辛亥，月犯亢南星。占曰："兵起。"一曰："軍將死。"七月乙亥，熒惑犯畢距星。占曰："有邊兵。"一曰："刑罰用。"嘉平元年，曹爽等誅。三年，王淩等又誅。

[1]左角：即角宿二，爲天田星。

[2]天下有兵，將軍死：丁福林《校議》云："'將軍'，《晋書·天文志下》作'左將軍'。考月犯左角，地下應以左當之。本書《天文志二》又載有晋惠帝永寧元年'九月丁未'，月犯左角，占曰：'人主憂。'一曰：'左將軍死，天下有兵。'亦此例也。見《晋志》是，此於'將軍'前佚'左'字。"

正始九年七月癸丑，鎮星犯樞閉。占曰："王者不宜出宮下殿。"明年，車駕謁陵，司馬懿奏誅曹爽等，天子野宿，於是失勢。

魏齊王嘉平元年六月壬戌，太白犯東井距星。二年三月己未，又犯。占曰："國失政，大臣爲亂。"四月辛巳，太白犯輿鬼。占曰："大臣誅。"一曰："兵起。"三年五月，[1]王淩與楚王彪有謀，皆伏誅。人主遂卑。

[1]三年五月：中華本校勘記云："'五月'三朝本原訛'一月'，涵芬樓影印時，據北監本、毛本、殿本、局本改作'七月'。按《三國志·魏志·齊王芳紀》繫此事於五月，今據以改正。"今從之。

吳主孫權赤烏十三年五月，[1]日北至，熒惑逆行入南斗。七月，犯魁第二星而東。《漢晉春秋》云逆行。按占，熒惑入南斗，三月，吳王死。一曰："熒惑逆行，其地有死君。"太元二年權薨，[2]是其應也。故國志書於吳而不書於魏也。是時王淩謀立楚王彪，謂斗中有星，當有暴貴者，以問知星人浩詳。[3]詳疑有故，欲説其意，不言吳有死喪，而言淮南楚分，吳、楚同占，當有王者興。故淩計遂定。

魏齊王嘉平二年十月丙申，月犯興鬼。占曰："國有憂。"一曰："大臣憂。"三年四月戊寅，月犯東井。占曰："軍將死。"一曰："國有憂。"五月，王淩、楚王彪等誅。七月，皇后甄氏崩。[4]

嘉平三年五月甲寅，月犯亢距星。[5]占曰："將軍死。"一曰："爲兵。"是月，王淩誅。四年三月，吳將朱然、朱異爲寇。[6]鎮東將軍諸葛誕破走之。[7]

[1]赤烏：三國吳大帝孫權年號（238—251）。

[2]太元：三國吳大帝孫權年號（251—252）。

[3]浩詳：人名。本書僅此一見。《三國志》卷二八《魏書·王淩傳》裴松之注引《魏略》曰："淩聞東平民浩詳知星，呼問詳。詳疑淩有所挾，欲悦其意，不言吳當有死喪，而言淮南楚分也，今吳、楚同占，當有王者興。故淩計遂定。"

[4]甄氏：人名。即文昭甄皇后。三國魏中山無極（今河北無極縣）人。《三國志》卷五有傳。

[5]月犯亢距星：《開元占經》卷一三引《河圖帝覽嬉》曰："月犯亢，兵起，期不出三年。"引《黃帝占》曰："月犯亢，將軍亡其鼓，其國將死。"應在王淩誅和吳軍入寇。中華本校勘記云："各本並脱'亢'字，據《晉書·天文志》補。"今從之。

[6]朱異：人名。字季文，吳郡吳（今江蘇蘇州市）人。三國吳將領。《三國志》卷五六有附傳。

[7]鎮東將軍：官名。將軍名號之一，與鎮西、鎮南、鎮北將軍並稱四鎮將軍。二品。　諸葛誕：人名。字公休，琅邪陽都人。三國魏大臣。《三國志》卷二八有傳。

　　嘉平三年七月己巳，月犯輿鬼。九月乙巳，又犯。四年十一月丁未，又犯鬼積尸。五年七月丙午，月又犯鬼西北星。占曰：“國有憂。”正元元年，[1]李豐等誅，皇后張氏廢。[2]九月，帝廢爲齊王。

[1]正元：三國魏高貴鄉公曹髦年號（254—256）。

[2]李豐：人名。字安國，馮翊人。三國魏大臣。官至尚書僕射，與張緝、夏侯玄等人共謀推翻司馬師，事泄，被司馬師所殺。

張氏：即齊王曹芳皇后，東莞太守張緝之女。

　　齊王嘉平三年十月癸未，熒惑犯亢南星。占曰：“大臣有亂。”正元元年二月，李豐等謀亂誅。

　　嘉平三年十一月癸亥，[1]有星孛于營室，[2]西行積九十日滅。占曰：“有兵喪。室爲後宮，後宮且有亂。”四年二月丁酉，彗星見西方，在胃，長五六丈，色白，芒南指貫參，積二十日滅。五年十一月，彗星又見軫，長五丈，在太微左執法西。東南指，積百九十日滅。按占，“胃，兗州之分。參，白虎，主兵。太微，天子廷，執法爲執政，孛彗爲兵，除舊布新之象。”正元元年二月，李豐、豐弟兗州刺史翼、后父光禄大夫張緝等謀亂，[3]皆誅，皇后亦廢。九月，帝廢爲齊王，高貴鄉公代立。[4]

[1]嘉平三年十一月癸亥：原作"癸未"，與上文"嘉平三年十月癸未"矛盾，今據《晋志》改。

[2]有星孛于營室：彗星見，爲兵，爲除舊布新之象。《開元占經》卷八九："《聖洽符》曰：'彗星出營室，天下兵大起。'齊伯曰：'彗星出室壁間，兵大起，若有大喪，有亡國，死王，期不出三年。'"又引《黄帝占》曰："孛見營室中，後宮且有亂。"故有此占，應在正元元年李豐等謀反，皆誅，皇后廢，又帝廢爲齊王。營室，即室宿和壁宿。

[3]張緝：人名。字敬仲，三國魏馮翊高陵（今陝西大荔縣）人。事見《三國志》卷一五《魏書·張既傳》。

[4]高貴鄉公：即曹髦。字彦士，沛國譙人。三國魏君，後廢爲公。《三國志》卷四有紀。

嘉平五年六月庚辰，月犯箕。[1]占曰："軍將死。"正元元年正月，鎮東將軍毌丘儉反，[2]兵敗死。

[1]月犯箕：《開元占經》卷一三引郗萌曰："月犯箕，其國有軍將死。"故有此占，應在正元元年毌丘儉敗死。

[2]毌丘儉：人名。字仲恭，河東聞喜（今山西聞喜縣）人。三國魏將領。《三國志》卷二八有傳。

嘉平五年六月戊午，太白犯角。[1]占曰："群臣謀不成。"正元元年，李豐等謀泄，悉誅。

[1]太白犯角：《開元占經》卷四七引《黄帝占》曰："太白犯左角，大戰不勝，將軍死。"又曰："太白乘左角，群臣有謀不成，

其以家坐罪。"應在李豐謀泄誅。

嘉平五年七月，月犯井鉞。正元元年二月，李豐等誅。蜀將姜維攻隴西，車騎將軍郭淮討破之。[1]

[1]姜維：人名。字伯約，天水冀（今甘肅甘谷縣）人。三國蜀將領。《三國志》卷四四有傳。 隴西：郡名。治所在今甘肅隴西縣。 郭淮：人名。字伯濟，太原陽曲（今山西太原市北陽曲鎮）人。三國魏大臣。《三國志》卷二六有傳。

嘉平五年十一月癸酉，月犯東井距星。占曰："軍將死。"至六年正月，鎮東將軍豫州刺史毌丘儉、前將軍揚州刺史文欽反，被誅。[1]

[1]豫州：治所在今安徽亳州市。 揚州：治所在今安徽壽縣。 文欽：人名。字仲若，三國魏譙郡（今安徽亳州市）人。事見《三國志》卷二八《魏書·毌丘儉傳》。

魏高貴鄉公正元元年十一月，有白氣出斗側，[1]廣數丈，長竟天。王肅曰：[2]"蚩尤之旗也。東南其有亂乎！"二年正月，毌丘儉等據淮南以叛，大將軍司馬師討平之。[3]案占，"蚩尤旗見，王者征伐四方。"自後又征淮南，西平巴蜀。是歲，吳主孫亮五鳳元年，[4]斗牛，吳、越分。案占，"有兵喪，除舊布新之象也。"太平三年，孫綝盛兵圍宮，廢亮爲會稽王，孫休代立，[5]是其應也。故國志又書於吳。由是淮南江東同揚州地，故于時變見吳、楚之分。則魏之淮南，多與吳同災，是以毌丘儉以孛爲己應，[6]遂起兵而敗，又其應也。後三年，即魏甘露二年，[7]諸葛誕又反淮南，吳遣朱異救之。及城陷，誕衆、吳兵死没各數萬人，猶前長星之應也。

[1]有白氣出斗側：白氣爲蚩尤旗，斗爲斗宿。《史記·天官書》曰："蚩尤之旗，類彗而後曲，象旗。見則王者征伐四方。"彗星出現，有兵和除舊布新之象，故有此占，應在吳主孫亮廢立之事等。丁福林《校議》云："'出斗側'，《晋書·天文志下》作'出南斗側'。考下文云：'王肅曰："蚩尤之旗也。東南其有亂乎！"'則以'出南斗側'爲是。此佚'南'字。"

[2]王肅：人名。字子雍，東海郯人。三國魏大臣。《三國志》卷一三有傳。

[3]司馬師：人名。字子元，河内温人。三國魏權臣。《晋書》卷二有紀。

[4]孫亮：人名。字子明，吳郡富春人。三國吳君。《三國志》卷四八有傳。　五鳳：三國吳會稽王孫亮年號（254—256）。

[5]太平：三國吳會稽王孫亮年號（256—258）。　孫綝：人名。字子通，三國吳吳郡富春人。《三國志》卷六四有傳。　孫休：人名。字子烈，吳郡富春人。三國吳君。《三國志》卷四八有傳。

[6]毌丘儉以孛爲己應：毌丘儉於嘉平六年（254）聯合揚州刺史反，他以爲見到蚩尤旗，其除舊布新之意爲自己反叛成功的徵兆。

[7]甘露：三國魏高貴鄉公曹髦年號（256—260）。

高貴鄉公正元二年二月戊午，熒惑犯東井北、轅西頭第一星。占曰："群臣有家坐罪者。"甘露元年，諸葛誕族滅。[1]

吳孫亮太平元年九月壬辰，太白犯南斗，《吳志》

所書也。占曰:"太白犯斗,國有兵,大臣有反者。"其明年,諸葛誕反。又明年,孫琳廢亮,吳、魏並有兵事也。

魏高貴鄉公甘露元年七月乙卯,熒惑犯井鉞。壬戌,月又犯鉞星。二年八月壬子,歲星犯井鉞。九月庚寅,歲星又逆行乘鉞星。三年,諸葛誕夷滅。

甘露元年八月辛亥,月犯箕。占曰:"軍將死。"九月丁巳,月犯東井。占曰:"軍將死。"二年,諸葛誕誅。

甘露二年六月己酉,月犯心中央大星。景元元年五月,[2]高貴鄉公敗。

甘露二年十月丙寅,太白犯亢距星。占曰:"廷臣爲亂,人君憂。"景元元年,有成濟之變。[3]

甘露二年十一月,彗星見角,色白。占曰:"彗見兩角間,色白者,軍起不戰,邦有大喪。"景元元年,高貴鄉公帥左右兵襲晋文王,[4]未交戰,爲成濟所害。

甘露三年三月庚子,太白犯東井,占曰:"國失政,大臣爲亂。"是夜,歲星又犯東井。占曰:"兵起。"至景元元年,高貴鄉公敗。

甘露三年八月壬辰,歲星犯輿鬼質星,占曰:"斧質用,大臣誅。"甘露四年四月甲申,歲星又犯輿鬼東南星。占曰:"鬼東南星主兵。木入鬼,大臣誅。"[5]景元元年,高貴鄉公敗,殺尚書王經。[6]

[1]甘露元年,諸葛誕族滅:丁福林《校議》云:"《三國志·魏志·三少帝紀》:'(甘露)三年春二月,大將軍司馬文王陷壽春

城，斬諸葛誕。'《三國志·諸葛誕傳》：'誕以二年五月反，三年二月破滅。''大將軍司馬胡奮部兵逆擊，斬誕，傳首，夷三族。'《通鑑》卷七七同。是諸葛誕之被誅在甘露三年，誕見誅後族滅，亦在此時。此作'元年'，非是。"下年"二年，諸葛誕誅"，《校議》亦云"二年"乃"三年"之訛。

[2]景元：三國魏元帝曹奐年號（260—264）。

[3]成濟：人名。三國魏人。司馬昭心腹，官至太子舍人，刺殺高貴鄉公曹髦後被殺。事見《三國志》卷四《魏書·高貴鄉公髦紀》。

[4]晉文王：即司馬昭。字子上，河內溫人。三國魏權臣。咸熙元年被封爲晉王，後被追諡爲文帝，故稱晉文王。《晉書》卷二有紀。

[5]"歲星犯輿鬼質星"至"大臣誅"：《開元占經》卷六三引石氏曰："中央色白，如粉絮者，所謂積尸氣也。一曰天尸，故主死喪，主祠事也。一曰鈇鑕，故主法，主誅斬。"引《玉曆》曰："輿鬼爲天尸，朱雀頸，中星如粉絮，鬼爲疫害。"

[6]王經：人名。字彥緯，冀州清河（今山東臨清縣）人。三國魏大臣。事見《三國志》卷九《魏書·夏侯玄傳》。

　　甘露四年十月丁丑，客星見太微中，轉東南行，[1]歷軫宿。積七日滅。占曰："客星出太微，有兵喪。"景元元年，高貴鄉公被害。

　　[1]轉東南行：中華本校勘記云："'轉'各本並作'輔'，據《晉書·天文志》改。"今從之。

　　魏陳留王景元元年二月，月犯建星。[1]案占，"月五星犯建星，大臣相譖。"是後鍾會、鄧艾破蜀，[2]會譖艾，遂皆夷滅。

[1]月犯建星：建星在星占學上很少被提及，通常與斗宿一起觀測。先秦時，建星曾被當作冬至日所在位置、曆元的起點，後被斗宿取代，因此不被人們重視。《開元占經》卷六五引《海中占》曰：“斗建者，陰陽始終之門，大政升平之所，起律曆之本原也。”又引焦延壽曰：“建星，一星不具，若與斗合，一月辟亡。”《乙巳占》曰：“月犯建星，大臣相譖死。”應在鍾會、鄧艾皆夷滅。

[2]鍾會：人名。字士季，潁川長社（今河南長葛縣）人。三國魏大臣。《三國志》卷二八有傳。　鄧艾：人名。字士載，義陽棘陽（今河南南陽市）人。三國魏大臣。《三國志》卷二八有傳。

景元二年四月，熒惑入太微，犯右執法。占曰：“人主有大憂。”又曰：“大臣憂。”後四年，鄧艾、鍾會皆夷滅。五年，帝遜位。

景元三年十一月壬寅，彗星見亢，色白，長五寸，轉北行，積四十五日滅。占爲兵喪。一曰：“彗見亢，天子失德。”四年，鍾會、鄧艾伐蜀克之。會、艾反亂皆誅，魏遂天下。

景元四年六月，大流星二，並如斗，[1]見西方，分流南北，光照隆隆有聲。案占，流星爲貴使，大者使大。是年，鍾、鄧克蜀，二星蓋二帥之象。二帥相背，又分流南北之應，鍾會既叛，三軍憤怒，隆隆有聲，兵將怒之徵也。

[1]並如斗：都如斗大。斗，量器。

　　景元四年十月，歲星守房。占曰：“將相有憂。”一曰：“有大赦。”明年正月，太尉鄧艾、司徒鍾會並誅滅，特赦益土。咸熙二年秋，又大赦。

　　陳留王咸熙二年五月，彗星見王良，[1]長丈餘，色白，東南指，積十二日滅。占曰：“王良，天子御駟，彗星掃之，禪代之表，除舊布新之象。白色爲喪。王良在東壁宿，又并州之分也。”[2]八月，晋文王薨。十二月，帝遜位于晋。

　　[1]彗星見王良：這一異常天象，星占家認爲有兩個方面的徵兆，一爲除舊布新之象，一爲喪。除舊布新之象應在魏帝遜位於晋，喪事應在晋文王薨。
　　[2]并州：治所在今山西太原市西南古城營西古城。

　　晋武帝泰始四年正月丙戌，[1]彗星見軫，青白色，西北行，又轉東行。[2]占曰：“爲兵喪。軫又楚分也。”三月，皇太后王氏崩。[3]十月，吳將施績寇江夏，萬彧寇襄陽，後將軍田璋、荆州刺史胡烈等破却之。[4]

　　泰始四年七月，星隕如雨，皆西流。[5]占曰：“星隕爲民叛，西流，吳民歸晋之象也。”二年，吳夏口督孫秀率部曲二千餘人來降。[6]

　　[1]晋武帝：即司馬炎。字安世，河内溫人。西晋皇帝。《晋書》卷三有紀。　泰始：晋武帝司馬炎年號（265—274）。
　　[2]又轉東行：中華本校勘記云：“各本並脱‘東’字，據《晋書·天文志》補。”今從之。
　　[3]王氏：人名。即文明王皇后。名元姬，東海郯人。《晋書》

[4]施績：人名。即朱績。字公緒，丹陽故鄣人。三國吳將領。《三國志》卷五六有傳。　萬彧：人名。三國吳人，時任東吳丞相。事見《三國志》卷四八《吳書·孫晧傳》。　後將軍：官名。漢朝爲重號將軍之一，與前、左、右將軍並位上卿，位次大將軍及驃騎、車騎、衛將軍。典掌禁兵，戍衛京師，或任征伐，不常置。魏、晉常置，權位漸低，僅爲武官名號，略高於一般雜號將軍，不典禁兵，不與朝政。三品。　田璋：人名。本書僅此一見，其事不詳。　胡烈：人名。字玄武。事見《三國志》卷二八《魏書·鍾會傳》。

[5]星隕如雨，皆西流：《開元占經》卷七一引《雜書》曰：“此星所往者，其分受福，有利。”故有是占。流星西流，西方有利。利在晉，故應有吳民來降。

[6]二年，吳夏口督孫秀率部曲二千餘人來降：丁福林《校議》云：“吳孫秀降於晉，《晉書·武帝紀》、《通鑑》卷七九皆載在泰始六年，《三國志·吳志·三嗣主傳》載於吳孫晧建衡二年，即泰始六年。考上文載泰始四年事，則據本書體例，‘二年’前乃佚‘後’字，應據補。”夏口，地名。在今湖北武漢市原漢水入長江處。孫秀，人名。字彥才，吳郡吳人。時任夏口都督，孫晧以其爲宗室，握兵在外，欲除之，孫秀投降西晉。晉任其爲驃騎將軍，封會稽公。

泰始五年九月，有星孛于紫宫，[1]占如上。紫宫，天子内宫。十年，武元楊皇后崩。[2]

[1]紫宫：即中宫。亦稱紫微垣，與太微垣、天市垣、二十八宿合稱全天四大天區。包括紫微星官和北極附近的很多星官在内。紫微星官在北斗北，十五星，像圍繞北極星左右的兩列垣墙。

[2]武元楊皇后：名艷，字瓊芝，弘農華陰（今陝西華縣）人。《晋書》卷三一有傳。

泰始十年十二月，有星孛于軫。占曰：“天下兵起。軫又楚分也。”咸寧二年六月，星孛于氐。占曰：“天子失德易政，氐又兖州分。”[1]七月，星孛大角。大角爲帝坐。八月，星孛太微，至翼、北斗、三台。占曰：“太微天子廷，大人惡之。”一曰：“有徙王。翼又楚分也。”“北斗主殺罰，三台爲三公。”三年，正月，[2]星孛于胃。胃，徐州分。[3]四月，星孛女御。女御爲後宫。五月，又孛于東方。七月，星孛紫宫。占曰：“天下易主。”五年三月，星孛于柳。占曰：“外臣陵主。柳又三河分也。”大角、太微、紫宫、女御，並爲王者。明年吳亡，是其應也。孛主兵喪，征吳之役，三河、徐、兖之兵悉出，[4]交戰於吳、楚之地。吳丞相都督以下，梟戮十數，偏裨行陣之徒，馘斬萬計，皆其徵也。《春秋》星孛北方，則齊、魯、晋、鄭、陳、宋、莒之君，並受殺亂之禍。星孛東方，則楚滅陳，三家、田氏分篡齊、晋。漢文帝末，星孛西方，後吳、楚七國誅滅。案泰始末至太康初，[5]災異數見，而晋氏隆盛，吳實滅，天變在吳可知矣。昔漢三年，星孛大角，項籍以亡，[6]漢氏無事，此項氏主命故也。吳、晋之時，天下横分，大角孛而吳亡，是與項氏同事。後學皆以咸寧災爲晋室，非也。[7]

[1]兖州：治所在今山東鄆城縣。

[2]三年，正月：各本無“正月”二字，今據《晋書》卷三

《武帝紀》補。

　　［3］徐州：治所在今江蘇徐州市。

　　［4］三河：地區名。河南、河東、河内三郡的統稱。相當於今
河南北部及山西南部地區。三郡治所分別在今河南洛陽市東北漢魏
故城、山西夏縣西北禹王城、河南武陟縣。

　　［5］太康：晉武帝司馬炎年號（280—289）。

　　［6］項籍：人名。字羽，下相（今江蘇宿遷市）人。反秦將
領，自封西楚霸王。《漢書》卷三一有傳。

　　［7］後學皆以咸寧災爲晉室，非也：晉室爲中原皇權的象徵，
在晉統治期間出現的彗星，一般初學星占的人都推測爲晉災。但當
時晉室隆盛，難以爲害，事同秦末項、劉争霸，故天變應在吳亡，
而不在晉也。咸寧，晉武帝司馬炎年號（275—280）。

　　晉武帝咸寧四年四月，蚩尤旗見。案《星傳》，蚩
尤旗類彗，而後曲象旗。漢武帝時見，長竟天。獻帝時
又見，長十餘丈，皆長星也。魏高貴時則爲白氣。案校
衆記，是歲無長星，宜又是異氣。後二年，傾三方伐
吳，是其應。至武帝崩，天下兵又起，遂亡諸夏。

　　咸寧四年九月，太白當見不見。占曰：“是謂失
舍，[1]不有破軍，必有死王之墓，又有亡國。”是時羊祜
表求伐吳，[2]上許之。五年十一月，兵出，太白始夕見
西方。太康元年三月，大破吳軍，孫晧面縛請死，[3]吳
國遂亡。

　　晉武帝太康二年八月，有星孛于張。占曰：“爲兵
喪。”周分野，災在洛邑。十一月，星孛軒轅。[4]占曰：
“後宮當之。”四年三月戊申，星孛于西南。四年三月癸
丑，齊王攸薨。[5]四月戊寅，任城王陵薨。[6]五月己亥，

琅邪王伷薨。[7]十一月戊午，新都王該薨。[8]

[1]失舍：指五星之於列宿，當出不出，當入不入。

[2]羊祜：人名。字叔子，泰山南城（今山東費縣）人。西晋大臣。《晋書》卷三四有傳。

[3]孫晧：人名。吴郡富春人。三國吴君。《三國志》卷四八有傳。

[4]有星孛于張，占曰："爲兵喪。"周分野，災在洛邑。十一月，星孛軒轅：彗星爲兵喪，爲除舊布新之兆。張，分野爲河內、河東之地，故曰災在洛邑。軒轅，女主之象徵，故占曰"後宮當之"，應在攸、陵、伷、該四王薨。

[5]齊王：王爵名。王國在今山東淄博市。　攸：人名。即司馬攸。字大猷，河內温人。《晋書》卷三八有傳。

[6]任城王：王爵名。王國在今山東鄒城市。　陵：人名。即司馬陵。字子山，河內温人。《晋書》卷三七有傳。

[7]琅邪王：王爵名。王國在今山東臨沂市。　伷：人名。即司馬伷。字子將，河內温人。《晋書》卷三八有傳。

[8]新都王：王爵名。王國在今四川廣漢市。　該：人名。即司馬該。字玄度，河內温人。《晋書》卷六四有傳。

太康八年三月，熒惑守心。占曰："王者惡之。"太熙元年四月己酉，[1]武帝崩。

[1]太熙元年四月己酉：中華本校勘記云："'己酉'各本並作'乙酉'，據《晋書·武帝紀》改。按是年四月庚寅朔，二十日己酉，無乙酉。下'是月己酉'，原亦作'是月乙酉'，今並改正。"今從之。太熙，晋武帝司馬炎年號（290）。

太康八年九月，星孛于南斗，長數十丈，十餘日滅。占曰：“斗主爵禄，國有大憂。”一曰：“孛于斗，王者疾病，臣誅其父，[1]天下易政，大亂兵起。”太熙元年四月，客星在紫宮。占曰：“爲兵喪。”太康末，武帝耽宴遊，多疾病。是月己酉，帝崩。永平元年，賈后誅楊駿及其黨與，[2]皆夷三族。楊太后亦見殺。[3]是年，又誅汝南王亮、太保衛瓘、楚王瑋，王室兵喪之應。[4]

[1]臣誅其父：其說不合星占理論。《開元占經》卷八九引陳卓曰：“彗茀長干犯南斗，王者疾病，臣謀其君，子謀其父，弟謀其兄，是謂無理。”

[2]永平：晋惠帝司馬衷年號（291）。　賈后：即惠賈皇后。名南風，平陽襄陵（今山西襄陵縣）人。《晋書》卷三一有傳。楊駿：人名。字文長，弘農華陰人。《晋書》卷四〇有傳。

[3]楊太后：即武悼楊皇后。名芷，字季蘭，小字男胤，弘農華陰人。楊駿之女。《晋書》卷三一有傳。

[4]汝南王：王爵名。王國在今河南息縣。　亮：人名。即司馬亮。字子翼，河內温人。《晋書》卷五九有傳。　衛瓘：人名。字伯玉，河東安邑（今山西夏縣）人。《晋書》卷三六有傳。　瑋：人名。即司馬瑋。字彦度，河內温人。《晋書》卷五九有傳。

圖一

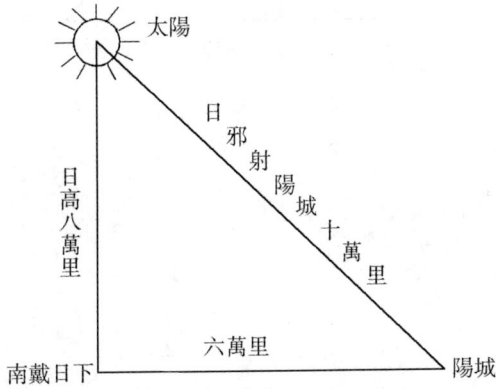

圖二　《周髀算經》中天徑之説示意圖

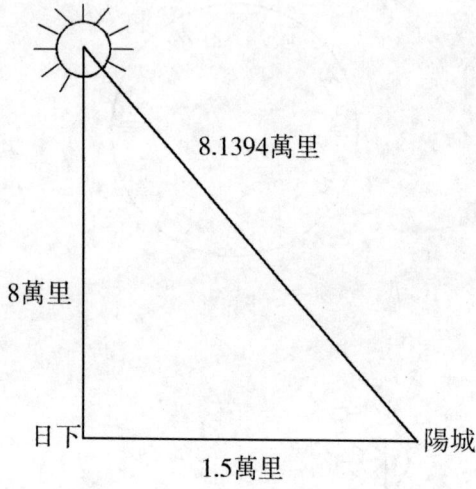

圖三　王蕃天徑説